공자, 잠든 유럽을 깨우다

공자, 잠든 유럽을 깨우다

1판 1쇄 발행 2015. 5. 25.
1판 4쇄 발행 2016. 1. 27.

지은이 황태연 · 김종록

발행인 김강유
편집 김동현 | 디자인 임현주
발행처 김영사
등록 1979년 5월 17일 (제406-2003-036호)
주소 경기도 파주시 문발로 197(문발동) 우편번호 10881
전화 마케팅부 031)955-3100, 편집부 031)955-3250
팩스 031)955-3111

값은 뒤표지에 있습니다.
ISBN 978-89-349-7116-0 03900
       978-89-349-7116-9(세트)

독자 의견 전화 031)955-3200
홈페이지 www.gimmyoung.com   카페 cafe.naver.com/gimmyoung
페이스북 facebook.com/gybooks   이메일 bestbook@gimmyoung.com

좋은 독자가 좋은 책을 만듭니다.
김영사는 독자 여러분의 의견에 항상 귀 기울이고 있습니다.

이 도서의 국립중앙도서관 출판예정도서목록(CIP)은 서지정보유통지원시스템 홈페이지
(http://seoji.nl.go.kr)와 국가자료공동목록시스템(http://www.nl.go.kr/kolisnet)에서
이용하실 수 있습니다. (CIP제어번호 : CIP2015013674)

공자,

잠든 유럽을
깨우다

황태연 | 김종록

김영사

차례

일러두기

1. 내용의 이해를 돕기 위한 설명은 본문 아래에 붙였습니다.

2. 주요 인용문의 출처는 번호를 매기고 책 맨 뒤에 정리했습니다.

3. 바로 앞 인용문의 출처와 동일하거나 문맥상 유추가 가능한 경우, 별도 설명을 덧붙이지 않았습니다.

4. 큰따옴표(" ")는 인용구, 작은따옴표(' ')는 강조를 위해 주로 사용했습니다.

우리가 몰랐던 근대 유럽문명의 실상

"공자孔子가 18세기 유럽 계몽주의의 수호성인이었다고?"

서구맹종주의자들은 도무지 믿지 못한다. 근현대 세계사상사를 주름잡아온 서양에서 공자를 수입했을 리가 없다는 것이다. 그런데 분명한 역사적 사실이다. 이 책에는 그 사실을 뒷받침하는 많은 실증 사료와 동서 간의 흥미진진한 철학교류 이야기들이 가득하다. 일찍이 유럽에 불었던 동아시아 열풍은 14세기 르네상스의 물적 토대가 되었고, 공자 열풍은 18세기 계몽주의의 정신적 토대가 되었으며 동양 선비문화의 복사판인 로코코 문화를 꽃피운다. 프랑스에서 벌어진 동양 비방과 예찬의 중심에 몽테스키외와 볼테르가 있었고, 경제학의 창시자 프랑수아 케네가 있었다. 애덤 스미스의 '보이지 않는 손'은 사마천의 '자연지험自然之驗'을 표절한 것이므로 스미스의 자유시장 경제학은 '중국산'이라고 단언하는 영국 사상가 레슬리 영의 1996년 논문에 이르면 절로 고개가 끄덕여진다.

그렇다면 공자철학이 어떻게 유럽에 전해졌던 걸까.

중국에 최초로 천주교를 전파한 이탈리아 출신의 로마가톨릭교회 사제 마테오 리치의 경우처럼, 유럽 선교사들은 중국에 기독교를 효과적으로 전파하기 위해 중국 문화를 배워야만 했다. 이른바 '적응주의 선교'다. 그러다 자연스럽게 하늘을 아는 공자와 접했다. 공자를 번역하다 그만 공자의 매력에 빠져버렸고 거꾸로 유럽에 전파하기에 이른 것이다. 유럽사회의 공자 열풍은 대단했다. 유럽에서 기독교 선교사를 중국

으로 파견할 게 아니라 중국에서 공자 선교사를 유럽에 파견해야 옳다
는 주장까지 일었다. 한마디로 엄청난 대형사고가 터져버린 것이다. 그
렇게 유럽사회에 스며든 공자철학은 스콜라철학을 박살내버린다.

이 책에서 제시하는 자료에 따르면 동아시아 경제는 18세기까지 줄
곧 세계최강이었다. 중국은 제국주의를 자발적으로 포기한 문명국이
었고, 영·정조 시대 조선은 중국을 능가한 세계 1위 문화국가였다. 그
랬던 동아시아가 어째서 개화기의 이른바 동서 문명교체기에 서구 열
강에 참패를 당하고 서구 콤플렉스의 깊은 늪에 빠지게 되었는가.

18세기 중국과 조선은 이미 스스로 부족한 것 없이 두루 갖춰져 있
었기 때문에 다른 문화를 받아들이려고 하지 않았다. 어느 문명이건
정체는 곧 퇴보로 이어진다. 중국과 조선의 몰락은 지나친 자부심이
원인이었다. 번영과 풍요에 겨워 서양에 아무런 관심이 없었다. '서양
인'을 '오랑캐' 취급할 정도로 자만했다. 반면 16~18세기 유럽은 동양
과 여타 세계에 많은 관심을 두고 세계 각지로 진출했다. 도처에서 문
물을 받아들이는 개혁개방을 계속해서 서구문명의 꽃을 피워냈다.

근대는 정치적으로 민주주의, 경제적으로는 시장경제의 성격을 띤
다. 사회적으로는 개인을 발견하는 시대다. 문제는 제국주의화다.
19세기 내내 서구 열강은 세계를 약탈하면서 '명백한 운명Manifest
Destiny'임을 부르짖었다. 문명개화라는 명목으로 식민강대국을 지향
했던 것이다. 그것은 개척과 팽창의 시대에 공룡같이 몸을 부풀려갔던

제국주의자들의 궁색한 변명에 지나지 않는다. 한마디로 '폭력의 세계화'였으며, '문명'이라는 이름으로 자행된 '야만'일 뿐이다.

뒤늦게 서양을 배우고 추격한 동아시아의 한·중·일 삼국은 이제 서양과 대등하게 또는 서양을 능가할 정도로 발전하고 있다. 서구 콤플렉스를 떨쳐내고 문명사를 통찰할 여유도 생겼다. 필자는 2010년부터 2년 동안, 한 신문에 한국 근대의 역사현장에 대한 답사기를 연재한 바 있다. 꼭 100년 전인 1910년에 있었던 치욕스러운 한일병탄을 잊지 말자는 의미와 이제 그만 열패감을 떨쳐내고 문화 선도자 전략을 세우자는 의도에서였다. 암울했던 개화기지만 거기서 한국인의 저력을 찾아내야 지금의 비약적인 경제성장과 문화융성의 근거로 삼을수 있다. 졸저 《근대를 산책하다》를 출간한 이유다. 이번에 세상에 내놓는 《공자, 잠든 유럽을 깨우다》 또한 그런 기획의 일환이다. 황태연 교수의 주요 저작과 논문들을 통독하고 20여 차례 만나 릴레이 토론을 벌인 끝에 한 권의 교양서로 꾸몄다.

황태연 교수는 동서양 철학교류사에 정통한 석학이다. 뿐만 아니라 맹자孟子 이래 공자의 사상을 가장 잘 해석하고 철학화한 정치철학자라고 할 수 있다. 그의 방대한 공자 3부작 《실증주역》(전 2권), 《공자와 세계》(전 5권), 《감정과 공감의 해석학》(전 2권)을 통독하면 이 주장이 억측이 아님을 알 수 있다. 그는 공자철학의 핵심어인 '경험'에서 배우고 생각하는 '학이사學而思'를 합리론을 극복하는 경험론의 근거로 구축한다. 그것만이 경험지식을 절대화하는 소박경험론이나 독단을 필연적 진리로 우기는 합리론으로 치우치지 않는, 겸손하고 충실한 중용적 인식방법이라는 것이다. 이성을 신격화하고 인간의 감정을 억압하는 서양의 합리주의는 결국 과학적 독재와 자연정복의 이데올로기로 귀결된다. 현대판 '철인통치자'의 우익독재나, 카를 마르크스의 '과학적 사회주의', 프리드리히 니체의 '과학적 인종주의'로 출몰한 변화무쌍한 각종 합리주의적 폭압과 독재, 대량살상무기를 동원한 전쟁으로 얼마나 무수한 사람들이 죽임을 당하고, 또 자연은 얼마나 돌이킬 수 없이 파괴되었던가!

공자는 자신의 도를 '일이관지一以貫之'라고 했고, 그의 제자 증삼曾參은 '충서忠恕'로 풀었다. 황태연 교수는 이를 다시 '서이충지恕以忠之'로 해독하여 '공감적 해석학'이라는 과학적 방법론으로 정리한다. 이제껏 동양학 전공자들이 하지 못했던 놀라운 통찰과 분석이다.

황태연 교수는 동서양 철학의 바다에서 사상적 질풍노도의 시대를 헤쳐 나왔다. 독일 프랑크푸르트 괴테 대학교에서 유학한 이래 자그마치 20년간의 대항해 기간 동안 줄곧, 하루 15시간씩 동서양 고전들을 원전으로 독파하고 저술해왔다. 가히 학문의 전사戰士다운 역정이었다. 그는 플라톤, 칸트, 쇼펜하우어, 다윈은 물론 공자와 맹자,《사기》,《주역》철학까지 섭렵했다. 성리학을 확립한 주자朱子를 읽으려고 직접 '주희 한문 소사전'을 만들어 활용할 정도였다. 흔히 서양철학 전공자는 동양철학을 모르고 동양철학 전공자는 서양철학을 잘 모르기 마련인데 그는 양쪽 모두에 정통했다. 황 교수는 17세기에 태동해 18세기에 꽃핀 서구 계몽주의의 원리가 여러 통로로 부지런히 전해진 공자철학이었음을 상세히 밝힌다. 이 책에 나오는 수많은 인용문은 그가 파헤친 원전자료에서 찾아낸 것들이다.

황 교수와 필자는 똑같이 공자와 《주역》 철학의 심오한 의미를 마음으로 이해하려고 노력하고, 근대 서구 제국주의 이후의 인류 문명사에 깊은 관심을 가지고 있다. '두 사람이 한 마음이면 그 예리함이 쇠를 끊고, 마음을 함께하는 말은 그 내음이 난초와 같다二人同心 其利斷金 同心之言 其臭如蘭'고 했던가. 이 향기로운 동심원同心圓이 한국은 물론 동아시아의 독자들에게 널리 퍼져 문화적 자부심을 회복했으면 한다. 이 책에서 낱낱이 밝히듯이 서양철학과 서구 사회는 그 분명한 한계를 드러냈다. 이제 인류의 소망스런 미래는 동아시아 지성들의 몫이다.

기산문연卂山文淵에서 김종록

1장

추방당한 철학자

"공자의 언행은 그리스철학과는 비교할 수 없는
도덕철학의 보고寶庫다. 그는 그리스도가 유럽에서
받는 것과 똑같은 대우를 중국에서 받는다."

_프로이센의 철학자 볼프

1721년 7월 12일, 프로이센제국의 할레 대학에서 총장 이임식이 열렸다. 순번직 총장 크리스티안 볼프C. Wolff가 요아힘 랑에J. Lange에게 총장 직무대행직을 물려주는 자리였다. 볼프는 매우 이례적인 이임사를 발표했다. 그의 연설이 끝나기도 전에 식장이 술렁였다. 참석한 교수들과 신부들의 얼굴이 붉어졌고, 불쾌한 나머지 자리를 뜨는 사람도 있었다. 볼프의 연설 내용은 삽시간에 유럽 전역으로 퍼져나갔다. 그의 삶은 물론 독일의 운명을 바꾸는 대변혁은 그렇게 시작되었다.

볼프는 이날 공자를 예수와 동급으로 끌어올렸다.

"공자는 덕과 학식이 뛰어났고 신의 섭리에 의해 중국에 선물된 사람이었습니다. 그는 공허한 명예욕에 유혹당하지 않고 백성의 행복과 복리를 위해 노력함으로써 자기의 재능을 전적으로 발휘했습니다. 공자는 단순히 스승이라는 직책을 수행했다기보다 그 직책에 영광을 부여한 사람이며, 그리스도가 우리에게 받는 것과 똑같은 대우를 중국인들에게 받습니다. 중국의 옛 황제들과 제후들은 정치가인 동시에 철학자이기도 했는데 철학자들이 다스리고 제후들이 철학하는 곳에서 국민이 행복한 것은 당연한 일이 아니겠습니까? 중국의 오제伍帝(황제黃帝·전욱顓頊·제곡帝嚳·요堯·순舜)는 플라톤이 말한 이상적인 철인정치가들입니다."[1]

볼프는 공자철학을 그리스철학과도 비교했다. 그러면서 공자철학의 우월성을 찬양했다.

"공자의 언행은 우리가 그리스철학으로부터 얻은 것과는 비교할 수 없는 도덕철학과 국가철학의 보고寶庫로 간주될 수 있을 것입니다."[2]

또한 볼프는 공자의 무신론적 도덕철학을 높이 칭송했다. 그가 볼 때, 중국인들은 자연종교도, 신적 계시도 인정하지 않았다. 인간본성의 힘만으로 높은 도덕철학을 이룬 것이었다.

기독교 세계에서 볼프의 이 발언은 충격이었다. 무신론자도 얼마든지 훌륭한 덕행이 가능하다는 해석을 내포하고 있었기 때문이다. 이는 종교는 필수가 아니라 단지 부차적일 수도 있음을 뜻했다.

당시 볼프가 몸담은 왕립 할레 대학은 경건한 신앙과 생활을 모토로 하는 경건주의* 교파의 아성이었다. 국왕 프리드리히 빌헬름 1세F. Wilhelm I의 강력한 관심과 비호 아래, 인간의 이성(지성)을 신의 은총과 계시보다 아래에 있는 것으로 격하하고, 경건한 신앙의 완성을 통해 '신의 아들'로 거듭남을 강조하며 '신앙의 윤리화'를 추구했다.

그런데 볼프가 이 연설에서 공자의 실천철학을 합리주의적으로 해석해** 종교의 힘 없이 인간본성의 힘만으로 놀라운 윤리적 행위가 가능하다고 논증한 것이다.

---

* 17세기 말 루터 교회의 세속화된 신학과 지성주의에 반대해 독일에서 일어난 금욕적 종교운동.

** 합리주의는 전통적인 풍습이나 우연, 주관적 감정에 의존하지 않고, 오로지 이성(그리스어 로고스 logos, 라틴어 라티오ratio)을 통해서만 세계를 보는 사고방식. 경험주의와는 대립관계. 볼프는 '비판적 경험론자'인 공자를 이처럼 합리론자로 오해했지만, 말년에는 제대로 '경험론자'로 이해하게 된다.

볼프를 견제해온 새 총장 직무대행 랑에는 이 순간을 놓치지 않았다. 그는 당시 종교적, 정치적으로 가장 영향력 있는 교수이자 목사 아우구스트 헤르만 프랑케A. H. Francke를 추종하고 있었다. 그는 프랑케와 국왕 프리드리히 빌헬름 1세의 연줄을 이용해 국왕에게 볼프를 무신론자이자 결정론자라며 무고誣告했다. 국왕은 격분했다.

"나는 볼프가 내 나라의 지붕을 이고 살 수 없을 정도로 무신無神적인지 몰랐다. 볼프는 48시간 내에 프로이센을 떠나야 하고 그렇지 않으면 교수형에 처해질 것이다!"³

1723년 11월 8일, 국왕은 참모들의 우려를 일거에 묵살하며 추방령을 내렸다. 볼프는 당일로 프로이센을 떠났다. 볼프와 그를 두둔한 한 제자 교수가 남긴 두 개의 교수직은 즉시 랑에의 자식과 제자의 차지가 되었다.

〈중국인의 실천철학에 관한 연설〉이라는 제목으로 발표한 문제의 이임사는, 라이프니츠와 칸트 사이 70년간 독일에서 가장 유명하고 탁월했던 수학자이자 철학자 볼프를 대학에서뿐 아니라 조국 프로이센에서도 추방당하게 만든다.

훗날 볼테르는 이 사건에 대해 다음과 같이 기술한다.

"할레 대학의 수학 교수인 저명한 볼프는 예전에 중국철학을 찬양하는 탁월한 논문을 연설한 적이 있다. 그는 …최고신에 대한 경배와 덕에 대한 사랑을 이유로 중국인을 칭찬했다. 중국의 황제들, 정부 각

료들, 선비들에 대해 공평하게 평가했다. …우리는 볼프 교수가 각국
에서 1,000명의 학생들을 그의 주위로 끌어모았다는 사실에 주목할
필요가 있다. 그런데 학생을 단 한 명도 끌어오지 못한 어떤 신학 교수
(요하임 랑에)가 같은 대학에 있었다. 이 사람은 자신의 썰렁한 강의실
에서 격분하여, 저 수학 교수를 죽일, 의심할 바 없이 확실하고 합리적
인 계획을 짰다. 그는 주저하지 않고 볼프가 신을 믿지 않는다고 고발
했다. 중국에 가본 적도 없는 몇몇 유럽 필자들이 북경의 중국 정부가
무신론적이라고 한 사실을 증거로 제시했다. 이를 가지고 볼프가 북경
철학자들을 찬양했으니 그 또한 무신론자라고 주장했다. …그 나라의
군주는 한 당파와 랑에의 논변을 받아들여 볼프에게 할레를 떠나든지
교수형을 당하든지 선택하라고 했다. 볼프는 거역하지 않고 할레를 떠
났다. 그가 떠나는 바람에 왕은 매년 20~30만 크라운(은화 100~150만
실링)을 손해 보았다. 이 돈은 볼프를 따르던 재력 있는 제자들 덕분에
그 왕국에 들어오던 것이다."[4]

　　그런데 추방 소식이 유럽에 퍼져나가자마자 그 반응은 뜻밖이었다.
볼프에 대한 초빙 요청이 쇄도하기 시작했다. 볼프의 행동은 시대정신
을 반영한 것이었고 경건주의 세력의 거센 저항이 오히려 시대의 뇌
관을 건드린 것이다. 비록 경험주의적인 공자사상을 합리주의적 입장
에서 오해하기는 했지만, 당시 계몽주의자들에게 중국인들의 실천은
자율적 이성에 대한 신뢰를 입증하는 것으로 받아들여졌다. 이런 까닭

에 볼프의 연설은 독일 계몽주의의 신호탄이 되었고 유럽의 지식인들은 볼프를 '이성의 대의를 위한 순교자'로 추앙하기 시작했다.[5]

18세기 벽두, 볼프의 추방사건을 둘러싼 열띤 논쟁이 전 유럽을 달궜다. 볼프는 일약 '계몽의 총아'로 떠올랐다. 문제의 연설문은 해적판으로 인쇄되어 도처에서 토론의 주제가 되었다. 결국 이 연설문은 1726년 정식으로 출판된다. 비록 프로이센에서는 판매금지를 당했지만, 독일 전역에서 200여 건에 달하는 찬반 저서와 논문 책자가 나올 정도로 널리 읽혔고, 1750년에는 영어로도 번역 출판되었다.

볼프를 지원한 저술 가운데 유명한 것은 그의 제자 게오르크 베른하르트 빌핑어G. B. Bilfinger의 1724년작 《고대 중국의 도덕과 정치의 교리적 이념》이다. 이 저작은 볼프의 이임사 연설문에 잇대어 중국의 도덕론과 국가철학을 상세하게 기술한다. 훗날 프랑스 계몽운동을 이끄는 백과전서파의 《백과전서》는 공자 어록에 대한 상세한 출처로 빌핑어의 이 책을 인용한다.[6]

볼프는 추방령이 내려지기 전에 이미 자신을 초빙했던 헤센-카셀의 마르부르크 대학으로 갔다. 그와 함께 추방된 제자는 카셀에서 교수직을 얻었다. 마르부르크 대학 학생들은 이 대학의 교수들과 달리 볼프에 열광했고, 헤센-카셀의 백작은 볼프를 온갖 특별대우로 영접했다. 볼프는 유럽에서 가장 인기 있고 선구적인 교수들 중 하나로 떠올랐다. 그가 부임하고 5년 동안 마르부르크 대학 입학생 수가 50퍼센트

가까이 증가할 정도였다.[7]

학문적 자유를 얻은 볼프의 공맹孔孟(공자와 맹자)사상 연구는 이후
에도 계속되었다. 1732년《경험적 심령학》에서는 공자가 나이 일흔이
되어 마음 가는 대로 행동해도 법도를 넘지 않았다는 '칠십이종심소욕
불유구七十而從心所欲不踰矩'를 완벽성의 경지로 풀이하고, 공자는 신
개념 없이도 이런 덕성을 이루었다고 칭송한다.[8] 공자의 이런 경지를
플라톤 사상에 대립시키며 '플라톤의 이데아'를 몸소 구현했다고 찬양
했다.[9] 볼프는 훗날 1750~1753년에 집필한《도덕철학 또는 윤리학》에
서야 자신의 합리주의·지성주의를 버리고 공자가 나이 일흔에 그러한
경지에 도달한 근원을 '지성보다 덕성을 우선시하는 덕성주의'로 풀이
한다.[10] 공자와 중국의 '덕성에 대한 사랑'을 높이 평가하며 서구인들의
'지식에 대한 사랑'을 비판한다. 결국 볼프는 삶의 말년에서야 서구 합
리론의 광적 지성주의를 버리고 공자의 덕성주의에 귀의함으로써 마침
내 공자철학의 진수에 도달한 것이다.

볼프는 공자의 도덕철학만이 아니라 공맹의 국가철학 및 동아시아
의 과거제도와 관료제에도 매료된다. 플라톤 이래 유럽의 지식인들은
일반 백성을 먹여 살리는 양민養民과, 만민을 교육시키는 교민敎民을
국가의 존재이유로 삼는 국가개념에 대해 꿈도 꾸지 못했다. 볼프는
중국의 서당·향교·대학의 3단계 교육제도와 천자天子에서 서인庶人
에 이르는 만민평등교육에 탄복했다. 그리하여 이러한 중국 제도를 바

탕으로 오늘날의 행정학인 관방학官房學*의 초석을 다진다. 이는 당시 유럽의 야경국가적 국가철학 전통에서는 매우 낯선 것이었다.

볼프의 중국 연구와 공자주의적 양민·교민국가론은 이후에 요한 유스티J. Justi가 이어받아 보다 체계화된 근대경제학과 관방학으로 발전시킨다. 양민과 교민에 근거한 공맹의 인정仁政론적 국가철학을 수용해 국민을 부양하고 보호하는 '양호養護국가Polizeistaat', 즉 복지국가 개념을 최초로 수립한다.[11] 그는 평생에 걸쳐 독일의 근대화와 동아시아의 관료제, 복지국가, 만민평등교육과 3단계 교육제도의 도입을 역설한다. 볼프가 주창한 공자주의적 양민·교민국가는 18세기 양호국가를 거쳐 19세기에 근현대적 복지국가로 발전했고, 20세기에는 유럽의 국가유형으로 완전히 탈바꿈해 동아시아로 되돌아온다.

다시 볼프 이야기로 돌아가면, 볼프에 대한 지난날의 박해에도 불구하고 1733년부터 프로이센 내에서는 볼프를 복귀시키려는 움직임이 시작된다. 랑에는 이런 움직임을 저지하기 위해 국왕의 다짐을 받으려고 했지만, 이번에는 국왕과 황태자를 설득하는 데 실패하고 만다. 황태자의 측근인 장 데샹J. Deschamps의 반대 때문이었다. 그는 마르부르크 대학에서 볼프의 강의를 직접 들을 만큼 볼프에게 호의적이었다.

---

* 17~18세기 독일·오스트리아에서 발달한 행정지식·행정기술 등을 집대성한 학문체계.

데샹은 볼프의 여러 저작을 프랑스어로 번역해 황태자에게 보여주었다. 이를 냉정히 평가받기 위해 황태자와 친한 프랑스 철학자이자 계몽주의 운동의 선구자 볼테르에게도 보냈다.

황태자와 가까웠던 데샹은 황태자를 배경으로 영향력 있는 현지 귀족들의 도움을 받아 프리드리히 빌헬름 국왕을 움직이는 데도 성공한다. 그렇잖아도 볼프 추방에 대한 유럽의 격렬한 반응에 큰 스트레스를 받아오던 국왕은 결국 1736년 볼프 재조사위원회의 설치를 재가한다. 6월에 소집된 재조사위원회는 '볼프철학에 문제가 없다'고 결론을 내린다. 이 결정이 나오자마자 프로이센에서 볼프의 인기는 다시 치솟았다. 국왕까지도 가세했다. 1739년 국왕은 볼프의 저작들을 직접 읽고, 다른 사람들에게 강권할 정도로 그를 지지했다.[12]

황태자는 그사이 시골별장으로 물러나 볼프철학 연구를 계속하고 있었다. 또한 자신의 계몽군주론을 활자화한 유명한 《반마키아벨리론》을 완성했다. 이 저작 속에는 볼프의 친중국적 정치철학의 영향이 분명하고 강력하게 배어 있었다. 젊은 프리드리히 황태자는 볼프와 볼테르를 통해 당대의 친중국주의sinophilism와 이 철학자들의 국가론에 흠뻑 젖어들었다.[13] 황태자는 볼프의 저작에 대한 판매금지 처분을 폐지하고, 1739년에는 신학부 학생들이 볼프의 철학과 논리학을 공부하도록 명했다.

1740년 프리드리히 빌헬름 1세가 서거하자 젊은 황태자가 왕위에 오른다. 훗날 프리드리히 대제로 칭송될 젊은 프리드리히 2세Friedrich II의 첫 직무행위는 볼프를 할레 대학의 부총장으로 추대해 귀국하도록 종용하는 것이었다. 볼프는 이를 수락한다. 1740년 12월 6일, 길고 고된 논쟁에서 완승한 그는 추방당한 지 17년 만에 할레에 개선장군처럼 복귀한다. 이것은 볼프의 승리이자 프리드리히 2세의 승리였고, 프로이센 계몽주의의 승리였다. 볼프의 옛 적수들은 침묵하고 악수로 화해를 청했다. 그러나 랑에는 코펜하겐으로 떠나고, 볼프가 할레 대학 정식 총장으로 취임한 다음 해인 1744년 그곳에서 사망한다.[14] 랑에는 동시대의 학자들로부터 '철학 문제에서 이성의 눈이 멀었고, 그의 병든 지성을 치유하기에는 약초도 연고도 효과가 없다'는 비판을 피할 수 없었다.[15]

일련의 사건에 감격한 볼테르는 당시 젊은 프리드리히 2세를 철인 왕으로 기리는 송시頌詩를 쓴다. 그 시에서 볼프를 "불타는 질투가 오류의 힘으로 그 나라에서 내쫓은 이성의 순교자"로 칭하고, 그를 구한 프리드리히 2세를 "왕좌에 오른 소크라테스Socrates"로 극찬한다.[16]

1745년 바이에른 선제후가 볼프에게 남작의 직위를 수여한다. 이로써 볼프는 학술작업을 통해 세습적 남작 작위를 얻은 최초의 학자가 되었다. 볼프는 1754년 12월 6일 세상을 떠났다. 그의 제자들은 이른바 볼프주의자 그룹으로서 독일 최초의 학파를 형성했고, 19세기 초 칸트주의가 흥기하기 전까지 독일 사상계를 풍미했다.

2장

공자의 번갯불 지팡이

"중국 경전 첫 번역집이 유럽에 출현한 그 순간부터,
공자철학은 유럽 대륙의 식자들 사이에서 새로운
사색의 불꽃을 지피는 번갯불 지팡이가 되었다."
_미국 노트르담 대학 문화학과 교수 라이오넬 젠슨

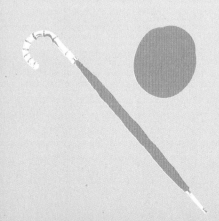

서양의 '계몽주의啓蒙主義'는 1688년 영국 명예혁명에서 1789년 프랑스 대혁명까지 약 100년 동안의 새로운 변혁사조를 가리킨다. 공자의 지식·도덕철학이 17·18세기 서구 계몽주의의 기원과 융성에 큰 영향을 미쳤다는 것은 이제 서구 지성계에서 의심할 수 없는 정설이 되었다. 동양으로부터 일찍이 나침반과 총포, 화약을 수입한 서구는 17세기 후반부터 공자철학을 받아들여 계몽의 발화제로 삼았다.

오늘날에야 인정되는 사실이지만, 유럽이 중세 암흑기로부터 깨어나 발전하기 시작한 것도 순전히 동아시아 문명 덕택이었다. 유럽의 근대화를 추진한 18세기 계몽주의뿐 아니라, 고대 그리스의 철학과 순수수학을 소생시킨 14~16세기의 서양 르네상스도 동아시아의 문물을 받아들임으로써 시발되었다. 다만 두 시기에 동아시아로부터 받아들인 내용물에는 큰 차이가 있었다. 문예부흥기에 유럽이 주로 동아시아로부터 선진적인 '물질문명'을 받아들여 르네상스의 물적 토대로 삼았던 반면, 계몽주의 시기에는 '정신문명', 즉 공자의 철학사상을 받아들여 근대화를 위한 혁명운동을 일으켰던 것이다.

화약·나침반·인쇄술,
르네상스의 물적 토대가 되다

17세기 계몽주의 운동이 시작되기 전 유럽에는 르네상스라는 300년
간의 긴 준비기가 있었다. 14세기에서 16세기에 걸친 르네상스는 그
리스 학문·예술을 절정의 문화로 재발견하고 중세를 암흑시대로 비
판함으로써 신학적 교조로부터 인간해방을 추구한 문예운동이다. 기
독교적 중세 봉건체제가 무너지고 자유로운 지식, 저술, 문예, 출판이
추구되었으며, 지리상의 발견을 통한 지리지식의 확대와 축적이 이루
어진 유럽 차원의 대변혁이었다.

　동양과 서양은 기원전 2세기까지만 해도 교류가 거의 없었다. 두 문
명 사이의 가장 큰 장애는 타클라마칸 사막, 파미르 고원 같은 자연적
장애물과 중간에 있던 무슬림이었다. 옛 로마인들은 동쪽 어딘가에 황
금 섬이 있을 거라는 어렴풋한 환상을 품었고, 중국인들도 서역에 대
해 막연히 동경하기는 마찬가지였다. 그러다가 기원전 139년, 한나라
무제武帝 때 장건張騫이 파견되어 중국 북방 변경지대를 위협하던 흉
노를 제압하고 서아시아로 통하는 교통로를 확보한 것을 계기로 비로
소 실크로드가 열린다. 동서양 교류의 물꼬가 트인 것이다. 이후 둔황
을 비롯한 네 군데에 교역 루트를 보호하는 요새가 세워지고, 상인들
은 1년에 5~10회에 걸쳐 실크로드를 오갔다.

　중국의 존재가 유럽인에게 현실적인 존재로 다가온 건 12세기 몽고
의 유럽 침공 이후였다. 이때부터 여러 개인적 통로로 무역이 확대되
면서 유럽 상인들 사이에 중국이라는 나라가 널리 알려졌다. 동아시

아가 유럽에 대중적으로 알려지게 된 건 13세기 이탈리아 상인 마르코 폴로M. Polo의《동방견문록》을 통해서다. 마르코 폴로는 상인인 아버지를 따라 처음 중국에 갔다. 17년을 머물면서 그는 이 땅의 풍요와 번영, 그리고 번창하는 상업과 지방 간 역내무역에 놀랐다. 중국 정부의 덕치와 양민정책에도 깊은 감명을 받았다. 특히 항주와 서호 연안의 생활수준에 경탄했다. 그는 상품이 넘쳐나고 시장이 즐비한 항주를 '의심할 바 없이 세계에서 가장 훌륭하고 가장 찬란한 도시'로 묘사했다. 서호 연안의 집을 보고는 세계 최고의 놀라운 솜씨로 지어진 장엄한 궁궐과 저택이라고 말했다. 중국의 도로는 반듯한 직선으로 광활했다. 행인들로 가득했고 교통질서는 잘 지켜졌다. 도시 안은 장기판처럼 정밀하게 구획되어 있었다. 마르코 폴로는 엄청난 인구, 광범한 석탄사용, 활발한 지폐유통과 조폐과정 등도 자세히 기술했다. 특히 배수시설조차 갖춰지지 않아 위생상태가 열악했던 당시 유럽에 비해 수많은 공중목욕탕과 발달한 목욕문화에 감탄하며 자세히 기술했다.

인구가 엄청난데다가 계속 데워지는 공중목욕탕과 욕조가 많아서 나무가 남아나지 않을 정도였다. 일주일에 세 번 이상 목욕탕에 가서 목욕하지 않는 사람이 없을 정도였고 여유가 있는 이들은 겨울이면 매일 목욕을 했다. 신분이 높거나 부유한 사람들은 모두 자기 저택 안에 욕실을 갖추고 거기서 목욕을 즐겼다.[17]

유럽인들은 마르코 폴로의 이런 보고를 믿지 않았다. 폴로의 기술에 정확하지 못한 부분이 있기도 했지만, 불신의 가장 큰 원인은 중국의 발전수준과 유럽의 낙후성 간의 엄청난 격차에 있었다. 너무나도 뒤처져 있던 13세기 유럽인들은 상상 속 황금의 나라 엘도라도가 실재한다는 것을 믿을 수 없었다. 게다가 종교적 광기에 사로잡혀 마녀사냥까지 일삼던 그들 입장에서는 이교도 국가가 그렇게 잘산다는 것을 인정할 수가 없었다. 18세기 중반 '유럽의 공자'로 불리던 정치경제학자 프랑수아 케네는 마르코 폴로의 모든 이야기가 13세기 유럽인들에게 어떻게 비쳤는지를 다음과 같이 말한다.

군주정의 유구함, 법률과 통치의 지혜, 비옥함, 부유함, 번창하는 상거래, 제국의 불가사의한 인구 수, 백성의 배움과 예의바름, 예술과 학문에 대한 취향, 이 모든 것들이 신뢰할 만한 관찰자의 보고라기보다 생생한 상상력의 소산과 같은 것으로 비쳤다. …유럽의 가장 세련된 나라를 능가하는 제국의 존재를 믿는 것은 황당무계한 일로 보였다. …그렇게 유구하고 학식 있고 문명화된 제국이 있다고! 그것은 키메라* 같은 망상이었다.[18]

---

* 키메라는 그리스 신화 속 불을 뿜는 괴물이다.

그러나 14세기부터는 유럽의 일반 대중도 동아시아의 눈부신 문명을 믿게 되었다. 이때부터 동방무역을 지속적으로 확대하고 동아시아로부터 온갖 이기利器들을 받아들였다. 종이와 제지술, 목활자·금속활자·활판인쇄술, 화약과 총포, 항해용 나침반, 주판, 지폐와 조폐술, 도자기, 칠기 등이 상인, 선교사, 여행가, 외교사절 등을 통해 동에서 서로 건너갔다. 그 안에는 트럼프의 원조가 된 화투와 아이스크림까지 들어 있었다. 새로운 물건과 기술을 동력으로 삼아 유럽의 경제활동이 왕성해졌다. 유럽 전역을 천년의 정체상태에서 깨워낸 이 경제발전은 르네상스 운동의 물적 토대가 된다.

특히 동아시아에서 건너간 화약·나침반·인쇄술은 유럽인들의 자유로운 학문·문예활동과 저술·출판활동 및 지리지식의 확대에 결정적인 기여를 한다. 중국에서 850년경에 발명되어 무기와 불꽃놀이 등 다방면에 쓰이던 화약은 13세기 말이나 14세기 초에 유럽에 들어가 단박에 봉건 성채를 폭파시키고 기사계급을 무용지물로 만들었다. 그 결과, 지식인 집단의 지위가 상대적으로 상승하고 학문·문예활동을 위한 틈새가 만들어지면서 지식과 창작에 대한 욕구가 크게 활성화된다.

중국의 나침반은 지리상의 발견을 이룬 결정적 도구였다. 아랍인들은 12~13세기경 항해용 나침반을 중국에서 가져와 사용했다. 유럽인들은 서적을 통해 이 아랍 나침반의 존재를 알았고, 곧 여러 경로로 유럽에 전한다. 그리고 이 나침반을 사용해 처음으로 대양을 항해했다. 항해용 나침반은 이들을 미지의 대륙으로 안내했다. 명나라 정화鄭和 제독이 아메리카를 발견한 지 약 70년 뒤인 1492년에야 아메리카를 '다시' 발견하는• 성과를 올린 것이다. 이때부터 가능해진 원격무역으로 전 세계 물산이 유럽으로 유입되기 시작했다. 유럽의 대외무역은 활성화되고 부와 재물이 축적됐다. 유럽 군주들은 중상주의적 무역확대 정책으로 세수稅收가 늘자 문예부흥 운동을 물적으로 후원한다.

중국의 활판인쇄술은 칭기즈칸이 서방을 정복한 13세기 당시 정점에 달해 있었다. 이 시기에 중국에서 유럽으로 전해진 제지술과 활판인쇄술은 서적출판을 대량화시켰다. 서적 가격을 대폭 떨어뜨려 새로운 저술·출판문화의 거대한 물결을 일으키면서 지식의 유통량과 확산속도를 결정적으로 증폭시켰다. 이어서 14세기 중반에는 고려의 금속활자도 전해진다. 그로부터 1세기가 지나서야 독일의 구텐베르크J. Gutenberg가 서양 최초로 알파벳 금속활자를 만든다.

프랜시스 베이컨은 1620년 《신기관》에서 화약·나침반·인쇄술의 혁명적 역할을 "어떤 제국도, 어떤 종교도, 어떤 별도 저 기계적 물건들보다 더 큰 권능과 영향력을 인간사에 행사하지 못했다"라고 평했다.[19]

그 밖에 중요한 기구와 기술로는 주판과 지폐를 찍어내는 조폐술이

• 영국 해군 퇴역장교 개빈 멘지스Gavin Menzies의 저서 《1421: 중국, 세계를 발견하다》(2002)를 계기로 촉발된 논란이며, 학계에서는 여전히 의견이 분분하다.

있다. 중국의 주판은 2세기 말까지 거슬러 올라간다. 서양에는 3~4세기경에 제작된 금속 및 대리석제 주판이 있었지만, 이후 더 발전하거나 사용된 흔적이 없다. 반면 중국의 목제 주판은 15~16세기까지 개선을 거듭하며 지속적으로 사용되었다. 이 주판은 유럽에 전해져 복식부기를 발명한 이탈리아 상업계와 금융계에서 유용하게 쓰인다. 주판이 유럽의 다른 지역으로도 퍼져나가자 상품과 화폐의 회계가 빨라지고 유통속도가 크게 개선되면서 상업이 신장되었다. 당시 유럽인들에게 주판은 오늘날 전자계산기 이상의 획기적 도구였다.

지폐는 중국에서 9세기경 세계 최초의 신용화폐로 등장해 10세기 초에는 교환수단으로 통용되었다. 1161년 중국 정부는 연간 1,000만 장의 지폐를 발행했고, 이는 중국 내 시장경제 창출에 결정적 역할을 했다. 중국의 지폐는 마르코 폴로의《동방견문록》을 통해 유럽에 일찌감치 알려졌으나, '30년 종교전쟁'으로 만신창이가 된 유럽 국가들과 국왕들의 낮은 신용도로 인해 지폐의 경제적 역할은 매우 지연되었다. 1715년에야 프랑스가 처음으로 지폐를 발행해 유통시켰고, 영국은 1797년에야 이를 따라잡는다.[20]

마르코 폴로의《동방견문록》에는 아이스크림과 관련된 기록도 나온다. 그 유래는 약 5,000년 전으로 거슬러 올라간다. 기원전 3세기경, 중국의 귀족들은 황제에게 과즙에 얼음과 눈을 넣어 만든 음식을 바쳤는데, 그 제조법은 줄곧 비밀에 부쳐졌다가 9세기경에 이르러서야 비로소 공개되었다고 한다. 유럽에서는 얼음과 눈으로 만들어진 음식이 고대 로마 시기부터 생긴 것으로 전해진다. 1세기 로마의 네로황제는 부하들에게 수시로 알프스 만년설을 가져오게 해서 과일을 얹어 먹었다고 한다. 의학의 아버지 히포크라테스도 환자들에게 얼음과자를 처방했다는데, 당시는 얼리는 기술이 달리 발달하지 못했던 터라 오늘날의 셔벗과 흡사한 형태였다. 마르코 폴로는 이탈리아로 돌아가서 중국 원나라에서 즐겨 먹는 얼린 우유를 전파했다. 이는 이탈리아의 메디치 가 출신으로 프랑스 왕과 결혼한 카트린 드 메디치 왕비에 의해 프랑스에도 전해졌고, 1686년에는 요리사인 쿨테리가 파리에 '카페 프로코프'를 열어 최초로 근대적인 아이스크림을 팔기 시작했다.

중국에서 건너간 선진문명의 결정적인 역할에도 불구하고, 당시 대부분의 유럽인은 이 기술들이 중국에서 왔다는 사실을 알지 못했다. 심지어 중국을 그토록 좋아한 볼테르마저도 중국인에게 화포 사용을 처음 가르친 것이 포르투갈 사람이고 대포 제조법을 처음 가르쳐준 것은 예수회 신부라고 여겼다.[21] 아마도 중국의 발명품들이 러시아나 아랍을 경유하거나 이름 없는 무수한 상인들을 통해 다양한 경로로 유럽에 전해지고 점진적으로 퍼져나가면서 출처가 모호해졌기 때문일 것이다. 유럽인들의 이러한 무지는 적어도 20세기 중반까지 계속되었다. 이를 두고 영국의 중국역사학자 조지프 니덤J. Needham은 "그릇된 수수께끼의 철의 장막"이라는 말로 풍자했다.[22]

반면, 동아시아의 물질문명에 비해 학문·예술은 르네상스 시대 유럽에 전혀 영향을 미치지 못했다. 중국의 고대사 정도가 전달됐는데, 이 자료만으로도 유럽에 충격을 안겨주기에 충분했다. 유럽에서는 18세기 말까지도 세계의 태초가 기원전 4000년경일 것이라는 견해가 지배적이었다. 그런데 기원전 4000년을 넘어가는 중국 고대사는 '세계의 태초'여야 하는 기독교적 도그마와 충돌했다. 결국《성경》의 세계창조 시점을 훨씬 넘어서는 중국 고대에 관한 천문학적 수치들은 그들의 신뢰를 얻지 못하면서 동화적인 것으로 배격되고 만다. 엉뚱하게도 중국 고대사에 '노아의 홍수'가 빠져 있다는 지적만이 무성했다.

그러나 한편에서는《성경》의 신빙성이 부지불식간에 흔들리기 시작했다.《성경》의 기록이 세계사적 기록이 아니라 일부 지방의 지역사에 불과하다는 혐의가 불거졌고, 신의 계시를 들어 이를 진압하려는 움직임이 일었다. 이 같은 분위기가《성경》에 대한 비판적 연구의 시발점이 되기는 했으나 중국의 정신세계에 대한 관심으로 이어지지는 않았다.

회화와 문예에서는 유럽에 동아시아의 흔적이 약간 남아 있다. 가령 레오나르도 다빈치 〈모나리자〉의 배경은 중국풍의 산수다. 보카치오의《데카메론》속 제10일 세 번째 이야기는 요나라의 귀족 '나탄'이라는 사람의 미덕을 칭송하고 있다. 셰익스피어에게 결정적인 영향을 미친 이탈리아의 서사시인 아리오스토L. Ariosto와 보이아르도M. Boiardo의 시문은 둘 다 '안젤리카'라는 요나라 공주를 소재로 삼았다.

르네상스 시대 동서를 오가며 동아시아로부터 온갖 물건을 가져간 전달자는 상인이었다. 공자철학은 상인들의 관심품목이 아니었다. 따라서 르네상스 문인들은 공자를 몰랐고, 이교적인 공자철학을 돌아볼 마음의 여유도 없었다. 신학적 정통성 싸움이 치열했던 당시, 그들은 사상적 신무기였던 그리스철학에만 몰입했다. 문인들은 그리스어 능력을 무기로《성경》과 플라톤·아리스토텔레스의 그리스어 원전과 라틴어 번역서를 대조해 오역을 찾아내며 기독교신학의 오류를 바로잡았다. 이로써 교부(교회에 의해 정통 신앙의 전승자로 인정된 사람)들의 성경 해석 독점권을 무너뜨리고 유권해석의 권위를 나눠가질 수 있었다. 이와 함께 일정한 학문공간을 확보하고 인간의 이성을 격상시켰다.

그러나 17세기부터 선보이기 시작한 공자철학과 동아시아 문화예술은 점차 유럽에서 그리스철학을 쓸어내고 유럽을 석권하게 된다. 특히 공자의 경전들은 유럽에 일대 충격을 가했다. 유럽의 경험주의자들은 공자철학의 지원을 받아 스콜라철학과 그리스합리주의를 분쇄하는 사상투쟁을 벌이게 되는데, 이것이 계몽주의다.

17세기 내내 인도로부터 건너간 양념과 향신료가 유럽인의 감각을 사로잡았다면, 동아시아로부터 전파된 예술·철학·과학은 그들의 정신을 사로잡았다. 이런 까닭에 일부 철학자들은 "한때 유럽 사상계를 풍미했던, 오늘날은 사라지고 잊힌 중국의 매혹을 제대로 알지 못하면 결코 계몽주의를 이해할 수 없다"고 말한다.[23]

공자 출판 열기,
사색의 불꽃을 지피다

30년 종교전쟁이 끝난 17세기 중반, 유럽의 분위기는 전과 사뭇 달라졌다. 살벌했던 종교개혁과 종교전쟁으로 인해 유럽인들은 사분오열되었고 깊은 정신적 상처를 입었다. 기독교 신앙은 크게 약화되고 종교적 회의주의는 깊어졌다. 바로 이때 유럽에 소개되기 시작한 중국의 예술과 철학, 특히 공자철학은 새로운 사상적 관심의 표적으로 부상했다. 15~16세기가 지리상의 발견을 통해 지리지식의 확산과 함께 그리스·로마의 사상적 원천을 찾아가고 기독교 신앙을 새로이 정초한 시대였던 데 비해, 17세기는 이미 계몽주의의 준비기였다. 유럽인들은 교부철학의 구속으로부터 해방되어 정신적·문화적 삶을 이성의 원리에 따라 다시 세우고, 유럽 밖에 있는 민족들의 지식을 과학적으로 소화하려고 고군분투했다. 이때 등장한 공자의 경전들은 가뭄에 단비처럼 시원하게 유럽을 적신다.

오스트레일리아의 유명한 정치학자 존 아서 패스모어J. A. Passmore는 17·18세기 유럽 사상계의 변화를 유럽철학의 '공자화Confucianisa-tion'라고 규정한다.[24] 유럽 철학자들은 공자의 가르침을 일약 시민 도덕생활의 토대가 될 수 있는 참된 자연종교로 받아들이거나, 든든한 철학적 지원군으로 여겼다. 이런 분위기는 최초로 중국에 가톨릭을 전파한 이탈리아 선교사 마테오 리치 이래 공자철학을 가톨릭 사상과 유사한 것으로 해석했던 예수회 선교사들의 시도에 의해 촉진되었다.

일찍이 아시아 선교 책임자 알레산드로 발리냐노A. Valignano 신부는 나폴리 예수회 소속 선교사들이 중국어와 중국철학의 원전들을 공부하게 했다. 그 선교사들 중에는 마테오 리치도 있었다. 발리냐노는 선교사들이 중국인을 '무식한 이교도'로 대하지 않고 선교적 의도에서 다가가도록 교육했다. 당시의 제국주의적 선교 풍토로 볼 때 이것은 매우 새롭고 독특한 정신사적 실험의 시발점이었다. 이른바 현지인의 눈높이에 맞춰 파고드는 '적응주의 선교'라는 것이다. 그런데 이런 적응주의식 접근방법은 뜻밖에도 중국을 기독교화하기보다 되레 유럽을 유교화하는 뒤바뀐 결과를 낳는다. 문명수준의 격차 때문이었다.

마테오 리치와 그 일행은 1582년 마카오에 도착한다. 이듬해에는 중국 광동성에 정착을 허락받고 본격적인 선교활동을 시작한다. 그리고 선교 목적에서 공자철학을 공부하고 서신을 통해 이를 유럽에 소개한다.

유럽에서 처음으로 큰 반향을 불러일으킨 중국 관련 저작은 1618년에 나온《중국에 대한 기독교 포교》다. 이탈리아어로 쓰인 마테오 리치의 보고서를 니콜라 트리고N. Trigault가 약간의 보충설명과 함께 라틴어로 번역한 책이다. 사상적인 측면에서 리치의 보고서만큼 중요했던 책은 공자를 최초로 언급한 고틀리프 슈피첼G. Spitzel의 1660년작 《중국문예물 해설》이다.

16세기 말부터 17세기 중반까지는 주로 중국의 역사·현황·여행에 대한 서적이 많이 출판되었지만, 17세기 후반부터는 예수회 신부들을 통해 공자의 저작들이 쏟아져 나왔다. 예수회 신부들은 유교철학, 중국 문화, 사회제도 등을 수준 높은 차원에서 고찰했고 중국인들의 신앙과 제례의식에 관한 자세하고 객관적인 보고서들을 유럽으로 보냈다. 계몽주의의 시작을 알리는 영국 명예혁명 전까지 유교의 사서四書, 즉《논어》,《맹자》,《대학》,《중용》과《주역》,《효경》,《소학》은 대개 라틴어 등으로 번역된 상태였다.

최초의 본격적인 공자 관련 서적은 1659년 북경에 당도하자마자 공맹을 공부하기 시작한 프로스페로 인토르케타P. Intorcetta 신부가 1662년 편찬한《중국의 지혜》다.《대학》과《논어》의 첫 5편(〈학이〉에서 〈공야장〉까지)을 라틴어로 번역하고 공자의 전기를 추가한 책이다. 한 자마다 라틴어 음과 훈을 달고 뜻을 해설한 이 책은 중국에서 출판되었지만 판매는 주로 유럽에서 이루어졌다.

이런 번역서와 함께 중국과 공자에 대한 연구서들도 나오기 시작했다. 최초의 연구서는 영국인 존 웨브J. Webb가 1669년 영어로 쓴《중국제국의 언어가 원초적 언어일 개연성에 관한 역사적 논고》다. 웨브는 중국의 군주정을 "바른 이성의 정치원리에 따라 구성된 이 세상 유일한 군주정"으로 평가하면서 "영국 군주는 고대 중국 황제들을 모방해야 한다"고 주장한다.[25] 아버지 찰스 1세Charles I처럼 절대왕정으로의 복구를 희구하던 찰스 2세Charles II에 대한 이 과감한 충고는 1688년의 명예혁명이 발발하기 20년 전에 있었던 공자주의적 공개 간언이었다.

또 하나의 중요한 연구서로 도밍고 페르난데스 나바레테D. F. Na-
varrete가 1675년 스페인어로 출판한《중국제국에 대한 평가》를 들 수
있다. 나바레테는 유럽 정부들이 중국의 농본주의를 모방해 농민의 지
위를 높이고, 과세정책에서 중용의 원칙을 이용해 온정적 통치를 시행
할 것을 주장하며 당 태종太宗의 말을 인용한다. "감당할 능력이 있는
사람에게 과세하는 것만이 온당하다. 자신조차 감당할 수 없는 사람에
게 무거운 세금을 부과하는 것은 미친 짓일 것이다. …빵 두 쪽으로 네
식구를 먹여 살려야 할 사람한테서 빵 한 조각을 빼앗는 것은 양을 키
우는 것이 아니라 키워야 할 양을 잡아먹는 것이다."[26]

중국을 유럽인의 관심 대상으로 만든 획기적인 유교 경전 번역서
는《중국 철학자 공자 또는 중국 학문》이다. 1687년에 필립 쿠플레P.
Couplet 등 4명의 예수회 선교사가 루이 14세Louis XIV의 칙령에 따라
출판한 책이다.《논어》,《맹자》,《대학》,《중용》을 라틴어로 번역한 것
으로, 마테오 리치보다 먼저 중국에 도착해 중국어와 사서를 공부한
루지에리M. Lugieri의 1588년 번역문 초고를 5년 뒤 마테오 리치가 손
질한 원고를 바탕으로 했다. 예비 논의에 해박한 주석을 곁들인 414쪽
의 이 방대한 책은 프랑스 국왕이 재정지원을 한 만큼 정교하고 화려한
판형을 갖추었다. 말 그대로 100년에 걸친 예수회 선교사들의 노고의
결실이었다.

이 책의 서문에서 편역자 쿠플레는 공자의 도덕철학을 다음과 같이

소개한다.

> 이 철학자의 도덕체계는 무한히 숭고하면서 동시에 간단하고 이해하기
> 가 쉽다. 자연적 이성의 가장 순수한 원천으로부터 도출된 것이라고 말
> 할 수 있다. …이성이 신적 계시로부터 벗어난 상태에서 이토록 잘 전개
> 되고, 이토록 강력하게 나타난 적은 없었다.[27]

아이작 뉴턴I. Newton의 《프린키피아》와 같은 해(1686)에 나온 이 책에서 113쪽에 달하는 '예비 논의' 부분은 구체적인 공자의 전기뿐만 아니라 당대의 자연철학 논쟁에 기여했을 정도로 높은 수준의 독보적인 내용도 담고 있다. 이 책은 유럽 사상계를 충격에 빠트렸고, 공자철학은 당시 한창 무르익어가던 영국 명예혁명에도 영향을 미치게 된다. 1688년에는 프랑스어로 번역되고 1691년 영어로 번역된 데 이어 여러 유럽어로 번역되었을 뿐 아니라 각종 요약본까지 나왔다. 이처럼 공자철학은 유럽인의 큰 관심거리가 되었다.

중국의 경제와 정치를 상세히 거론한 루이 르콩트L. LeComte 신부의 《중국의 현체제에 대한 새 비망록》은 1696년 출판되고, 바로 다음 해에 영어로 번역되어 관심을 끌었다. 이 책에서 르콩트는 중국의 경제철학을 농본주의와 자유상업론으로 밝히고 중국의 가벼운 과세와 면세 정책을 찬양한다. "중국인들은 특히 어느 지방 백성들이 질병을

겨거나 절기에 맞지 않는 날씨로 인해 평년의 소출을 내지 못할 경우
에 매년 한두 지방의 세금을 면제해주는 관습이 있다."

또한 중용적 권력행사를 의무화한 중국 특유의 제한군주정과, 폭정
에 대한 중국 백성들의 혁명정신도 논한다.

> 법이 황제에게 부여한 무제한적 권위는 중용과 현명함으로 사용해야 할
> 의무를 수반한다. 중용과 현명함은 많은 시대 동안 중국 군주정이 그토
> 록 큰 조직을 지탱해온 두 기둥이다. 관습과 법률은 전적으로 황제의 이
> 익을 위해 이용될 수 있어서, 그가 이것들을 위반하면 반드시 그 자신의
> 권위에 손상을 입게 된다.[28]

이 책은 곧 여러 나라 언어로 번역되어 널리 읽힌다. 그러나 이 책에
대해 가톨릭 내부에서 시비가 붙었고, 논쟁의 무대가 로마에서 파리로
이동해 열띤 공방이 벌어졌다. 소르본 신학대학은 이 책을 포함한 몇
권의 책을 조사한 다음, 모조리 불태웠다. 당시 다른 곳과 마찬가지로
파리에서도 사상·양심·학문·출판·종교의 자유는 지극히 제한돼 있
었다. 수천 년 동안 그러한 모든 자유를 구가해온 중국과 동아시아에
비하면, 당시 유럽은 인권 측면에서 상당히 비참한 상황이었다.

그럼에도 불구하고 중국 관련 서적은 18세기 들어서 더욱 획기적으
로 늘어났고, 대부분이 프랑스에서 출판되었다. 프랑스인들은 이런 책

들에 열성적이었다. 종교전쟁, 종교개혁, 개신교 탄압, 금서, 분서, 정부 파탄, 궁정 음모, 그리고 프랑스령이던 캐나다와 인도영토의 상실 등 일련의 종교·정치·경제·사회적 재앙들 덕분에 프랑스의 학자와 정치가, 일반 백성들은 외국에서 들어오는 이념에 수용적인 자세가 되었던 것이다. 이런 분위기에서 가장 완전하다고 평가할 수 있는 라틴어 경전 번역서는 《논어》, 《맹자》, 《대학》, 《중용》, 《효경》, 《소학》을 번역해 1711년에 출간한 프란시스쿠스 노엘F. Noel의 《중국제국의 고전 6서》다.

유교 경전의 번역서들 외에 공자철학의 대중적 확산에 가장 크게 기여한 책은 1702년 두 명의 비시에르 신부(Isabelle Vissière와 Jean-Louis Vissière)가 엮은 《예수회 선교사들이 보낸 감화적이고 신기한 중국 서간 모음집》이다. 공자철학을 논하고 밝은 면과 어두운 면을 묘사한 이 서간집은 1776년까지 무려 70여 년 동안 거듭 인쇄되었다. 특히 공자의 유교사상을 논한 16통의 서한은 공자철학을 확산시키는 데 막대한 영향을 미쳤다.

또 하나의 대중적인 저작은 1735년 파리에서 출간된 장-밥티스트 뒤 알드J. Du Halde의 《중국제국과 중국타타르(만주) 지역에 관한 지리학적·역사적·연대기적·자연적 서술》이다. 중국의 문제점들을 꼬집으면서도 비지성적인 유럽과 대비되는 중국인의 지성적 삶을 찬미하고 중국의 경제와 정치를 높이 평가했다. 이듬해 이 저작은 《중국 통사》

(전 4권)로 런던에서 영역 출간되어 순식간에 3판이 거듭 팔리게 된다. 뒤 알드는 역자 서문에서 다음과 같이 말했다.

어떤 법률도, 어떤 제도도 중국의 것들보다 전반적으로 잘 강구된 것은 없다. 이것은 왕과 백성을 행복하게 만들고, 전제적이지만 온화하고 완전한 순종을 만들어낸다.[29]

또한 중국의 농본주의, 농민의 근면성과 높은 지위와 특권을 기술했다. 중국의 전반적 풍요와 칠기·자기·비단 등 사치품 생산에 대해서도 열정적으로 묘사하면서 명나라 때보다 더 확대된 청나라의 대외무역, 금값과 맞먹는 중국의 은값 등을 논하고 운하와 도로 등을 찬양했다. 중국의 국내 교역량이 유럽 전체의 교역량을 뛰어넘는다고 말하며 중국은 대외무역 없이도 자체적으로 견딜 수 있는 나라라고 썼다. 이 대목은 나중에 몽테스키외, 데이비드 흄D. Hume, 애덤 스미스도 인용한다. 다시 언급하겠지만 몽테스키외는 이 책의 부정적인 보고들만을 선택해 자신의 부정적 중국관과 동양관에 짜 맞추게 된다.

뒤 알드는 중국인이 대기근의 시기를 폭동도, 폭력도 없이 견뎌낸다며 유럽인에게는 낯설기만 한 사실들을 인정한다. 그리고 서양 교육혁명의 모태가 된 중국의 만민평등교육과 서당·향교·대학의 3단계 교육제도도 언급한다. 이 교육의 사례는 18~19세기 서구의 학교 시스템에 영향을 미친다. 특이할 만한 것으로 제4권에 한국의 역사Historie de la Corée도 두 절 소개한다. 몽테스키외는 이를 인용해 "그 나라의 남부지방 사람들은 북부지방 사람만큼 용감하지 않으며, 상냥하고 게으르고 소심한 민족"이라고 평한다. 또한 그 영토를 "피정복 민족들"의 땅에 귀속시키는 엉터리 분류까지 하게 된다.[30]

뒤 알드는 공자를 소크라테스보다 더 위대한 인물로 평했다. 천지창조와 영혼의 본성, 미래국가의 본질 등에 대한 중국인의 가르침이 '심각한 결손'을 안고 있을지라도 고대 중국인들이 유신론자였다는 것은 의심의 여지가 없으며, 후대로 오면서 우상숭배와 무신론으로 일탈이 일어났는데 공자가 이것을 개혁했다고 설명했다. 그리고 공자가 탁월한 도덕을 가르친 까닭에 오늘날 "최고 수준의 존엄성을 가진 성인"으로 존경받는다며, 예수회 반대자들이 주장하듯이 신격화되지는 않는다고 말했다.

그는 《맹자》 해설서에서 많은 사회사상을 다뤘다. "등나라 문공文公이 맹자에게 왕국을 지혜롭게 다스릴 수 있는 몇 가지 준칙을 요청했다. 맹자가 말했다. 왕이 중시해야 하는 첫 번째는 백성이다. 백성에게 주된 영향을 주는 것은 그들의 생계다. …백성은 먹고살 걱정이 없어야 예의를 개선하고 덕을 이루려고 노력할 것이다." 이 《맹자》 해설서에는 18세기 수적으로 늘어난 종교반란자들의 흥미를 끌 만한 내용이 많았다.

오랫동안 몽테스키외, 볼테르, 흄, 피에르 푸아브르P. Poivre, 케네, 애덤 스미스 등 서구 주요 지식인들의 필독서로서 자리를 지킨 뒤알드의 이 책은 거대한 혁명을 향해 떠밀려 내려가는 유럽인들 앞에 놓인 "영감을 고취하는 간행물"이었다.[31]

지금까지 살펴보았듯이 17·18세기 동안 공자철학은 수많은 서적들을 통해 유럽에 소개되고 탐구되었다. 공자철학은 그 깊이와 높이에 있어서 일대 충격이었고 기독교신학과 그리스 전통의 서양철학 일반을 원리적으로 압도했다. 마테오 리치의 지침에 따라 기독교를 중국의 문화에 적응시키고자 의도했던 이른바 적응주의적 공자 해석서 및 번역서들은 본래 "중국인들의 잠재적 기독교성을 밝히기 위한 목적"으로 쓰였고 또 그렇게 받아들여졌다. 그러나 "중국 경전의 첫 번역집이 유럽에 출현한 그 순간부터, 공자철학은 유럽 대륙의 식자들 사이에서 새로운 사색의 불꽃을 지피는 번갯불 지팡이"가 되었다.[32] 공자에 대한 관심은 성직자 독자층에 한정되지 않았다. 공자 관련 서적은 중국 선교단의 생생하고 기술적인 번역과 해설을 통해 신속하게 재출간되고 심지어 대중보급판까지 제작되어 훨씬 광범한 명성을 누렸다. 라틴어를 비롯해 각국의 언어로 번역된 수많은 원문들이 유럽 전역에 널리 유포되었다.

예수회 선교사들의 저술을 통해 중국 사상이 17·18세기 서구의 정신에 미친 영향은 오늘날 빠짐없이 추적하는 것이 불가능할 정도로 엄청났다. 이에 대해 미하엘 알브레히트M. Albrecht는 다음과 같이 말한다.

> 기독교적·서구적 세계관의 −일찍이 잊힌− 경계가 이로 인해 얼마나 확대되었는지, 아니 얼마나 폭파되었는지는 오로지 코페르니쿠스적 세계관의 등장에만 비견될 수 있을 것이다. 100년 전 아메리카의 발견은 중국의 정신적 발견에 비하면 유럽 사상에 덜 흥미로운 것이었다.[33]

중국과 동아시아 선교를 위한 선교사들의 공자 연구 과정에서 서양으로 유입된 공자철학은 유럽의 철학사상을 근대화시키는 '형성적 영향'을 미친다. 그 이해의 굴절과 왜곡 속에서도 시대의 사상논쟁에 직간접으로 깊이 개입하면서 '참고적 영향'을 넘어선 것이다. 그리하여 자기들밖에 모르던 유럽인의 기독교중심적 세계관에 일대 타격을 가해 각국에서 계몽주의의 씨앗을 수태시키고 그 발아의 투지를 북돋웠다.

로코코,
선비문화를 복사하다

몇 년 전 독일의 서정시인 라이너 쿤체R. Kunze가 독일 남부 파사우
의 도나우 강변에 있는 저택에 창덕궁의 서고인 운경거韻聲居를 본뜬
정자를 지었다는 뉴스가 보도되었다. 폭 3.9미터, 높이 2.4미터의 작은
정자는 한국의 한 시인이 기증한 것이지만 일찍이 유럽에 불었던 중
영정원 열풍을 떠올리게 했다.

18세기 계몽주의 시대 내내 유럽 사상계를 공자철학이 지배했다면,
유럽의 문화예술 분야는 동아시아의 선비문화가 지배했다. 당시 유럽
인은 선비문화의 예술적 영감에 고무되었다. 이를 통해 르네상스 시대
의 우중충하고 장중한 바로크 예술을 해체하고, 밝고 맑은 빛 속에서
유유자적하는 로코코 예술을 빚어냈다. 특히 프랑스는 17세기 말부터
18세기 내내 중국 문물로 넘쳐났다. 의복·가구·기호품·장신구·건
축·음식·예술 등 전문 예술계와 생활문화 전반에서 중국풍의 모방을
취미로 삼는 이른바 '시누아즈리chinoiserie(중국 취향의 장식)'를 전반적
으로 즐겼다. 당시 프랑스는 한마디로 '유럽의 중국'이었다.

로코코 예술은 18세기 말 신고전파 예술이 등장할 때까지 대유행했
다. 특히 공예품과 건물장식 분야에서 위력을 발휘했다. 16세기 초부
터 유럽에는 자기·비단·단자緞子(손으로 짠 융단)·금수錦繡(비단에 놓은
수)·칠기·벽지 등 동아시아의 고급 생활물품과 동양화가 쏟아져 들어
왔다. 그때 중국의 그림물감, 회화기법, 복식, 건축기법, 원예기법도 함
께 유입되었다. 시누아즈리는 곧 유럽의 상류층을 점령하고 점차 평민

들에까지 퍼져나갔다.

　동아시아 예술문화는 무엇보다도 자기·비단·칠기의 밝고 맑으면서도 고상한 빛깔로 유럽인의 미감을 매혹시켰다. 이 중국풍의 빛깔을 수용해 탄생한 로코코 예술은 '밝은 빛'으로 몽롱한 인간정신과 어두운 세상을 밝힌다는 뜻의 '계몽주의(프랑스어 뤼미에르Lumière, 영어 인라이튼먼트Enlightenment)'와 환상의 조화를 이루었다.

　시누아즈리가 대중화되자, 유럽에는 동아시아 공예품과 예술품을 모방한 각종 모조품도 우후죽순처럼 등장하기 시작한다. 가령 중국 자기가 부자들의 필수품이 되어 수요가 폭발하자, 독일 마이센 지방에서는 중국산을 흉내 낸 자기가 팔리기 시작했다. 덕분에 마이센 자기산업은 오늘날에도 독일을 대표하는 공예산업이 되었다. 프랑스인들은 18세기 중반 칠기 공장을 세우고 칠기 기법이 적용된 중국식 지팡이와 당시 귀족들 사이에서 유행하던 화려한 중국 가마 등을 비롯한 수많은 중국식 가구와 공예품을 생산했다. 유럽 비단 상인들은 중국으로부터 비단 원단과 염료를 수입하고 염색기법을 배워 중국풍의 꽃무늬 비단을 생산하며 공전의 히트를 기록했다. 특히 프랑스와 영국은 화려하게 수놓은 비단과 꽃무늬 벽지를 생산해 곧 대성공을 거둔다. 오늘날 홍콩이나 중국, 한국 등에서 유럽 명품과 짝퉁이 유행하지만 유럽에서는 훨씬 먼저 동양문화와 그 모조품이 유행했던 것이다.

　한편 동양화와 동양화 기법은 로코코 화풍을 대표하는 프랑스의 장 앙투안 와토J. Watteau, 영국의 존 코젠스J. Cozens, 윌리엄 터너W. Turner 등 수많은 화가에게 결정적인 영향을 미쳤다. 특히 중요한 것은 동양화의 영향으로 영국에서 수채화 기법이 발명되었다는 사실이다. 간단히 물로 개는 동양화 물감과 먹물의 용이성·영구성과 맑고 투명한 빛깔이 유화물감, 혹은 달걀흰자나 아교에 개는 템페라물감밖에 몰랐던 유럽 화가들을 매료했다. 이들은 곧 동양화 물감과 먹물을 본떠서 수채화물감을 만들어 쓰기 시작했고 이 물감으로 그린 수채화가 탄생했다. 문명은 이렇듯 서로 패치워크patchwork*하면서 발전한다.

코젠스는 동양화 기법으로 수채화를 그린 최초의 풍경화가였다. 바탕색으로 갈색과 회색을 쓰고 먹물 붓으로 윤곽선을 그린 코젠스의 풍경화는 놀랍게도 동아시아의 산수화를 그대로 빼닮았다. 이 흐름을 계승한 터너는 수채화를 새로운 회화 장르로 확립해 훗날 인상파에 커다란 영향을 끼쳤다.

또한 유럽의 건물과 궁전에는 중국의 것을 흉내 낸 불탑과 정자가 나타나기 시작했다. 많은 창문·누각·교각 등도 중국풍으로 바뀌었다. 특히 동아시아 정원이 유럽에서 대대적으로 모방되기 시작한다.

---

* 여러 가지 색상, 무늬, 소재, 크기, 모양의 작은 천 조각patch을 서로 꿰매 붙이는 것을 말한다. 이 책에서는 외래문물을 수용할 때 자기정체성에 따라 토착문화와 짜깁기하는 것을 패치워크 문명론이라는 개념으로 설명했다.

1750년대 프랑스를 중심으로 한 유럽 대륙에서는 영국의 철학과 예술이 유행했다. '앵글로마니아Anglomania'●●라는 말이 그 시대를 상징한다. 앵글로마니아의 유행과 함께 서양의 지성적 리더십이 프랑스에서 영국으로 이동하자, 문화예술의 중국화는 더욱 가속된다. 영국 '느낌의 시대'는 곧 중국 '예술문화의 시대'였기 때문이다. 영국의 시누아즈리 정원운동도 더욱 강력해졌다. 자연적 무위와 예술적 유위의 조화를 핵심이념으로 삼는 이 중국식 원예운동은 루이 14세풍의 지나치게 기하학적이고 인위적인 구식 정원은 물론, 장자크 루소J. Rousseau의 자연동경 감상주의에서 비롯한 야생적 자연정원도 밀어냈다. 루소식 정원은 일체의 예술적 터치를 추방한 '야생' 그 자체였기 때문이다. 이미 1712년에 영국의 시인 조지프 애디슨J. Addison은 중국 정원을 '자연적 무위 속에 유위의 예술적 손길을 숨겨놓은 천인상조天人相助의 작품'이라고 이해했다.

중국인들은 규칙적이고 직선으로 펼쳐진 우리의 정원을 비웃는다. 나무를 나란히 줄맞춰 똑같은 모양으로 심어놓는 것은 아무나 할 수 있다고 말한다. 그들은 자연 작품들 속에서 천재적 재능을 보여주고 싶어 하고,

●● 18세기 영국 사회문화의 모든 것을 지지하고 이에 심취한 사람들이 일으킨 계몽운동. 이것은 일시적인 현상이 아니라 21세기에 이르기까지 영국의 이상과 문화 전반에 걸쳐 영향력을 발휘하고 있다.

언제나 그들 스스로를 지도하는 예술을 숨겨둔다.[34]

영국의 시인 알렉산더 포프A. Pope도 이와 유사한 사상을 실천으로 옮겨 깔끔한 기하학적 질서로 꾸며진 자신의 트위커넘 정원을 중국풍 정원으로 바꾸었다. 포프와 애디슨에 의해 점화된 새로운 중국풍 정원 운동은 영국에서 빠르게 퍼져나갔다.

영국 국왕의 건축가 윌리엄 체임버스W. Chambers는 최초로 중국 정원 속 자연과 예술의 혼합 원리를 체계적으로 연구한 원예학자다. 그는 두 번에 걸친 중국 방문 끝에 《동방원예론》을 저술했다. 이 책에서 중국 정원을 찬양하고 루소식의 순수한 자연적 정원을 거부했다.

내게는 지금의 예술가와 비평가가 둘 다 자연과 단순성에 너무 많은 강세를 주는 것으로 보인다. 이것은 쓸데없는 군소리를 늘어놓는, 지식이 불충분한 사람들의 캐치프레이즈, …사람들을 무의식적으로 나태와 무미건조성 속으로 잠들게 하는 운율이다.

그는 자연과 닮음이 완전성의 기준일 수 없다고 생각했다. 루소식 자연정원을 "방문자가 죽도록 권태로울 정도의 근소한 다양성, 대상 선택에서 판단의 결여, 상상력 빈곤"으로 평가해 거부하고, 이를 자연으로의 복귀가 아니라 '과민성과 감상성'에 지나지 않는 것이라고 비

판했다.[35]

　본격적 '중영정원Chinese-English Garden' 즉 중국풍 영국정원의 첫 사례는 체임버스가 런던의 남서부에 설계한 켄트Kent 공작의 큐 정원 Kew garden(통칭 '큐가든')이었다. 큐 정원에는 파고다(서양에서 동양의 불탑을 총칭하는 말) 등 많은 중국식 인공물이 설치되었다. 50미터 높이에 가까운 9층 파고다는 어떤 방향으로든 65킬로미터 안팎의 전경을 지배했다. 체임버스는 이 주변 호숫가에 '공자의 집House of Confucius' 도 세웠다.

　큐 정원의 파고다는 곧 수많은 곳으로 복제되어나갔다. 그중 가장 잘 알려진 것이 네덜란드의 '헤트 루 정원'과 프랑스 루아르의 '샹틀루 정원', 독일 뮌헨의 '엥글리셔 정원'이다. 1760년부터는 아예 전 유럽으로 큐 정원 모델이 퍼져나갔고, 프랑스에서는 곧 '중영정원'으로 알려졌다. 바이에른의 선제후 막시밀리안 요제프 4세Maximilian IV Joseph(훗날 바이에른왕국의 왕 막시밀리안 1세)는 1773년 체임버스 밑에서 중영정원을 배우도록 정원사를 영국으로 파견했고, 프리드리히 대제도 말년에 이 중영정원을 아주 애호했다. 독일에서 가장 야심 찬 중영정원은 카셀 근처의 '빌헬름스회에 정원'이었다. 헤센-카셀의 백작은 중국 촌락 형태의 콜로니를 건설하기로 계획하고 1781년부터 공사를 시작했다. 물론 잊지 않고 파고다도 세웠다. 1778년에는 뽕나무밭을 일구고 중국풍 화랑도 지었으며, 이 정원의 청동제단에 향도 피웠다.

　루소는 중영정원을 자연의 단순성이 없다고 비판했다. 이에 대해 루트비히 운처L. Unzer는 1773년 《중국정원론》에서 루소에게 대꾸했다. "루소는 정원으로부터 예술의 전 관념을 추방하고 싶어 하는 것처럼 보인다. 차라리 왜 정원 자체를 몽땅 추방하지 않는가? …우리가 정원을 만드는 것은 자연 전체를 보기 위해서가 아니라, 제한된 공간 안에서 세밀하게 자연의 아름다움을 향유하기 위해서다."[36] 운처는 다양한 분위기의 연쇄적 흐름 속에서 사람의 마음을 조율해주는 힘이야말로 정원의 독특한 예술적 매력이라고 보았다. 바로 이 점에서 중영정원은 루소의 저항에도 불구하고 유럽 전역에 확산되었다.

　회화, 공예품, 건축과 정원에 관철된 로코코 예술의 영감은 과거와 같은 신의 영광도, 전사의 영웅성도, 권세가의 권위도 아니었다. 그 영감은 보다 이완되고 재미있고 정서적인 분위기 속에서 유유자적하는 선비의 여유로운 삶이었다. 역사학자 허드슨G. F. Hudson에 의하면, 로코코의 세계관은 "중국 절강성의 항주나 강소성의 소주에 살던 선비의 정신을 그대로 복사한 것"이었다. 공자주의 선비문화의 유럽 버전으로서, 중국의 연채軟彩자기 같은 미감의 로코코 예술은 18세기 유럽에서 일급의 미학적 상상력을 요구하는 유일무이한 상상의 세계를 창조했다고 평가된다.[37]

　동아시아 문화예술에 대한 유럽인들의 이런 추종은 단순히 드높은 동아시아적 미감에 대한 찬미만이 아니었다. 근본적으로는 18세기까지 유럽을 압도했던 동아시아의 경제적 풍요에 대한 선망에서 비롯된 것이기도 했다.

유럽 문화와 적어도 대등한 가치를 가진 중국 문화를 알게 되면서 스스로를 세계의 중심으로 여기던 유럽인들의 유럽적 자의식이 조금씩 흔들리기 시작했다. 유럽 내 동아시아 문화예술의 흥기와 더불어 공자철학과 중국의 도덕정치에 대한 탄복 속에서 일어난 공자 연구 붐은 곧 도처에서 기독교적 세계관과 충돌하게 된다. 그리고 마침내 맹렬한 기독교 비판과 이신론적理神論的, 무신론적, 혁명적 철학사조를 불러일으킨다. 이와 함께 유럽 지식인들은 점차 탈그리스화, 탈기독교화, 탈종교화되었다.

그리스철학의
무기력한 반격

유럽의 15~16세기 르네상스 시대가 그리스철학의 세기였다면, 18세
기는 그리스철학이 내쫓긴 '공자철학의 세기'였다. 물론 계몽의 두 철
학적 원천은 그리스와 중국이었다. 하지만 그리스철학의 영향이 강력
했던 르네상스에 비하면 18세기는 중국 문화와 공자철학의 영향이 압
도적이었고, 그리스철학은 중심에서 주변으로 밀려난 상태였다. 역설
적이게도 중국이 18세기 유럽 정신의 탄생지였던 것이다. 중국 문화
의 충격과 폭발성은 그리스철학을 훨씬 능가했다. 이런 현상과 관련해
캘리포니아 대학의 루이스 매버릭L. A. Maverick 교수는 《중국: 유럽의
모델》에서 계몽주의를 다음과 같이 묘사한다.

거의 2차 르네상스에 가까운 문화적 각성이었던 유럽 계몽주의는 정신
의 거대한 족쇄를 부수고 우리의 눈에서 가림막을 걷어내는 작업이었다.
계몽의 한 측면은 외부세계가 위대하다는 갑작스러운 깨달음과 결부되
어 비유럽 세계에 관한 정보를 유럽 사상 속으로 흡수하는 것이었다. 많
은 계통의 사상과 신념 속에서 이 새로운 정보와 평가는 이전의 자족성
이나 지방주의의 분쇄와 세계관의 교체에 기여했다.[38]

한편 중국 문화와 공자철학의 압도적 지배는 르네상스와 그리스 예
찬의 여진이 남아 있던 17세기 말과 18세기 초에 일정한 반발을 초래
하기도 한다. 그리스 예찬론자들은 중국 문화와 공자철학에 상당한 거

부감을 보였다. 대표적인 인물이 프랑수아 페넬롱F. Fenelon 대주교였다. 페넬롱은 중국에 관해 훗날 몽테스키외보다 더 가혹한 평가를 내놓았다.

여러 정치적 시도들에 실패한 페넬롱은 유럽의 상처를 치유하는 데 절망해 고대 그리스에 심취했다. 전성기의 그리스가 그의 모델이었다. 그러나 18세기 초는 극동에 대한 열광이 점차 커져가고 있었고, 이 열광이 이미 고대 그리스를 음지로 내몰고 있었다. 이런 분위기에서 페넬롱은 노골적으로 반反중국적 입장을 취하기는 어렵다고 느끼고, 공자와 소크라테스의 토론 형식을 빌려 《죽은 자들의 대화》라는 책을 썼다. 그는 이 책에 '그토록 찬양되는 중국인의 우위성에 관하여'라는 의미심장한 부제를 달았다.

책의 내용을 간략히 살펴보면, 우선 페넬롱은 사람들이 공자를 '중국의 소크라테스'로 부르는 것은 부당한 처사라고 말한다. 소크라테스는 "모든 백성에게 철학을 가르치는 것을 결코 생각한 적이 없기" 때문이다. 그에 의하면, 소크라테스는 국민평등교육이 불가능하다고 여겼기 때문에 대중에게 그의 사상을 글로 써주려고 시도조차 하지 않았다. "나는 글 쓰는 것을 일부러 삼갔다. 이미 말도 너무 많이 했다." 그의 한 가지 희망은 살아 있는 말로 자신의 독트린을 전수할 소수의 지지자를 얻는 것이었다. 페넬롱의 책 속에서 공자는 처음부터 수세에 몰린다. 소크라테스는 오로지 공포와 희망만이 백성들을 선행善行

하도록 자극할 수 있다면서, 백성을 덕스럽게 만들려는 공자의 희망을 "게으른 희망"이라고 공박한다. 소크라테스는 중국 백성의 다수가 정말로 덕스러운 적이 있었는지를 의심한다. 중국의 명예를 구하기 위해 공자는 중국의 유명한 업적들을 증거로 제시한다. 그러나 여기서 소크라테스도 논박을 준비한다. 인쇄술은 소크라테스 입장에서 분명 자랑할 만한 발명이 아니다. 인류를 파괴하는 데 쓰이는 화약은 더욱 그렇다. 중국의 수학은 방법론이 결여되어 있다. 그리고 자기瓷器에 대해서는 "당신 백성들의 명예라기보다 당신 땅의 명예로 돌려야 한다"고 평가 절하한다. 중국 건축은 균형미가 없고, 회화는 구성미가 없으며, 칠기의 발명은 자연환경의 산물일 뿐이라는 것이다. 공자는 기가 죽어 중국의 위대한 고대는 그래도 칭찬할 만하지 않은가 하고 묻는다. 그러나 소크라테스는 중국인의 원래 고향은 극동이 아니라 서쪽 아시아의 한 지역이고 그들의 참된 기원을 덮기 위해 중국 역사가들이 진실과 우화를 뒤섞었다는 의견을 피력한다. 수세에 몰린 공자는 요임금에게 먼저 물어보는 것이 좋겠다고 말한다. 이에 소크라테스는 자신은 초기 그리스의 지식을 얻기 위해 케크롭스Cecrops 같은 고대 왕에게도, 호메로스Homeros의 영웅들에게도 의존하지 않고 오로지 스스로에게만 의존할 것이라고 대꾸한다.

페넬롱은 소크라테스를 내세워 중국 회의론을 부추긴다. 시기질투에서 빚어지는 페넬롱의 그리스주의적 공자 비판과 중국 비방은 너무도 노골적이어서 무고 수준이다. 그 그림자는 훗날 몽테스키외에게서 다른 형태로 다시 나타나게 된다.

그렇지만 18세기의 대세는 어디까지나 중국에 대한 열광과 공자철학이었다. 독일에서는 라이프니츠와 볼프가 중국 사상과 공자철학에 호응했고, 프랑스에서는 볼테르와 케네가 페넬롱과 그리스철학의 영향을 다 걷어냈다. 케네는 뒤에 다룰 《중국의 전제주의》에서 페넬롱과 몽테스키외의 공자 비방과 중국 비방을 반박하는 의미에서 《논어》를 다음과 같이 묘사한다.

《논어》의 문답들은 모두 덕, 훌륭한 일, 통치의 방법에 대해 말한다. 이 어록집은 그리스 7현*을 능가하는 원리와 도덕적 명제들로 가득하다.[39]

케네를 중심으로 한 식자들은 모두 고대 그리스를 혐오했다. 이러한 그리스 혐오는 처음에 케네의 중농주의를 비판하다가 그의 동지로 돌아선 프랑스 경제학자 니콜라 보도N. Baudeau의 다음과 같은 말에서 잘 드러난다.

---

* 고전 그리스 시대의 일곱 현인으로, 탈레스, 비아스, 피타코스, 클레오브로스, 솔론, 퀼론, 페리안드로스를 말한다. 탈레스는 서양철학의 시조로 일컬어지며 솔론은 입헌적 민주정치제도의 기초를 세운 정치가로 유명하다.

그리스 도시국가들 안에는 언제나 정의와 선의가 결여되어 있었다. 자연적 질서를 알지 못했고 인류의 평화와 행복에 대한 부단한 공격을 기록하고 있다. …이 영원히 쉴 새 없고 폭력적인 사람들은 지구의 가장 비옥한 지역도 황무지로 변화시켜 폐허로 뒤덮어놓았다.[40]

18세기 중반을 넘어갈수록 이 반그리스 · 친중국적 입장이 더욱 널리 확산되면서 유럽의 18세기는 중국과 공자의 시대로 일변한다. 앞에서 말했듯 중국과 동아시아 선교를 위해 시작한 선교사들의 공자 연구가 도리어 공자철학이 서양으로 유입되는 전도된 결과를 낳은 것이다. 중국을 무력으로 집어삼켰던 이민족 왕조들이 거꾸로 고도의 중국 문화 속으로 동화되어 사라져갔던 역사가 특이한 형태로 유럽에서도 반복된다. 18세기 중반 적어도 볼테르는 중국과 관련된 이런 역사적 · 문화적 역설을 이미 알고 있었다.

중국의 헌정제도는 허약해진 적이 없었고 바뀐 적도 없었다. 정복자들의 나라는 그들이 정복한 제국의 일부가 되었다. 그래서 지금 중국(청나라)의 주인인 만주족들도 다만 손에 검을 들었을 뿐 그들이 침입한 나라의 법제에 항복했다.[41]

당시 서양의 기독교와 철학은 동양의 공맹철학자들을 가르치기에는 신학적·도덕적·학문적으로 역부족이었다. 결국 공맹철학의 가르침에 빨려 들어갈 수밖에 없었던 것이다.

동아시아의 현재 종교분포를 짚어보면, 한국을 제외한 동아시아 국가의 기독교 인구는 전체 인구의 5퍼센트 미만으로 저조한 수준이다. 서구의 200년 동아시아 선교는 사실상 실패한 것이나 다름없다. 하지만 과거 선교사들의 의도적이지 않았던 자기희생이 서방세계를 계몽하고 근대화하는 데는 결정적으로 기여한 셈이다.

공맹철학은 유럽의 합리론과 경험론에서 각기 다른 반향을 일으켰다. 17세기 말과 18세기 초의 복고적·교조적 합리론자들은 공자를 합리론적 관점으로 해석했다. 그들은 동아시아의 성리학자들이 그랬던 것처럼 공자를 합리주의적으로 굴절시키고 왜곡했다. 이런 오해와 왜곡은 독단적 합리주의 진영의 라이프니츠와 볼프에게서 전형적으로 나타났다. 그러나 합리론자들의 공자 연구는 18세기 중반을 지나면서 서서히 두 흐름으로 분화된다. 한 흐름은 영국의 경험론을 배경으로 공맹철학을 전면적으로 수용해 합리주의 철학을 버리고 공맹철학을 근대화혁명의 지도 이념으로 삼았는데, 볼테르가 대표적인 인물이다. 다른 흐름은 공자와 중국에 열광하다가 차츰 공자의 '해석적 경험론'과 간극을 느끼면서 18세기 말엽 서서히 입장을 바꿔 공자와 중국을 등진 합리주의적 급진파다.

그런데 이 합리주의가 왜 문제가 되는가. 합리주의는 세계에서 모든 우연을 배척하고 만사를 한 치의 오차도 없이 계산 가능한 필연적·기계적 질서로 착각한다. 다른 한편으로는 이성과 무관한 감정과 감각의 소산인 도덕까지도 이성의 작용으로 여겨 이성에 의해 '계산'하고 '제정'하려는 반인성적反人性的 독단을 부린다. 이성 또는 논리적 필연이 인간과 세계를 지배한다는 이런 그릇된 신념은 인류사에서 착취와 수탈, 제국주의와 전쟁, 각종 핵무기를 비롯한 가공할 전쟁무기와 인명의 과잉살상, 환경파괴와 유전자변형, 나치의 인종주의적 홀로코스트와 공산당의 집단학살 등 수많은 인간·사회·자연 파괴를 자행하는 근거로 쓰였다. 합리주의는 인간의 명쾌한 쾌락·재미·미추·도덕감각과 다정다감한 감정들, 감성적 경험과 공감을 배격·탄압하고, 인간의 다양한 능력 중 말단 능력에 불과한 '이성'을 인간 능력의 전부인양 과장한다. 그리고 행위와 감정으로 이루어진 인간세계를 이성의 기획물인 필연적·기계론적 사물세계로 환원해 의미 없는 형식만 남기고, 끝내 '과학적 인종국가'나 '과학적 공산국가'로 파멸시켜버린다.

3장

이성의 세계에 감성을 심다

우리를 능가하는 국민이 지구상에 존재한다고
그 누가 생각이나 했겠는가? 우리가 기술에서
대등하고 이론에서 우월하지만, 실천철학 분야인
윤리와 정치의 가르침에서는 분명 열등하다.
이런 고백을 나는 부끄럽게 생각한다.

_독일 수학자 라이프니츠

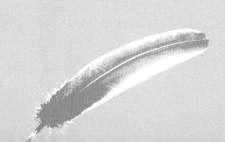

공맹철학은 성리학의 나라 조선에서 사단칠정四端七情 논쟁•이 절정에 달했던 16세기 말부터 서양에 전해졌다. 물론 성리학적 요소가 가미되지 않은 원형 그대로 소개되었다. 공자와 중국 사상을 학습해 서양에 전한 선교사들은 신유학인 성리학(주자학)을 공맹철학으로 간주하지 않았다. 공맹철학에 근거했다지만 성리학자들의 무신론적 경향성이나 이론화에 공자주의적 정통성이 결여되었다고 보았기 때문이다.

조선 성리학자들이 경험과 실천을 중시하는 공맹철학을 합리론으로 변형시키는 동안, 17세기 중·후반 서양철학에서는 특히 도덕철학 분야에서 공맹철학의 영향이 두드러지게 나타난다. 먼저 플라톤주의적 합리론 안에서 소리 없이 공맹철학을 수용하는 변화의 조짐이 나타났다. 이어 경험론 안에서도 새로운 공감도덕론이 등장하는데, 특히 영국의 초창기 공감도덕론자들은 공맹사상의 핵심 요소를 정확히 인식하고 자신들의 저서에 이용하기 시작한다. 케임브리지 대학 신플라톤주의자 커드워스R. Cudworth가 인간의 '공감능력'을 중시하는 도덕철학서를 펴냈고, 같은 대학의 신학자 리처드 컴벌랜드R. Cumberland 주교는 '인애심仁愛心' 개념에 근거한 자연법 저서를 썼다.

• 조선 명종 때인 1559년부터 성리학자 이황과 기대승이 8년간 서한을 주고받으면서 벌인 논쟁. 사단은 맹자가 인간본성이 선함을 설명한 예로, 불쌍히 여기는 마음(측은지심), 잘못을 부끄러워하고 불의를 미워하는 마음(수오지심), 사양하는 마음(사양지심), 옳고 그름을 분별하는 마음(시비지심)이다. 칠정은 《예기》에 나오는 용어로, 희로애구애오욕喜怒哀懼愛惡欲 등 인간의 감정을 일컫는다.

에피쿠로스의 부활과
재앙이 된 사상들

공맹철학이 유럽에 등장하기 전까지 유럽의 철학자들은 '공감도덕론'
을 전혀 몰랐다. 공자가 도덕의 실마리를 연민, 동정심, 측은지심, 인애
등 천성적인 공감감정으로 본 반면, 유럽 철학자들은 이성(플라톤), 계
시(기독교), 이기적 계약(에피쿠로스Epicuros) 등을 도덕의 기초로 간주
하는 전통 철학을 절대 진리인 양 계승·답습하고 있었다.

17세기 중·후반 서양 도덕철학에서 나타난 급격한 변화와 공맹철학
의 관계를 보다 정확히 이해하기 위해 근대 철학에 결정적 영향을 미친
에피쿠로스학파와 그 이후 사조들에 대해 간략히 살펴보자.

소크라테스와 플라톤의 도덕철학은 감성과 경험을 평가 절하했다.
용기, 정심正心, 정의보다 지혜를 위에 놓고 나머지 덕들도 다 지혜로
환원하는 지성주의적 합리주의 도덕론이었다. 덕행과 같은 선한 덕목
들을 궁극적으로 가능케 하는 '선의 이데아'는 영원불멸하며 초감각적
인 것이어서 천재적 지혜의 소유자를 통해서만 인식할 수 있었다.

조금 뒤에 나타난 고대 그리스의 에피쿠로스학파는 인식론의 측면
에서 경험론적 쾌락주의를 표방하며 합리주의 사조에 요란하게 반발
하고 나선다. 윤리학에서 플라톤의 '선의 이데아'와 아리스토텔레스의
'관상적觀賞的 쾌락(이성의 활동만을 통해 진리나 실재를 보고 구경하듯 즐김)'
에 맞서 육체적 건강과 정신적 평온을 추구하는 개인의 이기적 쾌락•
을 행복의 본질이자 덕의 목적으로 내세웠다.

에피쿠로스는 모든 생명체 안에 오로지 쾌락(선)과 고통(악)이라는

두 가지 감정상태가 있어서 인간은 쾌락을 가져다주는 것을 추구하고 쾌락을 방해하는 것을 회피한다고 여겼다. 이처럼 쾌락이 지고의 목적인 까닭에 에피쿠로스는 필연적으로 용기나 우정 같은 덕도 자신의 이기적 쾌락과 편익을 충족시키기 위한 타산적 수단으로 전락시켜버리고 만다.

용기는 자연적 재능이 아니라, 편익의 계산에서 나오는 것이다. 우정은 우리의 필요에 의해 촉구된다.[42] 제한된 삶의 조건에서 우정만큼 많이 우리의 안전을 높이는 것은 아무것도 없다. …건강을 위해 약을 먹듯이 우리는 덕도 덕 자체를 위해서가 아니라 쾌락을 위해 선호하는 것이다.[43]

덕행으로 행복을 추구한다는 점에서 에피쿠로스의 행복론은 덕행구복德行求福을 근간으로 삼는 공맹의 행복론과 같다. 그러나 우정, 용기, 정의 같은 덕성을 인간본성 속의 공감적 감정이 아닌, 이성과 지혜에 기초한 사회계약의 산물로 본다는 점에서는 부지불식간에 소크라테스, 플라톤, 아리스토텔레스의 합리주의와 지성주의의 나락으로 추

• 에피쿠로스의 '쾌락'은 그리스어로 '헤도네Hedone'다. 이 단어는 에로틱한 사랑이나 술 또는 맛있는 음식의 향유 같은 '탕아의 쾌락, 감각의 쾌락'이 아니라 '몸의 고통과 마음의 번뇌로부터의 자유', 평정심, 즉 아타락시아ataraxia를 유지하기 위한 금욕적 쾌락을 뜻한다.

락한다. 측은지심, 인애심, 수치심과 정의감, 공경심 등 착한 '공감감정
들'이 도덕의 실마리라는 사실을 전혀 이해하지 못하고, 결국 먼 길을
돌아 합리주의와 동일한 지점으로 복귀한 셈이다.

그럼에도 에피쿠로스의 이기적 쾌락주의와 사회계약적 도덕이론은
17세기에 지배적인 플라톤주의와 스토아주의에 대항하는 유력한 철
학으로 화려하게 부활한다. 근대에 들어서는 토머스 홉스T. Hobbes,
존 로크J. Locke, 버나드 맨더빌B. Mandeville 등의 신에피쿠로스학파
로 총칭되는 철학사조로 면면히 이어지다가 19세기에는 공리주의로
유입된다.

토머스 홉스는 에피쿠로스의 도덕철학을 부활시킨 대표적 신에피
쿠로스주의자다. 그는 사랑, 동정심, 우정 같은 인간의 이타적 본성을
주변으로 밀어내고 쾌락(이익)과 안전에 대한 이기적 욕구를 강렬하게
추구하는 약육강식적인 자연법을 도출한다. 이른바 '만인에 대한 만인
의 투쟁'이다. 또한 덕성과 도덕률의 실마리가 인간본성 안에 존재함
을 부인하고, 에피쿠로스처럼 인간이 이성으로 체결하는 사회계약과
국가제도의 산물로 규정한다.

홉스에 이어 존 로크도 도덕률의 천성적 본유성을 부정한다. 그는
구체적인 도덕행위를 이해하는 근거가 사람마다, 문명마다 다르다는
이유를 들어 도덕적 무정부주의를 피력한다. 예를 들어 계약 준수의
경우, 기독교인은 '영원한 삶과 죽음의 권능을 가진 신이 우리에게 그

것을 요구하기 때문'에 그렇게 한다. 반면 홉스주의자는 '공공이 그것을 요구하고 리바이어던(홉스가 '국가'에 비유한《성경》속 괴물)이 당신을 처벌할 것이기 때문'에 계약을 준수하고, 이교적 고대 철학자는 '계약을 어기는 것은 부정직하고 인간의 존엄과 덕에 반하기 때문'에 준수한다.

여기서 로크는 나라마다 다를 수밖에 없는 도덕행위들의 구체적 항목이나 도덕적 규범에 대한 관점상의 차이로부터 본유적 도덕률의 부재를 도출하고 있다.

결론적으로 그는 덕이 인간에게 유익하기(쾌락) 때문에 승인되는 '후천적 동의'로부터 생겨난다고 보았다. 덕을 이성 또는 냉철한 이성적 타산에 기초한 협약의 산물로 보는 에피쿠로스의 도덕관이 그대로 계승되고 있는 것이다.

로크는 양심조차도 관습과 교육의 소산으로 규정했다. 인간은 도덕적으로도 백지상태다. 따라서 인간을 '사람이 원하는 대로 주조하고 빚어낼 수 있는 왁스'로 간주하고, 교육이 인간을 선하게 또는 악하게, 쓸모가 있게 또는 쓸모없게도 만든다고 했다. 로크는 '도덕적 백지론'의 관점에서 일종의 기독교적 성악설인 원죄설까지 부정한다. 아담이 죽어야 할 숙명은 타고났지만, 원죄까지 타고나지는 않았다는 것이다.

이처럼 에피쿠로스 전통에 충실한 영국의 근대 철학자들은 대개 공자와 중국 사상을 백안시했다. 로크가 당시 영국과 유럽에 알려지기 시작한 공자철학을 알면서도 이를 경시하고 에피쿠로스적 도덕철학을 고수했듯이, 홉스와 로크의 뒤를 잇는 버나드 맨더빌도 기독교적 우월감 속에서 공자철학을 얕잡아보았다. "소모나코돔Somonacodom*이나 공자처럼, 모세로부터 빌려오지 않은 것으로 보이는 설화들은 모세 5경**에 포함된 어떤 것보다도 덜 합리적이고 50배 더 황당무계해 믿을 수가 없다."⁴⁴

맨더빌은 인간본성의 욕구를 모조리 이기심 또는 자기애라고 보았다. 측은지심이나 연민 같은 본성적 감정도 모조리 자기애로 환원해 인간이 완전히 그리고 불가피하게 이기적이라고 생각했다. 이기적 자기애로 인해 발생하는 사적인 악들은 "정치인의 절묘한 관리에 의해 공공복리로 바뀐다"고 주장했다. 네덜란드 출신의 맨더빌은 영국에서 신경과 의사로 지내면서 '개인의 악덕이 공공의 이익'이라는 부재가 붙은 풍자시《꿀벌의 우화》를 발표해 큰 파장을 불러일으킨다.

옛날 옛날에 벌의 왕국이 있었지. 왕과 귀족은 사치를 일삼고 판결은 뇌물로 결정됐어. 어느 날 벌들은 뉘우쳤지. 정직하게 살다보니 재판도, 군인과 요리사며 일자리까지 모두 없어지고 말았거든. 결국 벌들은 굶어죽

---

* 태국의 반신半神.
** 모세가 기록한《구약성경》의 다섯 가지 경전. 곧 〈창세기〉, 〈출애굽기〉, 〈레위기〉, 〈민수기〉, 〈신명기〉.

고 말았다네. …바보들은 애를 쓸 뿐이지. 정직한 벌집을 만들려고. 악덕이 없는 세상은 아무 소용없는 유토피아야. 그저 상상 속에만 있을 뿐.[45]

이 풍자시는 '가난한 자들을 게으르게 만드는 자선보다 고용을 유발하는 사치가 훨씬 낫다'는 자극적인 내용을 담고 있다. 이를 통해 금욕과 절제에 바탕을 둔 중세 기독교철학이 지배적이던 시대에 개인의 이기심과 악덕에서 비롯된 소비가 부의 증대와 실업 해소, 국가의 경제발전을 가져오는 등 사회를 더 이롭게 한다며 대항한다. 맨더빌은 자본주의의 근원을 살피고 근대적 인간의 탄생과 같은 세계사적 변화를 순발력 있게 예측해 애덤 스미스 등 경제학자들에게 많은 영향을 미친다.

맨더빌은 덕이 인간의 본성적 욕구의 산물이 아니라 지혜로운 국가제도의 산물이라고 보았다. 그에게 선악의 관념은 인간의 본성이나 개인 이익의 관점에서가 아니라 사회 또는 국가 이익의 관점에서 형성된 것이다. 심지어 자선을 베푸는 덕성까지도 사회적 제도의 소산이었다. 즉 덕과 도덕은 인간의 본성과 대립되는 식자층의 발명품이자 합리적 기획상품이라는 것이다.

맨더빌의 도덕론은 욕망을 악한 것으로 여기고 지혜로운 지도자가 정치적으로 제정한 도덕을 통해 이 이기적 욕망을 제압할 수 있다고 봤다. 지도자가 인간의 도덕을 합리적 타산에 따라 마음대로 기획하고 제정할 수 있다는 이 '도덕제정론'은 에피쿠로스의 계약 또는 로크의 일반적 동의로서의 덕성 개념보다 더 위험하다. 왜냐하면 계약과 동의가 아니라 지도자의 합리적 도식과 계획에 입각한 이 정치적 도덕제정론은 루소의 도덕적 인성개조론을 거쳐 칸트의 도덕적 자기입법론으로, 다시 20세기 정치적 재앙으로 귀착될 사상적 씨앗을 품고 있기 때문이다. 바로 인간의 이기적 본성을 뜯어고치려고 했던 공리주의적 '인간개조론' 또는 '사회주의 도덕론'과 나치즘의 '우생학적 인종개조론'의 태동을 불러온 것이다. 이는 인류를 광기와 전쟁으로 몰아넣게 되니 재앙을 불러온 사상이 아닐 수 없다.

컴벌랜드 주교,
사랑 대신 인애를 택하다

17세기까지 홉스, 로크, 맨더빌의 신에피쿠로스학파 사조는 합리주의적 도덕론 사조와 쌍벽을 이루며 서양 도덕론의 주류를 형성했다. 서양 도덕철학은 이 두 주류철학의 대결구도 또는 둘의 절충적 통합론 속에 갇혀 있었다. 그런데 17세기 말엽, 컴벌랜드, 섀프츠베리3rd Earl of Shaftesbury, 프랜시스 허치슨F. Hutcheson 등 경험론으로 기운 몇몇 영국 철학자들이 갑작스럽게 기독교적 성악설과 합리주의적·쾌락주의적 도덕론이 아닌 '공감도덕론'을 전개하기 시작한다. 당시 서양의 옹색한 철학 토양에서 연민, 동정심, 측은지심, 인애 등 천성적인 공감적 감정을 도덕의 실마리로 보는 공맹의 공감도덕론은 전대미문의 이질적인 것이었다.

케임브리지 대학의 신학자 컴벌랜드 주교는 기독교적 용어인 '사랑' 대신에 처음으로 공자의 '인仁' 개념과 유사한 '인애benevolence'를 내세운다.

> 나는 사랑이라는 단어보다는 인애라는 단어의 사용을 선택했다. 이 인애는 우리의 의지행위를 내포하고, 사랑이라는 단어가 종종 그러는 것과 달리, 결코 나쁜 의미로 쓰이지 않기 때문이다.⁴⁶

컴벌랜드는 인애 개념을 무기로 삼아 서양의 스토아학파의 합리주의적 지성도덕론과 에피쿠로스학파의 쾌락주의적 지성도덕론에 강력히 대항한다. 에피쿠로스학파의 도구주의적 덕성론에 대해서는 "덕을 감각적 쾌락의 보조적인 수단으로 만들고 감성을 목적으로 삼음으로써 모든 덕목을 파괴했다"고 지탄한다. 또한 인간의 애정과 감정의 발휘에 대해서도 파괴적이고 경직된 덕성을 보이는 스콜라학파를 비난하며 타인의 기쁨과 슬픔에 공감하는 것이야말로 참된 본성에서 발휘되는 인애라고 천명한다.

컴벌랜드는 인애 개념을 도덕철학의 중심 개념으로 설정한다. 홉스가 말하는 '만인에 대한 만인의 투쟁'이 아니라, 그에게는 '만인에 대한 만인의 진실한 인애sincere benevolence of all towards all'가 지구상에서 가장 가치 있는 재산이고 가장 큰 영광이자 안전장치였다. 심지어 컴벌랜드는 이 인애를 육체적·정신적 원천으로부터 나오는 본성적 경향으로 보고 동물에게도 존재함을 긍정한다. 인간에게 인애가 자기보존과 행복을 위한 필수 요소이듯이 동물들도 "동일한 이유로 자기보존과 동종의 다른 동물들과의 친밀한 결합에 충분할 만큼 큰 인애의 감정을 갖고 있다"고 여겼다.

공자주의의 향내가 물씬 풍기는 컴벌랜드의 공감적 인애도덕론은 향후 영국의 도덕철학 발전에 결정적인 혁신을 가져오는 사상 조류의 물꼬를 트게 된다.

한편 섀프츠베리는 도덕적 무정부주의를 주창한 존 로크의 제자다. 그는 어린 시절 가정교사였던 로크에게서 가르침을 받았으며 청소년기

에는 유럽 각지를 함께 여행하기도 했다. 그런데 섀프츠베리는 로크의
영향에도 불구하고 에피쿠로스와 로크의 도덕철학을 버리고 컴벌랜드
의 공감적 인애도덕론을 계승해 발전시킨다.

그는 개인적 이익과 공공복리의 조화에 동의한다는 점에서 맨더빌
과 피상적 공통점이 있었다. 그러나 맨더빌과는 반대로, 공공복리와
사적 복지의 합치가 능숙한 정치인의 절묘한 관리로부터 생겨나는 것
이 아니라 인애심과 본성적 군거성群居性에 기인한다고 생각했다.

> 먹고 마시는 것이 본성적이라면, 무리지어 사는 것 역시 본성이다. 어떤
> 욕망이나 감각이 본성적이라면, 유대감도 본성이다. …모든 인간은 결합
> 하는 원리를 본성적으로 지니고 있다. …가장 관후한 정신은 가장 많이
> 결합하는 정신이다.[47]

이런 점에서 섀프츠베리는 정부와 사회를 인간의 이성적 발명품으
로 보는 신에피쿠로스학파의 사회계약적 도덕론을 비판한다. 섀프츠
베리에 의하면, '사회'는 인간에게 본성적인 것이고, 따라서 '인간은
사회적 동물'이다.

섀프츠베리는 인간본성의 다양성을 옹호했다. '사회적 정감(공감능
력)'을 중시하면서 이와 대립되는 '이기심이 세계를 지배한다'는 사실
또한 부분적으로 인정했다. 그에게 완전한 인간성은 이기심과 이타심

의 완벽한 조율에 있었다. 이 조화의 척도에 의해 섀프츠베리는 인애심을 도덕성에 필수불가결한 것으로 도출하고 홉스를 논박했다. 나아가 도덕적 척도와 미학적 척도의 긴밀한 유사성을 끌어내 "예술의 영역에 미를 이해할 능력이 있는 것처럼, 윤리학의 영역에는 행동의 가치를 판정할 능력이 있다"고 말했다. 그리고 이 능력을 도덕감각 또는 양심으로 명명했다. 이 도덕감각은 본질에 있어서 감정적이고 비이성적이지만, 발전 과정에서 교육과 사용에 의해 합리화된다. 반복적 사용과 교육에 의해 경험적으로 다듬어지는 것을 그는 '합리화'로 오인한 것이다.

맹자는 인간본성 속에 들어 있는 덕성의 '단초'를 이야기했다. 그러나 섀프츠베리를 포함한 영국의 경험론적 공감도덕론자들은 인간본성에 덕성 '자체'가 들어 있는 것으로 보았기 때문에 덕성을 갖추기 위해 자신의 몸과 마음을 닦는 수신修身 이론이 취약하다.

섀프츠베리를 계승한 프랜시스 허치슨은 공감도덕론의 흐름을 계승해 '개인의 악덕이 곧 사회의 이익'이라는 맨더빌의 《꿀벌의 우화》에 대항한다. 허치슨은 사랑 혹은 인애를 도덕적 선의 기초로 정립한다. 사랑과 인애를 이기적 정의로 보지 않고, 다른 사람들의 행복에 대한 욕구로 보았다. 하지만 이 욕구를 감정(비이성적 심정작용)이 아니라 의지(이성적 정신작용)의 행위로 이해함으로써 난관에 빠진다. 이것은 기독교적 개념의 '사랑'이었기 때문이다.

기독교적 사랑은 감정이나 느낌이 아니라 의지의 작용이다. 어째서 인가? 유명한 산상수훈(《신약성경》〈마태복음〉 5~7장)을 보면 명확해진다. '네 이웃을 네 몸과 같이 사랑하라'고 명령하고 있기 때문이다. 사랑을 명백한 의지의 작용으로 이해하기에 가능한 명령이다. 감정은 명령이 될 수 없다. 기독교적 세계관의 개입으로 허치슨은 욕구와 의지를 혼동함으로써 이 대목에서 자신의 도덕론을 비현실적인 것으로 전락시키고 만다.

게다가 도덕감각의 개념 정립에서는 더욱 난감해진다. 그는 오관 (눈, 코, 입, 귀, 피부)의 감각과 구별되는 제6의 감각으로 도덕감각을 들어 이것이 도덕관념들의 원천이라고 주장한다. 한마디로 "비밀스러운 감각"[48]이라는 것이다. 도덕감각의 존재는 직접적으로 알 수 없기에 간접증명을 요구한다는 의미다.

이처럼 난해한 도덕감각 개념의 문제에도 불구하고 허치슨은 공맹의 '인' 개념과 같이 '최대 다수의 최대 행복'이라는 박시제중博施濟衆 (물질적·문화적으로 백성에게 널리 베풀고 구제하는 것)을 추구한다.

최대 다수를 위한 최대의 행복을 마련하는 행위가 최선의 행위다.[49]

행복은 본성적 선으로 정의되고, 최대의 본성적 선은 인애 그 자체로, 또는 선한 도덕적 성질의 보유로 입증된다. 허치슨에게 있어 최대의 행복은 부와 외적 쾌락이 아니라 덕이다. 그러나 그도 인간의 욕구를 감정이 아니라 의지로 간주함으로써 인애 개념을 합리주의적으로 왜곡하고 만다.

그럼에도 불구하고 허치슨은 감정을 윤리학의 중심에 세운 최초의 서양 철학자라고 할 수 있다. 허치슨의 도덕론은 흄과 스미스 등 공감도덕론을 전개한 스코틀랜드 철학자들에게 커다란 영향을 미친다.

컴벌랜드에서 애덤 스미스에 이르는 17·18세기 유럽에서 고대 그리스철학과 기독교신학 및 원죄론적 성악설은 한 귀퉁이로 밀려난다. 대신 공자의 영향을 받은 새로운 공감도덕론의 요소들이 이성과 대등한, 혹은 이성을 초월하는 힘으로 등장한다. 그러나 컴벌랜드, 섀프츠베리, 허치슨 등 17세기 유럽의 철학자, 특히 영국의 철학자들과 신학자들은 자신들의 사상에 파고든 공자철학의 출처를 깊이 감춘다. 기독교의 종교적 질곡과 오만, 유럽적 자폐증과 우월의식, 중국 문명의 우수성에 대한 미흡한 정보, 자신의 독창성에 대한 과장과 과시 의도 등 다양한 이유에서 공자 표절은 은밀하게 벌어졌다.

유럽 전통철학의 압박과 종교적 중압감 때문만이 아니라 이런 표절의 은밀성 때문에도, 17세기 유럽의 공맹철학은 심각한 지성주의·합리주의적 편향과 굴절을 겪는다. 공자를 표절한 유럽의 철학자들이 모두 사랑·인애·연민 등 도덕적 공감감정을 자신들의 합리론적 또는 기독교신학적 틀에 끼워 맞추면서 공맹도덕론은 본래 모습을 알아볼 수 없을 만큼 각색된다. 18세기 초반까지도 일부 유럽 문필가들 사이에서 이런 굴절된 표절행위는 사라지지 않았다.

그러다 18세기 중반에 들어서면서 풍토가 바뀐다. 동서 문물교류의 획기적인 확대로 앙시앵 레짐ancien regime(옛 제도)의 권위가 무너지고 종교적·사상적 회의주의가 만연하는 가운데 중국 문명과 공자철학의 우월성이 유럽에 보편적으로 알려졌기 때문이다. 너도나도 자기주장의 권위를 높이기 위해 공자의 이름을 공개적으로 내걸고 철학을 했다. 볼테르, 케네, 흄, 스미스 등 친중국 철학자들에 의해 커드워스의 공감 개념, 컴벌랜드의 인애론, 섀프츠베리의 이타적·사회적 공감감정론, 허치슨의 도덕감정론이 공맹의 공감도덕론에 더 가까운 형태로 환골탈태한다. 이로써 공감과 동감을 덕성과 도덕의 단초로 정립하는 새로운 유럽적 공감도덕론이 전개된다.

영국의 초창기 공감도덕론자들은 도덕의 근거가 이기론理氣論의 이理(혹은 이성)가 아니라, 공감적 감정인 '연민·동정심·연대감' 또는 '인애' 감정을 둘러싼 인성 속의 여러 사회적 감정이라는 사실을 정확히 인식했다. 이런 관점에서 볼 때, 공맹의 요지를 계승하는 데 있어서 컴벌랜드, 섀프츠베리, 허치슨 등 영국 철학자들이 16세기 조선의 성리학자들보다 뛰어났다고 말할 수 있다. 물론 영국의 공감도덕론자들이 공자의 도덕철학을 완전히 이해하고 전면적으로 받아들인 것은 아니지만, 적어도 공맹의 핵심 메시지를 제대로 읽고 풍요롭게 발전시켰다고 평가할 수 있다.

19세기와 20세기 초반까지 서양의 철학자들 대부분이 이런 사실을 까마득히 잊고 있었다. 최근에 와서야 서양철학에 대한 공맹철학의 영향, 공맹의 공감적 도덕체계와 서양의 합리론적 도덕체계 간의 차이, 그리고 공맹철학의 덕성주의적 우월성을 어느 정도 인식해가고 있는 것으로 보인다. 동양철학자 아이린 블룸I. Bloom은 다음과 같이 말한다.

> 존 패스모어는《논어》〈양화〉편 2절("본성은 서로 가까우나 습성이 서로 멀게 한다性相近也 習相遠也")이 "로크적인 의미에서 이해될 수 있다"고 말한다. 한편 케임브리지 플라톤주의자들과 컴벌랜드의 관점에서는 맹자의 인仁에 대한 반향이 존재한다고 시사했다. 가령 커드워스는 "만인에게는 공통된 공감의 원리가 있다"고 논변했고, 컴벌랜드는 "동물적 존재로만 이해된 인류 안에는 서로에 대해 인애심의 성정이 있다"고 논변한다. 그는 "중국 문명에 매료되었던 18세기 유럽의 특징적 가르침들은 많은 점에서 공자주의와 매우 가깝다"고 말한다.[50]

"본성은 서로 가까우나 습성이 서로 멀게 한다"는 공자의 어록을 로크의 '도덕적 백지론'으로 이해한 것은 "하늘이 명한 것을 성性이라고 하고, 성을 따르는 것을 도道라고 하며, 도를 닦는 것을 교敎라고 한다"

는 《중용》의 근본 명제를 고려할 때 본질적으로 그릇된 것이다.

공맹철학이 18세기 서구 계몽주의의 기폭제이자 원동력이었다는 사실이 거의 잊혔던 1960년대에 패스모어는 비록 18세기 유럽 철학에 대한 공맹철학의 직간접적 영향을 명확히 입증하지는 못했지만, 공맹철학의 탁월성과 유럽적 영향에 대해서는 제대로 감을 잡고 "17·18세기에 벌어진 일은 유럽사상의 공자화"[51]라고 평가한다.

공맹의 영향은 서양 공감도덕론의 진리성을 보증하는 '증거' 노릇으로 그친 게 아니라, 17세기 후반의 영국철학에 결정적인 영향을 끼쳐 공감도덕론을 빚어내도록 자극했다. 18세기에는 유럽의 전통 철학 전반을 뒤흔들고, 르네상스 시대에 부활한 그리스철학을 변두리로 밀어낼 만큼 본질적으로 영향을 미쳤다. 이에 대해서는 다음 장에서부터 국가별·철학자별로 나누어 체계적으로 논의를 전개할 것이다.

라이프니츠,
공자철학을 인류발전의 섭리로 이해하다

미적분을 창시한 독일의 수학자이자 철학자 고트프리트 라이프니츠
Gottfried Wilhelm Leibniz는 동양학에도 밝았다. 일찍이 그는 열네 살의
나이에 라이프찌히 대학에 들어갈 정도로 영특했다. 철학으로 학부를
마치고 박사과정에 진학하려 했으나 그의 나이가 어리다는 이유로 입
학은 허가되지 않았다. 결국 뉘른베르크 근처의 알트도르프 대학으로
옮겨서야 박사 학위를 받을 수 있었다.

　라이프니츠가 수학에 깊이 빠지게 된 건 프랑스에서 뉴턴, 보일과
같은 학자들과 교류하면서부터였다. 뒤늦게 수학 연구에 몰두해 사칙
연산이 가능한 최초의 계산기를 발명하고 미적분학도 완성하게 된다.
그러나 비슷한 시기에 영국에서도 뉴턴이 미적분을 발견하면서 논란
이 불거졌다. 당시 막강한 권위를 자랑하던 왕립학회 소속의 뉴턴이
요란하게 표절 시비를 제기한 것이다. 이 문제는 국가 간의 대립으로
까지 확대 되어 오랫동안 그를 괴롭힌다.

　라이프니츠는 서구의 발전에 공자철학이 매우 중요함을 인정한 최
초의 유럽인이다. 하지만 예수회 신부들이나 18세기 철학자들과 달리,
공자철학 연구에 본격적으로 매달리지는 못했다. 한문을 몰랐던 까닭
에 공자의 경전을 직접 읽을 수 없었고, 앞선 시대를 살았기 때문에 변
변한 번역본조차 제대로 접할 수 없었다. 비교적 온전한 형태의 번역
본은 1716년 그가 사망할 무렵에야 나오기 시작했다.

　라이프니츠는 1697~1699년에 편찬, 출판한《중국의 최신 소식》의

부록에서 당대 중국 및 공자 관련 서적을 소개했다. 대개 공자철학에 대한 초보적 관심 정도만 불러일으킬 수준의 저서들이었다. 그래서 라이프니츠는 예수회 신부들이 불완전하게 번역해놓은 일부 경전이나 예수회에 적대적인 도미니크파·프란체스코파 신부들이 왜곡해 번역한 구절들을 통해 공맹철학을 가까스로 이해하고 두둔할 수밖에 없었다. 그야말로 장님 문고리 잡는 식이었다. 그러나 어떤 대목의 해석에서는 예리한 지성과 날카로운 추리력을 바탕으로 공자철학의 핵심에 육박해 들어가기도 했다. 그것은 당시 분열된 신부들의 오역과 의도적 왜곡을 꿰뚫는 수준이었다.

라이프니츠의 유교 해석에서 독특한 점은 선진先秦(진시황의 진나라 이전)유학과 성리학을 기독교신학적 관점에서 함께 정당화하려고 한 것이다. 그는 젊은 시절부터 중국철학에 관심을 갖고 예수회 선교사들과 접촉했다. 때로는 직접, 때로는 서신으로 자주 교류했다. 훗날 추방당한 철학자로 유명해진 볼프와도 서신으로 중국에 대해 논의해왔다. 라이프니츠는 볼프보다 나이가 33살이나 많았다.

라이프니츠는 서재에 50권에 달하는 중국 관련서를 수집해두기도 했다. 노년기 20년 동안 중국에 대한 네 편의 의미 있는 글을 썼다. 그 중 하나인《중국의 최신 소식》의 서문과 일련의 서한을 보면, 라이프니츠가 중국에 갖는 관심의 이유와 관심의 폭을 알 수 있다. 그는 중국을 '동방의 유럽'으로 간주하면서 일단 문명화된 중국의 존재와 그 발견을 '인류발전의 섭리'로 해석했다.

> 오늘날 인류의 최고 문화와 최고 기술문명을 지닌 동방과 유럽이 대륙의
> 두 극단에, 즉 지구의 반대 끝에 집중되어 있는 것은 운명의 유일무이한
> 결정으로 이루어진 것이라고 나는 믿는다. 아마도 최고 섭리가 그 사이에
> 사는 모든 것을 점차 이성적 삶으로 이끌 목적으로 추구한 것이리라.[52]

그는 합리적 지성의 측면에서 유럽이 중국보다 뛰어나다는 기독교
적 자부심과 유럽중심주의적 오만을 손상시키지 않고 중국 문명의 우
월성을 인정한 것이다.

클라우디오 그리말디C. F. Grimaldi 신부에게 보내는 1691년 5월
31일자 서한에서는 "이제 서로 떨어진 민족들 간에 새로운 인식의 교
환이 일어나야 할 때"[53]라며 이 섭리를 인류의 보편복지와 직결시키면
서 동서 문명의 융합을 통한 보편문명의 출현을 기대한다.

또한 자연지식의 영역에서는 "중국인들은 의심할 바 없이 아주 유
능하다"고 편지에 썼다.

> 수학에서는 유럽이 뛰어나지만 실천적 경험에서는 중국인들이 우월합니
> 다. 수천 년 이래 번영한 그들의 나라에서는 유럽에서 민족이동으로 인
> 해 대부분 망실된 선조들의 전통이 그대로 보존되어 있기 때문입니다.[54]

그는 이 서한에서 쇠처럼 단단한 중국의 나무, 연질의 닥종이, 바래지 않는 염료, 어떤 방향에서 바람이 불어도 돌아가는 만능 풍차방아 등을 자세히 살핀다. 그러면서 중국의 뛰어난 관찰경험과 유럽의 뛰어난 이론적 사색을 교환할 것을 제안한다.

여기서 주목할 점은 17세기 말까지도 자연학Physics 및 각종 산업기술과 의술에서 중국이 유럽보다 앞서 있다는 사실에 대한 고백이다. 그는 이 기술들의 화급한 도입을 촉구한다. 서구에 대한 과학주의적 열등의식에 빠져 있는 동아시아인들에게 시사하는 바가 큰 대목이다. 이는 무려 80여 년이 지난 뒤, 1776년《국부론》에서 중국과 유럽의 기술 수준이 거의 같다고 평가한 애덤 스미스의 말로도 뒷받침된다.

중국을 선진국으로 인정하는 고백에도 불구하고 라이프니츠의 한계는 분명했다. 기독교 우월의식과 성경에 갇힌 사고로 인해 요임금을 야벳의 아들 야완으로 해석하는 유럽중심주의적 사고를 떨치지 못했다. 또한 전쟁을 멀리하는 중국과 달리, 지구상에는 언제든 위협이 되는 호전적인 나라들도 존재한다는 이유로, 그는 중국의 평화주의를 지혜롭지 못한 것으로 간주했다.

전쟁학에서 그들은 우리의 수준보다 낙후하다. 그 까닭은 무지가 아니라 심사숙고에 있다. 그들은 인간에게서 침략을 야기하고 부추기는 모든 것을 경멸하고 …그리스도의 차원 높은 가르침을 따라하듯이 전쟁을 혐오하기 때문이다. 그들이 홀로 지구에 존재한다면 실제로 그들은 지혜롭게 행동하는 것이다. 그러나 지금은 정의로운 사람도 악인들의 권력이 자기 쪽으로 다가오지 않도록 타인에게 손상을 가하는 기술을 연마해야 한다.[56]

라이프니츠는 전쟁술에서는 유럽이 뛰어나다며 자부했다. 무력을 길러 상대에게 먼저 손상을 가하는 기술을 연마해야 한다니, 과연 호전적인 문명답다. 우주 안에서 뭇 생명들과 평화공존을 꾀했던 공자와 맹자의 사상과는 차원이 다르다. 《논어》〈팔일〉편에는 '군자는 다투지 않는다'는, 이른바 군자무소쟁론君子無所爭論이 나온다. "공자가 말했다. 군자는 다투지 않는다. 피치 못할 다툼은 활쏘기뿐이다. 활쏘기를 할 때면 서로 두 손을 모아 절하고 서로 사양하며 사대射臺를 오르내리고 진 사람은 이긴 사람이 권하는 술을 마신다. 그 다툼이 군자다워라!"

맹자는 공자보다 적극적이다. 《맹자》〈공손추 하〉편에 "군자는 싸우지 않지만, 싸우면 반드시 이긴다君子有不戰, 戰必勝也"고 했던가. 그러나 전제조건은 어디까지나 싸우지 않는 것이다. 방점은 '부전不戰'에 찍힌다.

• 《성경》은 대홍수를 피해 살아남은 노아의 세 아들 셈, 함, 야벳이 인류의 조상이 되었다고 말한다.

라이프니츠는 도덕수준에서도 중국이 유럽보다 우월하다는 사실을 인정한다.

교양화된 생활의 규율 면에서, 온갖 훌륭한 도덕으로 철저히 교육된 우리를 능가하는 국민이 지구상에 존재한다고 그 누가 생각이나 했겠는가? …우리가 산업적 기술에서 대등하고 이론적 학문에서는 우월하지만, 실천철학 분야인 윤리와 정치의 가르침에서는 분명 열등하다. 이것을 고백하는 것을 나는 부끄럽게 생각한다. 다른 민족의 법률과 대조적으로 중국인들의 모든 법률이 그들의 관계가 가급적 혼란에 빠지지 않도록 얼마나 아름답게 공적 평온과 사회질서의 확립에 맞춰져 있는지를 말로 다 형언할 수 없을 뿐이다.[57]

그는 "실천철학의 가장 위대한 적용과 보다 완벽한 생활방식을 중국인들에게서 배우는 것이 바람직할 것이다"라고 천명한다. 유럽의 도덕상황이 분명 큰 타락으로 미끄러져 들어가고 있는 만큼 중국 정부가 유럽으로 도덕을 가르칠 중국 선교사들을 파견해주기를 기대했다. 유럽이 중국에 기독교를 전파하기 위해 선교사를 파견한 것처럼, 중국은 유럽에 도덕 선교사를 파견해야 한다고 생각했던 것이다.

그런데 라이프니츠는 여기에 엉뚱한 합리주의적 해설을 덧붙인다. "확실히 인간은 자기 자신의 행동에 의해 최대의 악을 겪고 다시 서로에게 그것을 가한다. 그래서 '인간은 인간에게 늑대다homo homini lupus'라고 말한다. 이것은 특히 우리의 어리석음을 두고 하는 말인데, 이 어리석음은 아주 보편적이다."

'인간은 인간에게 늑대다'라는 말은 늑대와 같이 사회성이 높은 갯과 동물을 모독하는 말이다. 또한 개보다 더 사회성이 높은 인간을 모욕하는 말이다. 반면 중국인들은 '인간은 인간에게 늑대'라는 성악설을 멀리하고 공맹의 성선설을 확신하며, 인간의 성정을 결함에 차거나 이성보다 열등한 것으로 보지 않고 타고난 성정에 충실하기 때문에 더 도덕적일 수 있다고 여겼다. 하지만 독일의 철학천재 라이프니츠는 그러한 관념을 진정 이해할 수 없는 합리론자였던 것이다.

중국인들은 유교의 가르침에 따라 '이성'에 의해서가 아니라, 스스로 부지불식간에 내뱉은 '끊임없는 적용'을 통해 타고난 좋은 성정(공감적 감정들로서의 측은·수오·공경지심)을 확충하고 습성으로 몸에 익혀 덕성으로 고양시킨다. 그러나 라이프니츠는 플라톤적 합리론자답게 중국인의 '덕성'을 습성화된 '이성'으로 오해한다.

그들에게 이성과 규칙은 끊임없는 적용을 통해 천성이 되었고 기꺼이 준수된다. 중국의 농민과 하인들은 친구와 작별을 할 때나 오랜만에 다시 만날 때 사랑으로 그리고 존경으로 대하기 때문에 유럽 고위 귀족들의 온갖 예절에 필적한다. …그러나 우리 유럽인들은 새로 사람을 사귄 지

며칠만 지나면 존경심이나 조심스러운 말투를 찾아보기 힘들고, 신뢰감
이 쌓이자마자 예의는 곧 무너져버린다. 이것은 쾌활한 자유분방함처럼
보이지만 이런 태도 때문에 곧바로 경멸·험담·증오, 나중에는 적대감까
지 생겨난다.[58]

그러나 라이프니츠의 합리주의적 도덕관(이성과 규칙)에 바탕을 둔
이러한 예찬은 곧바로 악한 본성(원죄)에 대한 이성적 통제를 염두에
둔 기독교적 독선 속에서 중국인에 대한 험담으로 변한다. "그럼에도
중국인들은 참으로 덕스러운 삶에 완전히 도달하지는 못했을 것이다.
그러한 삶은 하늘의 은총과 기독교의 가르침에 의해서만 이루어질 수
있기 때문이다."

이 짧은 말 속에는 중국인의 덕성에 대한 탄복 및 열등의식과 계시
종교로서의 기독교적 우월감이 착잡하게 뒤얽혀 있다. 복합적 콤플렉
스에 빠진 라이프니츠의 오만한 유럽주의와 합리주의적·기독교적 편
견 속에서는 성선설을 확신하는 중국인들에게 기독교의 원죄설을 전
파하는 것이 거의 불가능하다는 사실이 인식될 수 없었을 것이다. 또
한 중국인의 우월한 도덕성의 원리도 끝내 알 수 없었을 것이다.

몽매한 유럽 무당들의
유·무신론 논쟁

강희제康熙帝* 치세에 광동에서 있었던 일화다.

어느 고위관리가 자기 집에 있다가 이웃집에서 요란한 소리가 들리자 사람을 보내 무슨 일인지 알아봤다. 이웃집에 다녀온 하인이 보고하기를, 덴마크 상사商社의 한 부속 신부와 바타비아에서 온 네덜란드 신부, 예수회 신부 세 사람이 싸우는 중이라고 했다. 관리는 세 신부를 불러 다과를 대접하고 다투는 연유를 물었다. 예수회 신부가 먼저 대답했다.

"저는 언제나 옳기 때문에 늘 틀린 생각을 하는 사람들을 상대하는 것이 참으로 괴롭습니다."

그는 처음에는 자제심을 가지고 논쟁을 진행했으나 결국 참지 못해 폭발하고 말았다는 것이었다. 관리가 온유한 태도로 그를 타일렀다.

"논쟁을 할 때도 예의가 필요합니다. 중국에서는 의견 차이가 있다고 해서 화를 내지는 않습니다."

그러고 나서 논쟁의 주제를 들어보니, 덴마크 신부와 네덜란드 신부가 1545년과 1563년 사이 세 차례 열린 트리엔트 공의회**의 결정에 복종하지 않는다는 것이었다. 관리는 이 말을 듣고 덴마크 신부와 네덜란드 신

---

* 중국 청나라 제4대 황제. 국내외 정치에서의 성공이 문화에도 반영되어 중국 최대의 유서類書, 즉 백과사전인 《고금도서집성》과 《강희자전》을 비롯해 많은 서적을 편찬했다. 또한 예수회를 중심으로 한 선교사들로부터 서양의 학문과 기술을 도입했다.
** 로마가톨릭교회가 종교개혁 운동으로 생긴 유럽 교회의 혼란과 분열을 종식시키기 위해 폐습을 개혁한 회의다. 중세의 교의나 전례典禮의 다양성이 없어지고 통일적 교회를 목표로 하는 근대적 가톨릭주의가 수립되었다.

부에게 말했다.

"내가 생각하기에 당신들은 큰 종교회의에서 결정된 견해를 존중해야 할 것입니다. 나는 트리엔트 공의회에 대해 알지 못합니다만, 한 사람의 생각보다는 여러 사람의 생각을 모은 경우가 언제나 더 지혜로운 법입니다. 누구라도 자신이 다른 사람보다 더 많은 것을 알며 자신만이 바르게 추론할 수 있다고 생각해서는 안 됩니다. 이것은 옛 성현 공자의 가르침입니다. 내 말에 수긍한다면 두 분이 트리엔트 공의회의 결정을 따르는 것이 좋을 듯합니다."

이에 덴마크 신부가 자기는 이미 공의회의 결정을 철저히 따르고 있다고 대답했다. 그러자 네덜란드 신부가 어처구니없다며 덴마크 신부를 공박하고는, 관리 앞에서만 점잖은 척하는 예수회 신부의 표리부동함을 탄핵했다. 그러자 관리가 어리둥절하여 반문했다.

"세 분 모두 기독교인 아닙니까? 세 분이 받드는 교리는 모두 같아야 하는 것 아닙니까? 만약 우리 중국인이 여러분의 가르침을 받아들이기를 바란다면, 먼저 여러분 자신이 상대방의 의견을 용인하고 또한 상대방도 자신을 용인할 수 있도록 해주십시오."

세 사람이 흩어져서 나오는 길에 예수회 신부가 우연히 도미니크회 신부를 만나 좀 전에 논쟁이 있었는데 자기가 이겼다고 말했다. 그러자 도미니크회 신부는 자기가 그 자리에 있었다면 당신이 이기지 못했을 거라며 쏘아붙였다.

"당신이 거짓말쟁이에 우상숭배자임을 내가 입증해 보였을 것이오."

이렇게 시작된 말싸움이 점차 격해져 폭력사태로 발전하고 말았다. 중국 관리가 이를 알고 둘을 붙잡아 감옥에 집어넣었다. 관리의 부하가 물었다.

"얼마 동안 가두어둘까요"

관리가 답했다.

"저들이 서로의 견해에 동의할 때까지 가둬라."

그러자 부하가 말했다.

"그러시면 둘은 평생 감옥살이를 하게 될 것입니다."

관리는 놀라서 번복했다.

"그러면 두 사람이 서로 용서할 때까지 가둬라."

부하가 다시 말했다.

"그래도 둘은 평생 감옥살이를 할 것입니다."

관리는 체념한 듯 말했다.

"그러면 그들이 서로 용서하는 시늉을 할 때까지 가둬라.[59]"

볼테르의 《관용론》 19장 〈중국에서 벌어졌던 논쟁에 대한 보고서〉의 한 대목이다. 유럽인들의 기독교적 독단과 중국의 종교적 자유 사이의 격차를 극명하게 보여주는 블랙코미디 같은 에피소드다.

당시 두 문명 사이의 정치적·문화적 격차는 실로 엄청났다. 오늘날 유럽인들이 뒤늦게 누리는 세속화된 신과 자유의 저변에는 공자철학과 동아시아 문화의 영향이 있었다. 유럽 선교사들이 찾아오기 전부터 이미 자유로운 종교관에 도달해 있던 중국 유학자들에게 유럽 기독교 종파끼리의 논쟁은 종교의 자유를 유린하는 '몽매한 무당들'의 피나는 '닭싸움'으로 비쳤다. 따라서 예수회를 두둔하던 라이프니츠도 이런 '무당' 수준에 갇혀 있었다.

라이프니츠가 활동하던 당시는 포르투갈 국왕의 보호 아래 있던 예수회의 동방선교 독점권이 흔들리던 때였다. 새로 부상하는 스페인에 힘입어 도미니크파와 프란체스코파가 예수회의 동방선교 독점권에 도전한다. 그들은 천주교와 유교의 합치성을 주장하는 마테오 리치의 적응주의를 이단시하며 반론을 내놓기 시작했다.

먼저 공자에 대한 제사의 성격과 조상신을 모시는 중국의 전통적 제사의례를 문제 삼았다. 이 논쟁은 1704년 교황 클레멘스 11세Clemens XI가 신부와 천주교도의 제례 참가를 이단으로 보고 이를 금하는 칙령을 내림으로써 도미니크파와 프란체스코파의 승리로 끝난다.

이에 중국의 강희제는 비적응주의적 신부들의 선교활동을 엄격히 통제하는 한편, 제례의 성격이 비종교적임을 확인하는 칙서를 써서 여러 명의 신부를 로마에 특사로 파견한다. 그는 이 문제를 원만히 해결하려고 1709년까지 노력하지만 선박의 난파와 교황청의 독선 때문에 모두 실패하고 만다. 이후 강희제는 마테오 리치의 적응주의 노선에서 어긋나는 모든 신부들의 입국과 포교활동을 철저히 금하기에 이른다.

훗날 볼테르는 이 제례 논쟁을 되돌아보면서 배타적인 유럽중심주의를 신랄하게 논박한다.

일단 라이프니츠는 중국의 제사와 종교 문제에서 대부분의 예수회 신부들이 따르는 마테오 리치의 적응주의적 입장을 지지한다. 마테오 리치는 성리학이 아닌 선진유학, 곧 공자의 고대 유학으로 거슬러 올라가 하늘의 상제를 천주(하느님)와 등치시킬 수 있는 적응주의적 해석의 단초를 찾았다. 리치는 당대 성리학 대변자들의 학설 안에서 무신론적 요소들을 보았기 때문에 성리학의 창시자인 주희朱熹(주자) 역시 선진유학을 왜곡하는 학자로 기피해 연구하지 않았다. 대신 성리학의 때가 묻지 않은 공자의 고대 유학을 다시 살려냄으로써 성리학에 대항해 참된 공자를 관철시키려고 노력했다. 이런 견지는 그들이 성리학의 병폐를 피할 수 있었던 절묘한 선택이었다. 성리학이 태동했던 북송 당시에는 노장철학과 불교가 크게 유행했다. 이들로 인한 병폐에 맞서기 위해 노장의 기氣이론과 불교의 이理이론을 합성해 철학하는 것이 시대적 요청이었다 하더라도, 수백 년 지난 후 서구사회에서는 더 이상 유효하지 않았다. 차라리 '오래된 미래'인 선진先秦 유학이야말로 제대로 된 가치가 박혀 있는 원석이었다.

공자철학의 규정들은 성리학처럼 강제와 억압이 아니라 선례와 모범을 통해서 가르치고 학습되는 것이었다. 천리를 보존하고 인욕을 막는다는 이른바 '존천리알인욕存天理遏人欲(이성에 따라 행동하며 감성의 욕구를 막음)' 같은 성리학의 그럴듯한 관념주의나 합리주의가 아니라, 경험주의적이라는 뜻이다. 리치 같은 독실한 기독교인은 오직 공자에게만 충심으로 동의할 수 있었다. 그에게 성리학의 논리는 자신들과 대립하는 이교도의 이념체계일 뿐이었다. 같은 이교도의 이념이라도 선진유학은 훨씬 관용적이고 돈후했다. 그리하여 리치는 이 교설의 본래 창시자인 공자를 '이교도적 고대의 가장 위대한 지자智者'로 간주했다. 그리고 이러한 감격을 중국 선교가 성공하리라는 확신과 결부시켰다. 리치의 눈에 비친 중국은 모든 것이 완벽했으나 다만 한 가지, 종교가 결여되어 있었다. 유럽보다 나은 세계인 중국을 신국神國으로 만드는 것은 그에게 몇 걸음만 걸으면 달성될 일처럼 보였다.

한편 라이프니츠는 성리학에 대해서는 마테오 리치와 입장을 달리했다. 성리학의 논리가 자신의 합리주의 철학과 잘 부합했기 때문에 리치와 달리 주희의 성리학까지도 연구범위에 넣었다.

로마 이후 갈수록 기독교의 독단적 신 관념에 깊이 매몰되어간 유럽과 반대로, 중국은 귀신을 경원敬遠한 하나라와 주나라의 전통, 그리고 "백성의 의義를 힘써 찾아 얻고 귀신을 경원하면 이를 지혜롭다고 할 수 있다"는 공자의 가르침을 따랐다.

통상적인 인간사는 축적된 인간의 지식, 즉 인지人智만으로도 충분히 경영해나갈 수 있다. 그 일에서는 신을 경원해도 아무런 문제가 없다. 탈종교화·탈귀신화가 가능하다. 오늘날도 마찬가지지만 당시 중국인과 동아시아인은 평상시에는 신으로부터 자유로운 삶을 살았다. 오직 제사나 천명天命과 관련된 점을 칠 때만 신을 가까이했다. 자나깨나 늘 신을 모시며 사는 사람은 무당으로 비쳤다. 당시 동아시아인들의 눈에는 유럽 선교사들이야말로 의술과 큰 코를 가진 '코쟁이 무당'에 지나지 않았다. 한마디로 중국은 '평상적 무신론'과 '간헐적 유신론'을 때에 따라 교대로 겸용하는 자유로운 상태, 즉 무신론과 유신론의 차이를 초월한 상태에 있었다. 동아시아인들의 이러한 신관은 독특하다. 신은 인간의 삶에 아무런 영향을 끼치지 않는다고 생각해 신들을 폴리스에서 추방하고 모조리 '종교적 실업자'로 만들었던 에피쿠로스의 신神무용론과는 다른 것이었다. 동아시아인들은 상황에 맞춰 신을 공경하며, 불러들이거나 멀리하면서 인간의 삶을 도모한다.

 '신들린' 당시 서양인들은 중국인·한국인과 기타 유교문명권 사람들의 이런 경지를 결코 이해할 수 없었다. 따라서 제례 논쟁의 현상적 원인은 중국 선교 독점권을 두고 벌인 헤게모니 다툼에 있었지만, 그 근본 원인은 수천 년 전부터 충분히 세속화되어 철학화된 중국과 아직도 기독교학의 신 관념에 절어 있던 유럽 간의 사상 격차, 또는 종교의 자유가 폭넓게 허용된 중국과 종교의 자유가 없던 유럽 간의 문명 격차에서 유래했다.

 라이프니츠는 일단 공자에 대한 제사를 미신이나 예배가 아니라 공적 의례로 규정함으로써 교리상으로 공자 제사에 기독교도의 참여가

가능하다고 보았다. 아리스토텔레스를 기리는 철학자들의 성 카트린 축제를 예로 들면서 공자에 대한 제사와 동일시했다. 둘 사이에 차이가 있다면 '다만 제례의식에 중국인 이상으로 헌신적인 사람들이 없다는 것뿐'이었다. 그러면서도 중국에 '현대적' 무신론자 신부들, 즉 무신론자 선비들이 있다는 것은 받아들이지만, 이것이 중국의 공식 입장은 아니라고 확신했다. 따라서 선비들이 유신론자라는 것은 그들의 제사가 증명하는 바이며(물론 이것은 제사에 종교적 성격이 없다고 보는 마테오 리치의 지론과 모순되었다) 조상신에 대한 제사도 궁극적으로 하느님(조상신보다 더 높은 존재자)에 대한 제사로 귀착될 수 있다고 주장했다. 설상가상 라이프니츠는 중국 황제를 교황처럼 종교적인 수장으로 착각해 자칫 중국의 전통적인 종교 자유를 침해할 수 있는 해법을 내놓는다.

> 상제가 최고의 존재자-지혜·선·기타 모든 완전성의 원천-이고, 제물은 모든 선의 창안자에게 특별히 바쳐져야 하고, 은혜는 죽은 사람으로부터가 아니라 저 최고 존재자 자체로부터 기대되어야 하며, 모든 기타 신령이 저 최고 존재자에 의해 창조되었고, 영혼은 불멸이라고 …황제가 선언하도록 만드는 것이 가능했다면, 나는 우리가 성공했을 것이라고 생각한다.[60]

이는 동아시아에 가당치 않은 해법이었다. 황제 자신이 매일 경연經

筵에 참여해 나라의 높은 학자들과 토론을 통해 배우고 상의하는 입장에서 그런 것을 칙령으로 정할 수는 없었기 때문이다.

이러한 논쟁은 결국 '공자가 유신론자인가, 무신론자인가'라는 문제제기로 귀결되었다. 마테오 리치에 대한 도전은 그의 후임을 맡은 예수회 신부 니콜로 롱고바르디N. Longobardi로부터 시작되었다. 그는 《논어》〈술이〉편의 "공자는 괴력난신怪力亂神을 말하지 않았다"는 구절을 증거로 들이대면서 공자를 무신론자로 규정했다. 하지만 라이프니츠는 "공자 자신도 그가 깊이 탐구해보지 않았던 것은 몰랐을 수 있다"고 해명한다. 이것은 공자가 깊이 탐구했더라면 신에 대해서도 알게 되었을 것이라는 가지론적可知論的 확신을 깔고 있다. 라이프니츠는 소크라테스·플라톤과 상통하는 공자의 불가지론적 입장을 전혀 이해하지 못했던 것이다. 그러면서 "공자가 자신의 입장에 대해 좀 더 설명했더라면 좋았을 것이라고 생각한다"며 아쉬움을 덧붙인다.[61]

라이프니츠의 이 의문에 짧게 대답하자면, 일찍이 공자는 "귀신 및 신지神智와 관련된 것들을 인지로 알 수 없다"는 불가지론의 입장에서 귀신·천명·천도에 대해 캐묻고 논하는 것을 절제했다. 그럴 시간이 있으면 인지人智로 알 수 있는 일에 집중하고 힘쓰는 것이 신을 공경하는 일이라고 말했다. 사람을 섬기는 일도 다 모르는데 귀신을 섬기는 일을 알려고 힘쓰는 것은 지혜롭지 못하다는 것이다. 그래서 공자는 천명한다.

"아는 것을 안다고 하고 알지 못하는 것을 알지 못한다고 하는 것이 지혜다知之爲知之 不知爲不知 是知也."[62]

따라서 기독교신학자들과 라이프니츠 같은 합리주의자들처럼 인지로 알 수 없는 신을 안다고 하는 것은 지혜롭지 못한 것이다. 공자는 인지를 넘어서는 문제에 대해서만 동양 최고 철학서《주역》을 통해 귀신에게 물어 신지를 구했다.

소크라테스와 플라톤도 공자처럼 신에 대한 인지에 절대적 한계가 있기 때문에 신에 대한 에피스테메epistēmē(학문), 즉 신학은 애당초 불가능하다고 보았다. 그래서 더 이상 탐구하지 않는 것이 마땅하며, 기껏해야 그럴싸한 이야기, 즉 뮈토스mythos(신화)만이 가능하다는 불가지론적 의견을 피력했다. 또한 소크라테스는 '너 자신을 알라'는 델피 신전의 경구를 통해 인지가 신지에 비해 얼마나 보잘것없는지를 아는 지혜를 가르치려고 했다. 지식을 무척이나 애호했던 소크라테스와 플라톤도 이렇듯 신에 대해 말하고 캐묻는 것을 절제했던 것이다.

그에 비하면 유신론자도 아니고 무신론자도 아닌, 평소에는 무신론자가 되었다가 간헐적으로 유신론자가 되기도 하는 자유로운 중간상태 또는 유신론과 무신론의 구분에 초연한 당시 동아시아의 유학자들과 일반인들의 유연한 정신적 경지는 바로 '종교적 관용과 자유의 경지'였다.

타종교를 믿거나 신을 믿지 않는 자를 처벌하는 행위야말로 문명이 아니라 야만이다. 관습화된 인간의 신념은 타자에 대한 몰이해를 불러온다. 이교도를 처벌하는 후진적 유럽문명권에 갇혀 기독교적 신 개념에 포박당한 라이프니츠는 동아시아인들이 유교적 세계관 속에서 수천 년 전부터 오늘날까지 누려오는 종교의 자유를 조금도 이해할 수 없었다. 동아시아 국가들은 오늘날까지 다양한 종교를 믿으면서도 종교분쟁이 없다. 동아시아의 오래된 전통인 종교의 자유 보장은 탁월한 문화가 아닐 수 없다.

기독교도로서의 편협한 신관에도 불구하고, 라이프니츠가 제례 논쟁에서 예수회 편을 든 당대의 유일한 철학자였음은 인정해야 하는 사실이다. 예수회는 적응주의 입장에서 동아시아의 제례 전통을 인정했다. 라이프니츠는 홀로 싸웠지만, 논리는 예리하고 놀라운 직관력을 갖추었다. 그의 탁월한 견해는 유럽의 향후 중국학과 공자 연구에 커다란 영향을 미쳤다. 라이프니츠 이후 유럽인들은 중국으로부터 윤리철학과 정치사상을 배우려는 자세로 점차 선회하게 된다. 그러다가 18세기 계몽주의의 철학적 투쟁을 거쳐서야 비로소 종교적 몽매를 해소시킨 서구 문화의 세속화는 달성되었다.

20세기 이래 오늘날까지 서구 학계는 공자와 계몽주의의 관계를 역사적으로 추정하고 심층적으로 탐구하면서 수많은 업적을 내놓고 있다. 물론 패스모어의 예에서 보듯이 오늘날까지도 유럽 합리주의자들은 공자를 합리론적으로 곡해한다. 그러나 컴벌랜드, 섀프츠베리, 허치슨 등에서 알 수 있듯이 경험론 계열의 철학자들은 공맹철학을 비교적 덜 왜곡하고 상당한 깊이에서 이해하고 받아들였다. 이 점은 이후의 흄과 애덤 스미스에 이르면 더욱 뚜렷해진다.

반면 서양에 대한 열등의식이 청산되지 않은 동아시아 지성계에는 공맹철학이 계몽주의에 미친 영향이 아직까지도 미지의 사실로 남아 있다. 그에 대한 연구도 거의 없는 편이다. 동아시아 지식인들은 지난 100여 년 동안 공자철학과 고유한 전통사상을 과격하게 부정하거나, 형식적으로만 명맥을 이어오며 서구 문화의 수입에 경도되어왔다. 아이러니컬하게도 오늘날 동아시아 지성계는 공자를 새롭게 활용하는 데서도 서구 지성계에 뒤지고, 서구 철학 속에서 공자의 위상을 성찰하는 데서도 뒤져 있다. 지구촌을 한 바퀴 돌아서 다시 살아 온 공자마저 제대로 알아보지 못하는 셈이다.

4장

동양 비방과 예찬의 접전지 프랑스

공자는 어떤 종교도 가르치지 않았고,
어떤 종교적 기만도 쓰지 않았다.
그가 섬긴 황제에게 아부하지 않았고,
황제를 언급하지도 않았다. …
나는 그의 경전 안에서 가장 순수한 도덕을 보았다. …
단 한 명의 중국인만이 공자를 부정했고,
그는 보편적 저주를 맛보았다.

　　_볼테르 《철학사전》

중국과 공자철학의 충격은 유럽의 어느 지역보다 프랑스에서 강력했다. 16세기 이래 '동양'의 뜻밖의 등장으로 문예사상에 가장 큰 충격을 받은 곳이 프랑스였다. 프랑스인들은 일찍이 아시아 탐방에 직접 가담하지 않았지만, 자국 내 종교갈등으로 자기 문화에 대한 믿음이 크게 흔들리고 있었다. 그래서 프랑스 사상가들은 동양을 묘사할 때, 보다 초연하고 개방적인 접근법을 택할 수 있었다. 프랑스 사상가들에게 동방은 서방의 기존 제도와 정통적 견해들에 대한 강력한 도전이자 유익한 자기비판과 갱신을 자극하는 충격이었다.

물론 중국 문화와 공자철학이 '충격'을 주었다고 해서 이들이 경이로운 깨달음을 얻어 놀라운 속도로 중국 문화와 공자철학을 그대로 수용한 것은 아니다. 유럽인들은 중국 문화와 공자철학을 수입해 자기들의 입맛에 맞게 굴절시키고 변형시켜 계몽주의라는 독특하고 새로운 '패치워크 철학사상'을 창조해낸다. 특히 프랑스에서 벌어진 열띤 사상논쟁은 유럽 철학을 근대화하고 각국에서 계몽주의의 투지를 북돋우는 역할을 했다.

동양 비방의 대가
몽테스키외

샤를루이 드 세콩다, 바롱 드 라 브레드 에 드 몽테스키외Charles-Louis de Secondat, baron de la Bréde et de Montesquieu라는 긴 호칭을 가진 몽테스키외 남작은 프랑스 보르도 지방의 유서 깊은 귀족으로 18세기 프랑스와 유럽 전역에서 명성을 떨친 정치사상가이자 법률가요 역사가였다. 동시에 중국과 동양의 모든 나라를 모조리 '공포에 기초한 전제국가'로 비판한 동양 비방의 대가이기도 했다. 그는 권력분립을 주장한 이론가였지만, 중국과 동아시아 유교국가의 독특한 정치체제나 언론·학문·종교의 자유에 대해서는 전혀 관심이 없었고 지식도 없었다. 그야말로 무지와 억측에 기초한 '무고' 수준의 중상으로 일관했다. 따라서 프랑스에서의 중국 문화·공자철학의 보급과 활용은 필연적으로 이 걸출한 동양 비방자의 영향을 걷어내는 과정을 거치게 된다.

　몽테스키외의 중국 비방을 사상적으로 추적하면 그리스주의자 페넬롱 대주교의 영향을 받은 것으로 보인다. 이런 그리스주의적 편견에서 그는 일단 당시 네덜란드 상인들이 퍼트린 중국에 대한 악담을 최대로 활용한다.

　선교사들은 중국의 방대한 제국을 공포, 영예, 덕성이 혼합된 경탄할 만한 정부로 묘사한다. …그러나 나는 매타작 없이는 아무것도 하지 않도록 만들어진 사람들 사이에서 어떻게 영예를 말할 수 있는지 모르겠다. 더구나 우리 상인들은 선교사들이 말하는 것과 같은 종류의 덕성 관념은

커녕 만다린(관료)들의 강도행각에 대해서나 자문해줄 수 있다. 게다가 개종한 왕자들(강희제의 아들로 옹정제雍正帝의 형제인 세 왕자)에 대해 황제(옹정제)가 취한 재판과정은 일관된 폭군의 모습과 냉혈한 인간본성에서 비롯된 모욕을 보여준다. …선교사들은 그곳에서 큰 변화를 만들기 위해 백성을 설득하는 것보다 왕이라면 뭐든지 할 수 있다고 왕을 꼬드겨 설득하는 것이 더 쉬울 것이다.[63]

네덜란드 상인들은 중국으로부터 마카오를 조차해 정착한 포르투갈 상인들을 시기했다. 그들은 1624년 이래 중국과 서방 간 무역을 독점하려고 부단히 기도했다. 그러나 1685년 중국 정부가 최종적으로 이들의 과도한 요구를 물리침으로써 그 노력이 실패로 돌아간다. 이때부터 네덜란드 상인들은 중국인을 '타고난 룸펜과 사기꾼'으로 묘사하는 소문과 책들을 쏟아냈다. 몽테스키외는 이 소문과 책들을 인용한다. 또한 북경의 청나라 조정에 외교사절로 파견되었다가 외교에 실패하고 기분이 상해서 중국을 비방한 조지 앤슨G. Anson 장군의 부정적 중국관도 적극 받아들인다. 그리하여 한참 불붙고 있던 선교사들의 중국 예찬을 분쇄하려고 시도한다.

몽테스키외가 살던 당시 유럽의 정치체제는 중국보다 훨씬 잔악한 폭력성을 띠고 있었다. 유럽문명의 정신적 기반인《성경》에는 남녀노소를 가리지 않고 모든 이민족을 학살한 모세가 이끄는 유대인들의 인종청소가 기록돼 있다. 유럽문명의 직접적 선조인 로마제국은 원형극장에 모여 사람을 살해하는 검투극을 즐겼다. 프랑스 사법부는 몽테스키외가 죽은 지 2년 뒤인 1757년까지도 몸을 네 토막으로 찢어 죽이는 형태의 사형을 선고했다.[64] 프랑스의 이 잔혹한 사법체계는 나중에 단두대를 낳았고, 이것은 20세기까지 잔존했다. 혁명·전쟁·제국주의로 점철된 유럽의 문명적 잔악성은 서구와 비서구를 가리지 않는 세계적 인간 대학살과 인종청소로 확대되었다.

훗날 볼테르는 몽테스키외의 《법의 정신》의 왜곡된 내용을 논리적으로 지적한다. 개종한 왕자들에 대한 황제의 종교탄압은 없었다고 확인하고 중국의 종교적 자유와 법치를 찬양한다. 매타작에 대해서는 유럽 경찰들의 곤봉을 예로 들며 유럽에도 존재하는 지엽적 현상으로 보았고, 탐관오리 문제는 각 왕조의 말기에 나타나는 일시적 현상으로 여겨 거론하지 않는다.

이런 내용들을 놓고 볼 때 몽테스키외의 매타작 운운하는 시비는 동양을 '동양 오랑캐'로 배격하려는 유럽중심적 오만과 위선의 소산으로밖에 볼 수 없다. 그럼에도 몽테스키외는 중국 비방을 본격화해 더욱 강하게 밀어붙인다. 치졸한 소문들을 이론화해 중국인이 '세계에서 가장 사악한 국민'임을 다음과 같이 논증한다.

삶을 전적으로 예禮로 지도하는 중국인이 지구상에서 가장 사악한 국민이라는 것은 참으로 의외의 일이다. 상업상 당연히 필요한 신의조차 중국인에게서는 도통 찾아볼 수가 없다. 중국의 상인들이 세 개의 저울, 즉 사기 위한 무거운 저울, 팔기 위한 가벼운 저울, 감시하는 사람들을 위한 정확한 저울을 가지고 있는 만큼 물건을 사려는 사람은 자신의 저울을 직접 가지고 가야 한다. …중국의 기후와 땅의 성질은 그들의 삶을 위태롭고 궁핍하게 했다. 이러한 속성은 모든 중국인들에게 상상을 초월한 이윤 욕심을 부여했고, 법률이 그것을 억제하는 것은 꿈도 꾸지 못한다.[65]

볼테르와 케네는 이 말을 정면으로 반박한다. 우선 볼테르는 네덜란드 상인들이 퍼트린 소문을 믿지 않았다. 이 소문이 대체로 사실이 아니었고, 일부 사실이 들어 있더라도 그것은 광대한 중국 영토에서 한 점에 불과한 광동 인근 개항장에 사는 하층민들의 얘기일 뿐이라고 여겼다.

케네는 유럽에서 상인들이 불량상품으로 시장을 더럽히는 사례를 지적하면서, 중국 상인들은 국내거래에서는 공자의 가르침대로 신의와 성실의 덕목을 엄수한다고 말한다. 광동, 하문, 영파 등 세 군데 개항장에서만 이역만리에서 찾아와 곧 떠나갈 믿을 수 없는 서양 상인들을 재주껏 기만하는 것이라고 반박한다. 서양 상인들이 중국 내부에 들어가본 적이 없어서 국내시장에 대해서는 전혀 알지 못한 채 개항장 내 날림시장에서의 좁은 경험을 과장하고 있다고 비판한 것이다.

이처럼 몽테스키외의 무리한 중국 비난은 그의 글 곳곳에서 모순을
자초한다. 기본 명제인 '중국의 전제주의'와 '대제국의 필연적 전제성'
을 관철시키기 위해 그는 매우 자가당착적인 논리를 편다. '대국은 일
인 통치자의 손에 든 전제적 권위를 전제로 한다'는 몽테스키외의 이
선험적 근본 명제는 역사상 멸망했던 옛 제국들을 보면서 그가 갖게
된 편견일 것이다. 작은 국가는 왕도정치가 가능하지만 대제국에서는
전제정치만이 가능하다는 몽테스키외의 주장은 뒤집어 말해서 유럽
의 소왕국들은 당연히 자유국가이거나 자유국가가 될 운명이라는 말
이 된다. 문제는 몽테스키외가 '대국의 필연적 전제성'을 오로지 중국
과 동양 국가에만 적용하는 이중 잣대를 휘둘렀다는 것이다. 다른 글
에서는 국가의 방대성에도 불구하고, 아니 오히려 이 방대성 덕택에
연방제적 권력분립체제를 도입하면 '전제 없는 대국'이 가능하다는 모
순된 발언을 하고 있기 때문이다.

공화국이 작으면 외부 세력에 의해 섬멸되고, 크면 내부의 악에 의해 섬
멸된다. …그러므로 인류가 군주제적 국가의 대외적 힘과 함께 공화국의
대내적 편익을 가진 헌정체제인 '연방 공화국'을 고안하지 못했다면, 1인
의 단독 통치 아래 항구적으로 살아야 했을 것이다. 이 국가형태는 많은
소국들이 스스로 형성하고 싶은 더 큰 국가의 시민이 되는 것에 동의하
는 협정체제다. 일종의 '사회들의 사회'다. 이러한 연합은 그리스를 한동

안 번영하게 만들었다. 로마인들도 이것을 채택함으로써 세계를 공략했다. 그로 인해 모든 나라들이 로마로부터 스스로를 방어해야 했다. …대외적 힘에 저항할 수 있는 이런 종류의 공화국은 그 규모를 바탕으로 내적 타락 없이 지탱될 수 있다. 이 사회형태는 온갖 결함을 막아준다.[66]

《법의 정신》이 출간된 지 4년 후에 데이비드 흄은 몽테스키외의 이 안보를 위한 연방제라는 소극적 이론으로부터 한 걸음 더 나아간다. 미국의 건국을 예감하고 쓴 《완전한 공화국의 이념》에서 국가의 '방대성'으로부터 오히려 절대권력과 다수의 횡포에서 벗어날 수 있는 '자유의 여유공간'을 도출하고, 대국이 더 용이하게 전제주의에서 해방된 민주국가가 될 수 있다고 주장한다.

몽테스키외는 중국의 늘어나는 인구 문제에 대해서도 무리한 주장을 펼친다. 전제체제라면 주민이 전제적 폭력과 공포정치에 생존의 불안을 느껴 출산을 꺼릴 것이고 그 결과 인구가 줄어야 한다. 그럼에도 중국은 반대로 인구가 계속 늘었다. 이 모순을 해결하기 위해 그는 '중국의 기후와 중국 여성의 다산성'이라는 궤변을 짜낸다. '인간의 재생산을 촉진시키는 경이로운 중국의 기후'가 폭정을 이기고 유례없는 다산성을 가져다줬다는 것이다. 국민성과 관련된 이 '기후결정론'은 그의 중국론만이 아니라 《법의 정신》 자체를 취약하게 만드는 허술한 논리가 되고 만다. 몽테스키외와 평생 서신을 주고받으며 권력분립론,

연방대국 민주주의론 등 많은 점에서 의견을 같이했던 흄조차도 그의 자연·기후결정론을 정면으로 부정한다.

몽테스키외는 집요하게 중국 비방으로 일관하다가 엉겁결에 중국이 '권력분립도 법치도 없는 황제 1인의 공포전제정치'라는 자신의 기본 테제와 모순되는 말을 하기도 한다. "진나라와 수나라를 멸망시킨 것은 군주들이 중국의 고대 군주들과 달리 주권자가 할 만한 유일한 기능인 일반적 감독에 자신들을 국한하는 대신 중간매개 없이 만사를 친정親政하고 싶어 했기 때문이다."[67] 주권자가 유능한 인재를 뽑아 기능을 분담시킨 '무위無爲의 치'와 '군자치국(신권정치)'이라는 군신 간 권력분립이 고대부터 중국 국가들에서 일반적으로 준수(단명한 진나라와 수나라는 예외)되었다는 사실을 부지불식간에 인정하고 있는 것이다.

또한 "왕의 권위는 쉽게 그리고 소리 없이 이동하는 커다란 샘물이다. 중국인들은 솔선수범하여 하늘처럼 다스린 황제 중의 하나(순임금)를 찬양한다"고 중국 황제의 무위의 덕치를 언급하면서, 중국이 전제군주제라면 행할 수도 지킬 수도 없는 중국 황가의 솔선수범을 미풍양속으로 소개하기도 한다.

중국에 대한 보고들은 황제가 매년 농지의 경작을 개시하는 의식에 대해 말하고 있다. 이 근엄한 공적 행동으로 백성들이 땅을 갈도록 일으켜

세우려 한 것이다. …제5대 왕조의 3대 황제 벤티는 손수 땅을 경작하고, 황후를 비롯한 궁녀들은 궁전에서 비단을 만들었다.[68]

중국의 역사시대 제5대 왕조는 한나라이고, 벤티Ven-ti는 문제文帝를 지칭하는 것으로 보인다. 몽테스키외는 한나라 문제만이 아니라 동아시아 군주와 황후라면 누구나 황궁에 딸린 특별한 농토에서 조상의 제사에 올릴 곡식을 손수 경작하고, 누에를 치고 길쌈을 하여 제사 때 입을 옷을 손수 지었다는 사실을 몰랐던 것으로 보인다.

그는 공자철학과 중국사상을 거의 알지 못했다. 방대한 저작《법의 정신》속의 그 많은 중국 관련 논의에서 공자에 대한 언급은 극히 미미하고 그나마도 근거 없는 이야기가 대부분이다. 몽테스키외는 중국을 정복한 역대 오랑캐 왕조들이 중국의 고대 문화에 동화되어 사라져간 사실을 평가 절하한다. 이것이 중국 문화의 높은 수준 때문이 아니라 중국의 입법자들이 종교·법률·도덕·예절을 뒤섞으면서 생긴 혼동 때문이라고 얼버무린다. 그리고 이 혼동으로 인해 중국 선교가 불가능한 것이라는 결론을 도출한다. 정작 중국에서 기독교 선교가 실패한 이유는 서양 선교사들의 오만으로 기독교 외의 다른 종교들을 배격함으로써 동아시아의 전통적 종교 자유를 부정한 데 있었다.

몽테스키외는 당시 유럽 지성계가 주목하기 시작한 중국에 대한 시기심이 컸다. 그래서 중국 경제와 관련해서도 중국에 굴하지 않으려는 경쟁심에서 의미심장한 발언을 남겨놓는다.

> 뒤 알드 신부는 중국의 국내상업이 전 유럽의 상업보다 크다고 말한다.
> 이것은 우리의 대외상업이 역내상업을 증가시키지 않는다면 그럴 것이
> 다. 유럽은 프랑스, 영국, 홀란드가 유럽의 거의 모든 항해와 상업을 이끄
> 는 만큼, 세계의 다른 세 부분*의 상업과 항해를 이끌고 있다.[69]

현재는 중국의 국내무역이 유럽의 국내무역의 규모보다 크지만 프
랑스, 영국, 네덜란드의 세계무역이 곧 유럽의 역내무역을 확대시켜
이 역내무역이 중국을 앞지를 것이라는 말이다. 몽테스키외의 이 통찰
은 적중했다. 그러나 당시 중국의 국내상업이 유럽 역내상업의 규모보
다 크다는 인정은 중국을 빈곤한 나라로 낮춰 보던 그의 중국관과 상
충한다. 몽테스키외에게 영향을 미친 당시의 중상주의자들에 의하면,
상업의 발달은 곧 번영을 의미하기 때문이다.

몽테스키외는 유럽 지성계에서 주목받기 시작했던 중국에 대한 유
럽중심주의적 시기심에서 페넬롱처럼 단순히 중국을 헐뜯을 목적으
로《법의 정신》의 전편에 걸쳐 중국 논의에 너무 많은 지면을 할애하

---

* 아시아, 아프리카, 아메리카.

게 된다. 그러나 그의 이 긴 중국 비방은 중국에 대한 당시 유럽인들의 폭발적 열광을 반증하는 것이었고, 이후에 볼테르, 케네, 그리고 수많은 중농주의자들과 중국 애호가들의 격렬한 비판을 자초한다.

중국 예찬론자 볼테르의
몽테스키외 비판

우리는 우리가 야만상태로 출현하기 2,000년 전에 가장 순수한 종교와 도덕을 천명하고 있던, 그리고 시시때때로 모든 것이 바뀌는 우리의 경우와 달리 어떤 변동도 겪지 않은 도덕과 관습을 지닌 한 국민을 감히 비웃고 있다.[70]

18세기 유럽 계몽사상의 대표주자 볼테르의 이 자신 있는 자기비판은 정확하고 풍부한 중국 정보에 근거했다. 이런 관점은 개신교 선교사들의 일방적 동양 비방과 차별되는 당대의 가톨릭 선교사들의 정확하고 양심적인 보고에 힘입은 바가 크다.

볼테르와 함께 프랑스에는 '문화적 상대주의'가 만연했다. 이는 프랑스의 문화적 개혁개방의 동력이 되었다. 지성적 상대주의 전통은 루이 14세가 포르투갈의 중국 선교 독점권과 중국에 대한 바티칸의 영향을 교묘히 따돌릴 목적으로 1688년 요하쉼 부베J. Bouvet를 포함한 예수회 선교단의 창설을 인가하면서 더욱 고조되었다. 부베와 그 동료들은 자신들의 선교 사업을 정당화하기 위해 중국에 대한 유럽인들의 관심을 자극하는 데 열성을 다했다. 프랑스 특유의 이 문화적 개방성과 친중국 사조는 중국정체론과 '종이호랑이론'이 난무하던 19세기까지도 끊임없이 영향을 미친다.

중국 문화와 공자 예찬론의 대부 볼테르는 몽테스키외와는 중국관에서 여러모로 대립했다. 몽테스키외가 17·18세기 중국이 국내상업의 발달 외에 문화나 정치 면에서는 본받을 게 없는 가난한 전제국가라고 비방할 때, 볼테르는 1740~1750년대의 유럽이 과학·기술에서 중국을 앞서지만, 문화·도덕·정치에서는 중국이 유럽을 훨씬 능가하고 자연의 혜택으로 경제적 풍요를 누린다고 평가했다.

> 자연의 혜택을 받은 총아인 이 나라의 토지는 곡식, 벼, 각종 과일, 콩류 그리고 온갖 종류의 작물로 뒤덮여 있다. 비단을 생산하는 저 귀한 곤충은 중국 토산품이다. 이 천은 아주 진귀하여 유스티니아누스 황제 시대(527~565)에 유럽에서 무게로 쳐서 금값에 팔렸다. 중국인들은 까마득한 시기부터 물에 끓인 대나무 줄기 섬유를 재료로 백색의 세련된 종이를 만들어왔고, 유럽이 성공적으로 모방해 사용하는 유약과 도자기의 제조 시기는 너무 오래되어 알지도 못한다. 그들의 유리 제작은 유럽에 비해 완벽성은 떨어지지만 2,000년 전부터 그 기술을 알고 있었다.[71]

여기서 볼테르는 누에나 누에고치의 이름을 모른 채 그냥 '곤충'이라고 부르고 있으며, 종이의 주원료인 닥나무를 몰라서 '대나무 줄기'라고 언급했다.

볼테르는 동아시아의 실용적 과학·기술 수준에는 정보가 더 어두운 편이었다. 앞서 항해용 나침반과 대포 제조법에 대한 볼테르의 무지를 지적했듯이, 그는 동아시아의 활판인쇄술과 고려의 금속활자, 그

리고 뛰어난 천문학 수준도 잘 몰랐다. 중국이 항해용 나침반을 발명
했을 뿐 아니라, 서쪽으로 동남아와 인도양을 거쳐 아프리카 케냐까지
도달하고 다시 더 서쪽으로 항해하여 아메리카를 발견한 명나라 정화
의 7차에 걸친 30년 대항해(1405~1433)를 전혀 모르고 있다.

그러나 볼테르는 중국의 문화·도덕·정치와 공자의 정치철학을 누
구보다 정확히 이해했고 진심으로 그 숭고함에 탄복했다. 과학·기술
면에서는 유럽을 높게 평가하고 문화·도덕·정치 면에서는 중국을 높
게 평가함으로써 당시 극과 극을 달리던 중국 비방과 찬사 사이에서
균형 잡힌 중국관을 유럽인들에게 보이려고 애쓴 측면이 보인다.

지난 세기 우리는 중국을 충분히 알지 못했다. 보시우스는 완전히 과장
으로 찬미하고, 그의 적수이자 식자들의 적인 르노도는 중국인들을 경멸
하는 체하고 비방할 정도까지 반박을 밀어붙였다. 둘 다 지나침을 피할
수 없었다.[72]

《국민의 도덕과 정신에 관한 평론》에서의 위 발언은 자신이 중국을
중립적으로, 즉 균형 있고 공정하게 기술할 것이라는 취지를 담고 있
다. 이런 기계적 균형을 염두에 둔 나머지 볼테르는 중국의 과학과 산
업기술을 은연중에 과소평가하게 된다.

이 국민이 발명에서는 행운아였지만 기하학의 기본 요소들을 넘어 침투하지 못했다는 것, 음악에서 심지어 반음을 모른다는 것, 그들의 천문학이 다른 모든 과학들과 마찬가지로 아주 구태의연하고 동시에 불완전하다는 것은 놀라운 일이다. …이 모든 것은 그들의 행복에 필요한 것 이상으로 더 진보하지 못했다. 반면 우리는 발견에서는 더디지만 모든 것을 빨리 완전하게 만든다.[73]

볼테르는 중국의 학문과 기술이 낙후한 원인을 나름대로 유추해서 문화적 복고주의와 한문의 학습·사용의 어려움을 원인으로 제시한다.

그렇게 많은 기술과 학문이 중국에서 중단 없이 오랫동안 개발되어왔음에도 이토록 적은 진보를 이룬 이유 중 하나는 선조들로부터 전해진 모든 것에 대한—유구한 것이면 어떤 것이든 완전성을 주입하는—중국인들의 엄청난 존경이고, 다른 하나는 모든 지식의 제일원리인 언어다. 한문은 모든 단어가 다른 한자로 표기된다. 가장 많은 수의 한자를 아는 사람이 가장 유식한 사람으로 간주될 정도다. 학문에 힘쓰는 어떤 중국인

• 이삭 보시우스Isaac Voissius는 1660년 런던에서 출판된 《세계의 참된 유구성에 관하여》의 저자다. 이 책에서 그는 중국 역사가 기원전 2,900년까지 거슬러 올라간다고 주장함으로써 성경의 연대기에 도전했다. 위제브 르노도Eusèbe Renaudot는 마테오 리치의 중국 제례 해석을 부정한 《동양제례수록》의 저자다. 이 책은 1715년 파리에서 출판되었다.

은 글쓰기를 다 배우기도 전에 늙어버린다.[74]

당시 중국의 학문과 기술이 유럽보다 우월하거나 비등했다는 라이프니츠와 애덤 스미스의 평가를 놓고 보면, 볼테르의 이런 평가는 '존재하지도 않는 사실'의 원인을 찾고 있는 것과 같다. 게다가 볼테르가 지적한 복고주의는 유럽을 포함한 모든 문명권의 전근대에 공통된 것이었고, 따라서 중국만의 특유한 사상이 아니다. 그리고 하나의 글자가 하나의 단어를 이루는 한자 하나를 아는 것이 영어 한 단어의 뜻과 철자를 숙지하는 것보다 크게 어려운 일이 아니기 때문에 한문의 어려움은 학문과 기술의 낙후성을 설명하기에는 역부족이다. 한문에서 '모든 단어가 다른 한자로 표기되는 것'은 영어에서 '모든 단어가 다른 철자로 표기되는 것'과 다를 것이 없다.

특정 문명이 낙후되는 원인을 자만과 폐쇄성으로 인한 패치워크 문명의 실패가 아닌, 복고주의나 문자의 어려움에서 찾는 것이 얼마나 설명력을 발휘할 수 있을지 의문이다. 나중에 중국은 공산주의적 진보사관으로 무장하고 한자를 간자簡子로 바꿨지만, 개방개혁 이전 40년 동안 후퇴를 거듭했다. 그러나 개혁개방 이후에는 놀라운 속도로 발전하고 있는 것이 이를 반증한다.

아무튼 볼테르는 중국의 과학기술보다는 문화, 도덕, 정치철학에 관심이 더 많았다. 그는 《철학사전》에서 이렇게 말한다.

나쁜 자연학자이면서 동시에 탁월한 도덕론자인 것은 가능한 일이다. 중국인들이 완전성을 향해 이러한 전진을 이룩한 것은 사실 도덕, 정치경제학, 농업, 필수적 생활양식에서다. …이런 면에서는 우리가 그들의 제자가 되어야 한다.[75]

그는 몽테스키외의 중국 전제주의 테제와 법치 부재론에 맞서 중국인의 높은 도덕성과 법치주의를 찬양한다. "중국인들이 가장 잘 알고 가장 많은 것을 개발하고 최대의 완전성으로 끌어올린 것은 도덕과 법학이다. 자식으로서의 효와 공경은 중국적 통치의 기초다. 자식은 주변 모든 사람들의 동의 없이는 아비에 대해 소송을 할 수 없다. 학식 있는 고위관리는 도시와 지방의 부모로 간주되고, 황제는 제국의 공통된 아버지로 간주된다. 이들의 심장에 뿌리내린 이 관념은 거대공동체 전체를 한 가족으로 구성해주었다." 여기서 볼테르는 플라톤의 영혼-국가 유추론과 차별되는 공맹의 가족-국가 유추론을 도덕과 법의 기초로 긍정하며 호평하고 있다.

볼테르는 일상적 교통도덕에 이르기까지 중국의 예절을 자세하게 설명하고 유럽의 부도덕한 생활과 대비시키기도 한다. 범행을 처벌하는 데 그치지 않고 덕행을 적극 포상하는 중국 법치주의의 독특한 특징도 높이 평가한다. "다른 나라에서 법은 범행을 처벌한다. 중국에서 법은 더 많은 역할을 한다. 이곳에서 법은 덕행을 포상한다." 몽테스키

외의 중국 전제국가론을 정면으로 반박하기 위해서는 청나라의 법치
주의를 상세히 입증한다.

> 엄격한 시험을 거쳐 구성원들을 선발하는 상호종속된 거대한 관청체계
> 에 의해 모든 일이 처결되는 정부보다 더 나은 정부를 우리는 상상할 수
> 없을 것이다. …최고 관청들 아래는 북경의 44개 관청이 속해 있다. 이
> 러한 행정체계 아래서는 황제가 자의적 권력을 행사하는 것이 불가능하
> 다. 일반적 법률은 황제로부터 나오지만, 통치의 헌정제도에 의해 법률
> 에 훈련되고 투표에 의해 선발된 일정한 사람들에게 자문하지 않고는 어
> 떤 일도 이루어질 수 없다. 누구나 신 앞에 엎드린 황제 앞에 엎드린다는
> 것, 황제에게 약간의 결례라도 범하면 법률에 따라 신성모독으로 처벌받
> 는다는 것은 결코 전제적이고 자의적인 통치의 증거가 아니다. …오늘날
> 사람들의 생명, 명예, 복지가 법률에 의해 보호되는 나라가 있다면 그것
> 은 바로 중국제국이다.[76]

중국의 인간적 법치주의에 대한 볼테르의 찬양은 인명을 경시하는
전제체제라는 몽테스키외의 중국 비방에 맞서 일관되게 견지된다. 중
국의 황제보다 더 전제적인 로마 추기경들이 유럽보다 법치주의적인
중국에 선교하는 것은 실책이라고까지 주장한다. 이와 같이 볼테르는
몽테스키외보다 많은 정보를 바탕으로 중국 전제체제론을 정면으로

반박한다.

볼테르는 중국의 덕에 대한 포상, 백성의 복지와 재산을 보호하는 법률의 효율성, 불관용과 미신으로부터 자유로운 인간적이고 단순한 종교를 예찬했다. 그는 문화적 상대주의를 가슴으로 신봉했다. 자기 동포들의 유럽중심주의적 오만을 강력하게 규탄했다. 볼테르의 이러한 관점은 당대 가톨릭 선교사들의 정확하고 양심적인 보고 덕택이었다. 19세기 중반 내내 중국을 여행한 에바리스트 레기 위크E. Huc 라는 가톨릭 선교사의 중국관은 영국 개신교를 비롯한 개신교 선교사들의 거부적·부정적 중국관과 반대로 긍정적이고 따뜻했다. 그는 중국 황제의 권력이 선비계급의 영향력에 의해, 그리고 촌락민들이 해당 지역의 촌장을 선출하는 권한위임 제도에 의해 완화된다고 논변했다. 그러면서 황제의 권력이 절대적이기는 하지만 독재적이지는 않다고 주장했다. 그는 자유헌정을 가졌다고 주장하는 유럽 여러 나라 백성들이 향유하는 자유보다 더 큰 자유가 중국 백성들에게 허용된다고 설명했다. 게다가 중국에는 백화제방百花齊放의 다양성과 차이, 새로운 사상과 믿음에 대한 백성들의 개방성, 그리고 유럽의 혁명가들이 부러워할 만큼 빈번한 혁명·정변·변란들이 있어왔다는 것이다.[77] 19세기 중반에도 중국의 이미지는 프랑스인들에게 이 정도의 호평과 공감을 얻고 있었기 때문에 18세기 중반 볼테르의 혁명적 친중사상은 이해할 만한 것이었다.

볼테르의
목숨을 건 사상투쟁

볼테르는 그리스 철학자들을 공자와 나란히 인용하지도 않을 정도로 공자를 숭배했다. 그는 《국민의 도덕과 정신에 관한 평론》의 서론에서 부터 공자를 언급했고, 사람들이 공자의 가르침을 요약해서 전하고 공자의 법을 따랐던 시대를 '지구상에서 가장 행복하고 가장 존경할 만한 시대'로 평가했다. 볼테르는 공자철학을 이렇게 규정했다.

> 공자의 책*은 치자治者가 되도록 정해진 사람은 누구나 "흐린 거울을 닦 듯이 이성을 바로 닦아 하늘의 보증을 받고, 자신을 새롭게 하고, 솔선수 범하여 백성을 새롭게 해야 한다"는 가르침으로 시작한다. 공자는 선지 자가 아니고, 조금도 계시적인 것을 말하지 않는다. …그는 현자로서만 글을 썼고, 중국인들도 그를 현자로서 존중한다. 또한 그의 도덕은 순수 하고 엄격하며 동시에 인간적이기도 하다. 공자는 '남이 자기에게 하지 않기를 바라는 바를 남에게 하지 말라'고 말하는 것이 아니라, '남이 너 자신에게 해주기 바라는 그것을 남에게 해주라'고 말한다. 그는 용서, 사 은謝恩, 인애, 겸손을 촉구한다. 그리고 공자의 제자들은 사해가 다 동포 임을 과시한다. 지구상에서 가장 행복하고 가장 존경할 만한 시대는 바 로 사람들이 공자의 도를 따르는 시대였다.[78]

• 《대학》을 말하는 것으로 보인다.

기독교 선지자들과 대립되는 공자의 탈종교적 인간상, 곧, 인仁의 도덕철학, 사해동포주의적 휴머니즘은 볼테르를 매료했다. 여기서 잠시 공자의 원래 논의를 잠시 살펴보고자 한다. 공자는 '인'을 사람을 사랑하는 것으로 정의한다.[79] 그리고 다시 소극적 차원과 적극적 차원으로 나눈다. 소극적 정의는 자기가 하고 싶지 않은 것을 남에게 하지 않는 것이다. 적극적 정의는 자기가 서고 싶으면 남을 먼저 세워주고, 자기가 이르고 싶으면 남을 먼저 이르게 해주는 '기욕립이립인己欲立而立人 기욕달이달인己欲達而達人'의 자세다. 이는 곧 백성 사랑, 범애, 박애의 정신이다. 볼테르는 앞의 인용문에서 《신약성경》의 "너에게 (남이) 하지 않기를 바라는 것을 남에게 하지 말고, 너에게 (남이) 해주기를 바라는 것을 남에게 하는 것을 거절하지 말라What you do not wish to have done to you, or what you do wish to have done to you, do not do to others, or do not deny to others"는 구절을 "남이 자기에게 하지 않기를 바라는 바를 남에게 하지 말라"로 옮긴다.•• 그리고 공자의 '기욕립이립인 기욕달이달인'과 대비시키며 기독교의 소극적이고 협소한 사랑을 뛰어넘는 공자의 가르침을 더 거룩한 것으로 암시한다.

•• 〈마태복음〉 7장 12절, 〈누가복음〉 6장 31절. 우리말 공동번역 《성경》은 해당 구절을 둘 다 "너희는 남에게서 바라는 대로 남에게 해주어라"라고 번역한다. 그러나 이것은 오역이다. 소극적인 말을 적극적인 것으로 뒤집어 해석했기 때문이다.

볼테르는 공자를 숭경했다. 특히 기독교식 계시나 예언을 멀리하는
공자의 비종교적 면모에 감화되었다. 공자의 사상이 지배하는 중국을
선교 대상으로 삼는 것을 큰 실책으로 혹평했다. 그리고 유럽의 문화
적·사상적·정치적 개혁개방과 반기독교적 혁명을 향해 앞장섰다. 그
결과 볼테르는 프랑스 앙시앵 레짐의 탄압 대상으로 지목되었고 그의
망명기간은 한없이 길어졌다. 그러나 고국과 유럽 전역에서 그의 명
망과 인기는 하늘을 찌르게 된다. 그는 《철학사전》에서 공자의 사상을
반기독교적 의미로 요약한다.

> 공자는 어떤 새 종교도 가르치지 않았고, 어떤 종교적 기만도 쓰지 않았
> 다. 그가 섬긴 황제에게 아부하지 않았고, 황제를 언급하지도 않았다. …
> 나는 공자 경전을 주의 깊게 읽으며 여러 구절을 발췌하기도 했다. 나는
> 그의 경전 안에서 협잡의 기미가 조금도 없는 가장 순수한 도덕을 보았
> 다. …단 한 명의 중국인만이 공자를 부정하는 것을 선택했고, 그는 보편
> 적 저주를 맛보았다.[80]

공자를 부정한 '한 명의 중국인'은 진시황秦始皇을 가리킨다. 진시황
은 학자들의 정치 비평을 금하기 위해 시서육경을 불태우고 유생들을
생매장하는 분서갱유를 단행했다. 볼테르는 당시 유럽에 소개된 공자
번역서들을 섭렵하며 공자철학을 깊이 연구한 것으로 보인다.

볼테르는 이제 논의의 방향을 돌려 공자와 중국인을 무신론자로 모는 기독교인들의 비난에 방어 논리를 전개한다.

공자의 가계家系는 여전히 이어지고 있다. 실제적 기여로부터 생겨난 것 외에 어떤 존귀성도 인정되지 않는 나라에서 이 가계는 그 시조를 영예롭게 하기 위해 다른 가문과 특별히 구별되었다. 공자를 추념하며 그들은 모든 영예를 표시한다. 어떤 인간도 받을 권리가 없는 신적인 영예가 아니라, 가장 건전한 이념들로 인간 정신을 함양할 수 있는 신성神性의 자질이 있는 사람에게 마땅히 주어져야 할 영예다. 이런 이유에서 르콩트 신부와 선교사들은, 다른 민족들이 우상숭배에 함몰되었을 때 중국인들은 참된 신을 알고 있었고 우주의 가장 유구한 사원에 사는 이 신에게 제사지냈다고 확언한다.[81]

볼테르는 마테오 리치의 적응주의를 따르는 르콩트 같은 예수회 신부들의 공자·중국인 유신론 주장을 적극 옹호한다. 불관용과 독단에 빠진 기독교의 유신론보다, 중국의 무신론적·간헐적 유신론을 훨씬 이상적인 것으로 수용하면서, 중국 풍습을 서구의 잣대로 폄하하려고 '중국인 무신론'의 독단을 펴는 서양인들의 편견을 맹렬히 반박한다.

'영원한 정의에 따라 상을 내리고 벌을 주는, 그리고 자신과 피조물 사이

에 기도와 은혜, 잘못과 징벌의 상응관계를 확립한 최고 존재자, 만백성
의 아버지'를 언급하는 중국 정부를 아무도 감히 무신론적이라고 간주하
지 않을 것이다.[82]

나아가 볼테르는 중국의 종교가 이상한 우화와 유혈낭자한 종교전
쟁에 의해 더럽혀지지 않았다는 점에서 서양 종교보다 우월하다고까
지 말한다. 그리고 중국 무신론 비방의 비일관성과 편견, 중국까지 신
고 간 유럽적 종파갈등의 추악한 이면을 파헤친다.

우리는 저 방대한 제국의 정부를 무신론으로 비난하다가도 어느새 우상
숭배로 비난할 만큼 일관적이지 못해왔다. 이것은 자기를 부정하는 허물
전가다. …우리는 편견과 투쟁정신을 몸에 달고서 지구의 극동지방까지
신고 갔다. …(선교사들이) 중국에서 쫓겨나게 된 경위가 우리 자신의 분
열과 분란 때문이라는 것을 곳곳에서 알아볼 수 있을 것이다.[83]

볼테르는 동아시아를 비롯한 유라시아 대륙의 종교적 자유를 조
감하고 톨레랑스tolerance, 즉 관용을 부르짖었다. 피에르 벨P. Bayle
과 함께 공자의 인의 철학과 동아시아의 종교 자유로부터 관용 개념
을 발전시켰다. 그들은 치열한 사상투쟁을 통해 동아시아적 종교 자유
와 관용정신을 유럽 전역에 확산시켰다. 말하자면, 오늘날 '위마니테

humanite(인간애)', '샤리테charite(자비)'와 함께 서양이 세계에서 자랑으로 내세울 수 있는 중요한 보편덕목인 톨레랑스까지도 원래 중국산인 것이다.

볼테르는 유럽도 타종파·타종교에 대한 탄압정책을 중단하고 동아시아처럼 보편적이지는 않더라도 일정 정도 관용을 베풀 것을 촉구했다. 뿐만 아니라 유럽의 문화적·사상적·정치적 개혁개방과 반기독교적 혁명을 주문했다. 이런 선구자적 행위는 목숨을 건 사상투쟁이었다.

선교사 추방사건의
전말을 밝히다

종교적 억압에 신음하던 유럽인들이 저들끼리 종파갈등 속에서 평지풍파를 일으키고 증폭시킨 중국인 유·무신론 논쟁은 중국인들이 수천 년 동안 누려오던 종교의 자유에 시비를 건 행위였다. 그런데 이 평지풍파는 설화舌禍로 그치지 않고, 동아시아 선교의 전반적 실패를 초래하는 선교사 추방이라는 종교적 참화를 빚어낸다.

'예수회 회원들은 그토록 먼 거리를 여행하면서까지 세계에서 가장 광대하고 잘 다스려지는 왕국에 골칫거리와 불화를 끌어들일 필요가 있었을까?'

볼테르에게 '자유로운 덕의 나라' 중국에서의 선교는 주제넘은 짓처럼 여겨졌다. 감히 누가 누구에게 선교한다는 것인가. 동아시아에서 종교의 자유는 일상적이고 유·불·선을 위시한 다종교와 무수한 종파들이 별다른 대립과 갈등 없이 공존했다. 그는 유럽에서도 이와 같은 종교의 자유가 인정되어야 한다고 주창하며, 동아시아에서 유혈분란만 일으키는 기독교 종파들의 선교사 파견을 반대했다. 볼테르가 《철학사전》에 기술한 다음 내용을 통해 그가 이 사건의 전말을 얼마나 정확하게 파악하고 있었는지를 잘 알 수 있다.

강희제 시절 유럽 선교사들은 중국에서 가톨릭 교리를 가르쳐도 좋다는 중국 황제의 허가를 받았다. 그들은 이 허가를 이용해서 중국인들에게 '지상의 신의 대리인이자 이탈리아의 티베르라고 불리는 작은 강의 언덕에 사시는 그분' 즉, 교황 외에는 다른 사람을 모시지 않는 것이 그들의 책무라고 말했다. 다른 모든 의견, 모든 경배는 신이 보시면 질색할 일이고 예수회 신부들을 믿지 않는 사람은 누구든 신에 의해 영원히 벌을 받는다고 했다.

중국에는 'r'에 해당하는 발음이 없어서 예수의 이름인 '크리스트'를 발음할 수 없었다. 예수회 신부들은 이로 인해 황제이자 은인인 강희제가 영원한 저주를 겪을 것이고, 강희제의 아들인 옹정제도 무자비하게 동일한 운명을 겪을 것이라고 주입했다. 중국과 타타르인(만주족)의 모든 조상은 다 유사한 벌을 받을 것이고 그들의 후손도 마찬가지라고 저주했다. 그러면서 신부들 곧, 예수회 회원들은 그토록 많은 영혼들이 저주받는 것을 진실로 불쌍히 여긴다고 위선을 떨었다.

마침내 신부들은 만주 혈통의 세 왕자를 개종시키는 데 성공한다. 그사이 강희제는 1722년 말 붕어한다. 그는 제국을 넷째아들에게 물려주었다. 그가 바로 정의롭고 지혜로운 통치와 백성들의 존경, 그리고 예수회 신부들의 추방사건으로 유명한 옹정제다. 신부들은 세 왕자와 그 식구들에게 세례를 내려주었는데, 공교롭게도 이때 이 신참 개종자들은 '군사임무와 관련된 몇 가지 사안'에서 황제를 불쾌하게 만들었다. 세 왕자는 체포되었다. 때마침 선교사에 대한 분노가 전국적으로 타올랐다. 모든 지방 수령들과 각료들이 선교사들을 탄핵하는 상소를 올렸다.

이 대목에서 볼테르는 몽테스키외가 혐의를 둔 '개종한 왕자들에 대한 종교적 탄압사건'을 거론한다. "왕자들이 단지 세례를 받았다는 이유로 이처럼 가혹한 처벌을 당한 것이 아님은 명백하다. 예수회 신부들은 서한을 통해서 그들이 아무런 폭력사태도 겪지 않았고, 황제의 알현도 허용되었으며, 심지어 황제에게서 상당한 선물까지 하사받았다고 시인했다. 그러므로 옹정제가 박해자가 아니라는 것은 분명하다. 왕자들을 개종시킨 사람들은 어떠한 구속도 당하지 않았다. 왕자들이 타타르 변경의 감옥에 갇혔다는 사실은 이들이 순교자가 아닌 국사범이라는 결정적 증거다."

황제는 이 일이 있은 직후, 온 백성의 탄원에 귀를 기울였다. 백성들은 예수회 신부들을 멀리 보내야 한다고 청원했다. 조정대신들은 그들을 중국의 경계 밖에 있는 광동의 마카오로 보내야 한다고 촉구했다. 당시 마카오는 포르투갈인들이 관할하는 지역이었다. 옹정제는 모든 예수회 신부를 광동 지방으로 호송하는 일에 어떤 위험이 따를지를 조정대신들과 지방 수령들에게 자문하는 인간애를 보였다. 답변을 기다리는 동안 황제는 세 명의 신부에게 알현을 허락했다. 그리고 그들에게 다음과 같이 말했다. 대단히 정직한 도미니크 파렌닌D. Parennin 신부가 이 말을 기록했다.

"당신네 유럽인들은 복건성에서 우리의 법률을 철폐하려 했고 우리 백성들을 어지럽혔소. 조정은 나의 면전에서 유럽인들을 탄핵했소. 이러한 무질서에 대해 대항조치를 취하는 것이 나의 적극적 책무요. 제국의 공공복리는 그것을 요구하오. …중과 라마승 집단을 그들의 법문을 설하도록 당신네 나라로 보낸다면 당신들은 뭐라고 하겠소? 당신들은 그들을 어떻게 받아들이겠소? 당신들이 선왕을 기만했다고 해서 여일인余一人*도 기만할 수 있을 거라고는 생각지 마시오. …당신들은 중국인을 기독교도로 만들기를 바라오. 당신들의 법이 그것을 당신들에게 요구하고 있다는 것을 잘 아오. 그러나 당신들이 성공하는 경우 우리는 무엇이 되겠소? 당신네 왕들의 신하가 될 것이오. 당신네 기독교도들은 자신 외에 아무도 믿지 않소. 혼란의 시기가 오면 당신들 자신의 소리 외에는 누구의 소리에도 귀 기울이지 않을 것이오. 나는 현재로서는 두려워할 것이 없다는 것을 아오. 그러나 수천 대, 아마 수만 대의 선박이 도래하는 날에는 거대한 동란이 발생할 것이오. 중국은 북으로 결코 무시할 수 없는 러시아와 접해 있소. 남으로는 훨씬 많은 유럽인들과 그들의 나라가 있소.** 그리고 서쪽으로는 우리가 8년 동안 전쟁을 하고 있는 오랑캐 왕국들이 있소. …나는 당신들이 불평의 소지를 만들지 않는 한 북경과 광동에 남아 있도록 허용할 것이오. 그러나 어떤 소지라도 만든다면 나는 여기든 광동이든 당신들이 남아 있는 것을 참지 못할 것이오."[84]

• 천자가 자기를 가리키는 말이다.
•• '극서極西'가 옳으나 당시 유럽의 배가 들어오는 방향이 남쪽이었으므로 이렇게 표현한 것으로 보인다.

신부들에게 가장 끊임없이 제기되는 비난은 조상에 대한 경배를 막음으로써 부모에 대한 자녀의 공경심을 약화시킨다는 것, 젊은 남녀들을 그들이 교회라고 부르는 별도의 장소에 동석시킨다는 것, 신부들이 소녀들을 그들 앞에 무릎 꿇게 만든다는 것, 그 상태의 소녀들과 너무 가깝게 신체를 접촉하는 것, 이 자세에서 낮은 목소리로 소녀들과 대화를 나눈다는 것이었다. 중국의 전통적인 풍속에 이것보다 더 혐오감을 일으키는 것은 없었다. 옹정제는 권위를 버리고 낮은 자세로 신부들에게 이 사실을 통지해주었다. 후에 그는 중국인만이 발휘할 수 있는 온갖 정중한 주의조치와 함께 대부분의 선교사를 마카오로 보냈다. 수학 실력을 가진 신부 몇몇은 북경에 잔류했는데 이 글을 기록한 파렌닌 신부도 끼어 있었다. 그는 중국어와 오랑캐들의 말에 완전히 통달했으므로 종종 통역관으로 고용되었다. 많은 예수회 신부들이 먼 지방에 숨었고, 어떤 신부들은 광동에도 숨어 있었다. 그러나 그들의 활동은 묵과되었다.

그러다가 옹정제의 붕어 후에 왕위를 계승한 아들 건륭제乾隆帝는 제국 도처에 숨은 모든 선교사에게 마카오로 이동하도록 강제함으로써 국민의 여망을 충족시켰다. 엄한 칙령이 신부들의 활동을 가로막았다. 간혹 신부들이 중국 내에 얼굴을 드러냈다면 특수한 재능 때문에 불려온 것이었다. 그러나 어떤 가혹행위도, 어떤 박해도 없었다. 1760년 로마에서 광동으로 파견된 한 예수회 신부의 경우에는, 네덜란드 상인에 의해 밀고를 당하자 오히려 광동의 태수가 비단 몇 필, 약간의 식량과 노잣돈을 쥐여 내보내주었다.

이러한 전말을 상세히 기술하면서 볼테르는 황제에 대한 선교사들의 배신적인 기만행위를 폭로했다. "선교사들은 중국의 자유와 호의를 악용했다. 그들은 다른 종교와 신념을 인정치 않음으로써 중국의 종교, 사상, 학문, 정치의 자유를 부정했다. 중국의 미풍양속과 충돌하는 종교활동을 강제하며 무리한 선교활동을 했다."

당시 중국에 파견된 각 종파의 서양 선교사들은 자기 종파만 믿으라고 강요하면서 서로 싸우고 다른 종교를 비방하며 배격했다. 죽은 사람의 위패를 모시는 것을 우상숭배로 간주하고 불태우는 등 도처에서 신도들을 선동해 분규와 반란을 일으켰다. 볼테르는 이 사실을 당시 중국 황제를 알현한 적이 있는 선교사 비시에르 신부의 기록을 통해 입증한다.

"여일인은 당신네 종교가 다른 사람의 종교를 인정하지 않는다는 사실을 알고 있소. 당신네들이 마닐라와 일본에서 어떤 짓을 저질렀는지도 아오. 당신들은 선왕을 기만했소. 여일인까지 속일 수 있으리라고 기대하지 마시오."

볼테르는 이렇게 반문한다. "궁정에 온도계와 통풍기를 도입한다는 구실로 한 왕자를 꾀어내 달아난 적이 있는 유럽 의사들을 과연 황제가 용인할 수 있겠는가? 그리고 이 황제가 만일 우리 유럽의 역사를 읽을 기회가 있어 가톨릭동맹*과 화약음모사건**이 있던 시대에 대해 알게 된다면 뭐라고 평할 것인가?" 그리고 이어서 말한다.

옹정제는 세계 각처에서 자국으로 파견되어 온 예수회, 도미니크회, 프란체스코회 그리고 무소속 신부들이 저들끼리 벌이는 치욕적인 싸움에 질릴 지경이었다. 이 성직자들은 진리를 설파하러 와서는 서로를 헐뜯는 일에 열중했다. 황제가 취한 조치는 이 외국에서 온 훼방꾼들을 돌려보낸 것뿐이었다. 그 추방 방식도 얼마나 온화했던가! …중국의 황제가 외국 선교사를 추방하면서 보여준 태도는 관용과 인류애의 한 본보기였다.[85]

볼테르는 일본에서의 상황도 유사했다고 분석했다. "일본인은 신앙에 대해 세상에서 가장 너그러운 국민이다." 이 말을 그는 서양인들이 쓴 여러 저서들을 동원해 뒷받침한다. 예수회가 들어가기 전부터 일본에는 이미 12개의 종교가 뿌리를 내리고 있었다. "하지만 예수회 신부들은 경쟁을 조금도 용인하지 않고 다른 종교들을 억압해나갔다. 그

• 1576년 프랑스에서 벌어진 신·구교간의 치열했던 종교전쟁(위그노전쟁) 중에 구교 편인 기즈의 앙리가 만든 동맹.
•• 1605년 영국 가톨릭교도가 가톨릭에 대한 박해에 항거해 계획한 제임스 1세 암살미수사건.

결과 빚어진 참극을 우리는 잘 알고 있다. 가톨릭 연맹체의 내전과 다름없는 분란이 일어나 나라를 쑥대밭으로 만들었다. 종국에 기독교는 자신들이 쏟은 피바다에 빠져 죽고 말았다. 일본인은 우리 유럽인을 영국인이 브리튼 섬에서 몰아낸 사나운 동물보다 나은 게 없는 자들로 여기고, 일본제국의 문호를 쳐 닫았다." 이런 까닭에 이후 일본과의 교류의 필요성을 뒤늦게 인식한 프랑스가 일본과의 통상관계를 원했지만, 일본은 이것도 완강하게 거부하기에 이른다.

동아시아와 달리 유럽은 18세기 말까지도 개인이 어떤 종교와 신을 믿거나 믿지 않을 '종교의 자유'를 꿈도 꿀 수 없었다. 당시 유럽에서 가장 자유롭다는 영국에서조차 흄을 무신론자로 몰아 처벌하려는 음모가 꾸며질 정도였다. 물론 양심, 사상, 학문, 출판의 자유도 없었다. 볼테르는 사상검열에 걸려 평생토록 망명상태에서 유럽의 여러 나라를 떠돌아야 했고, 그와 동갑내기 케네는 1767년 검열을 피해 저서 《중농주의》를 북경에서 출판하기로 결심했을 정도다. 따라서 '중국의 자유체제'와 '유럽의 억압체제' 간의 문명 격차는 볼테르의 눈에 너무도 선명하게 보였다.

유럽 극장을 휩쓴
《중국의 고아》

옛날 중국 어느 지방에 번창하는 조씨 가문이 있었다. 이 가문에 원한을 품은 어떤 자가 조씨의 수장을 죽이려고 별렀다. 사나운 개를 풀어 그에게 뛰어들게 하는 등 갖은 살해기도를 해보지만 모두 실패했다. 마지막으로 그는 조씨에게 자결하라는 황제의 위조된 명령을 보낸다. 충성스러운 조씨는 황제의 명이 위조된 줄도 모르고 그에 순종하여 대검으로 목을 찔러 자결한다. 조씨가 죽자, 그자는 300명이나 되는 조씨 일족을 몰살시킨다. 그런데 한 아이가 학살을 면했다. 조씨 수장에게서 은혜를 입은 적이 있는 사람의 미망인이 이 아이를 몰래 빼내 침실에 숨겨놓았던 것이다. 하지만 이 아이 하나가 살아남은 걸 눈치 챈 남자는 그 지방의 모든 아이를 다 죽이라고 명령한다. 미망인은 결국 자기 자식을 내주고 조씨 고아의 목숨을 지켜낸다. 조씨 고아는 살아남아서 훗날 대복수를 감행한다.

이 이야기는 14세기 원나라 기군상紀君祥의 작품 《조씨 고아》의 줄거리다. 사마천司馬遷의 《사기》에 나오는 춘추시대 진나라 도안고屠岸賈의 고사를 극화한 내용이다. 볼테르는 이 작품을 "14세기 우리 작가들이 썼던 작품들과 비교할 때 걸작이다"라고 평가했다.[86] 그는 이 이야기를 1755년 《중국의 고아》라는 희곡으로 개작한다. 배경을 원나라로 바꾸고 박해자를 몽고족 오랑캐로 바꿔서 오랑캐의 도덕을 중국의 도덕과 대비시켰다. 중국 백성의 문명이 칭기즈칸의 호전적 야만성을 이긴다는 내용으로 중국의 예절, 즉 도덕과 문화를 강조해 유럽 취향으로 바꾼 것이다. 볼테르는 말한다.

"나는 오랑캐와 대비된 중국인의 예절을 묘사하려고 힘썼다. 매우 재미있는 사건들이라도 예절을 그리지 않으면 아무것도 아니다. 이 이야기에서 영예와 덕성의 개념을 고취하는 경향이 없다면 그저 게으른 유흥거리에 지나지 않는다."[87]

이렇게 탄생한 《중국의 고아》는 18세기 문예계에서 대성공을 거둔다. 파리에서 처음 공연된 이래 유럽 도처에서 셀 수 없이 무대에 오른다. 볼테르는 희곡 서문에서 '이성'이 아니라 '가슴'을 삶과 행동의 지침으로 삼았다고 고백한다. 볼테르가 데카르트 계열의 합리주의에서 인간적 감정을 중시하는 영국·중국식 경험주의로 바뀌었음을 토로하는 말이었다.

당시 루소는 학자가 다스리는 중국이 만주 오랑캐의 침략에 힘없이 망하고 말았다는 사실을 들어, 중국의 학문도 무력하다고 주장해왔다. 이 작품은 '학문과 예술이 도덕에 파괴적'이라는 명제를 전개한 루소에 대한 볼테르의 답변이기도 했다. 작품 서두에 "선생, 나는 인류에 반하는 당신의 새 책을 받았습니다"라고 루소에게 보내는 편지를 써넣은 것으로도 이러한 의도가 분명하게 드러난다. 이에 대해 루소는 볼테르에게 그 자신에 대한 바보들의 비판에나 신경 쓰라고 권한다. 비록 루소가 볼테르의 비판을 대수롭지 않게 여기는 듯이 화답했지만, 적어도 볼테르의 공격을 이해는 했던 것 같다.

볼테르의 목표는 이제 대중의 '이성'이 아니라 '가슴'이었다. 그래서
타타르 오랑캐와 대비되는 중국 문화의 우수성을 연극《중국의 고아》
를 통해 알리고자 했다. 볼테르는 중국 학문에 대한 루소의 저 도덕론
적 오판에 맞서 중국을 정복한 이민족 오랑캐들이 되레 중국 문화에
정복된 사실을 알리는 것이 희곡의 목적임을 서문에서 분명히 밝힌다.

> 타타르 오랑캐 정복자들은 정복한 나라의 예법을 바꾸지 않았다. …그들
> 은 중국에 확립된 모든 예술을 보호하고 북돋웠으며 중국의 법을 채택했
> 다. 이것은 이성과 정신이 눈먼 힘과 야만에 대해 가지는 자연적 우월성
> 의 특별한 실증사례. 오랑캐들은 두 차례에 걸쳐 이 거대한 제국을 굴
> 복시켰다. 그러나 두 민족 모두 피정복민의 지혜에 굴복하고 세계에서
> 가장 유구한 법에 의해 다스려지는 한 국민을 이루었다.[88]

여기서 '두 차례의 오랑캐 침입'은 몽고족의 원나라와 여진족의 금
나라(훗날 만주족의 청나라)를 뜻한다. 볼테르는 순임금의 나라(동이족),
전국시대의 오·월·초·진(서융)·당나라(북적) 등이 모두 오랑캐 출신
왕조이고, 당나라 이전에도 다섯 오랑캐 왕조가 풍운을 일으키던 '5호
16국 시대'가 있었다는 사실, 고대부터 중국과 이적夷狄 간의 문명적
영향·교류를 통해 이루어진 패치워크 역사에 대해서는 알지 못했던
것 같다.

볼테르가 일으킨 중국 도덕과 공자 열풍은 프랑스를 뒤덮고 전 유럽으로 확산된다. 볼테르는 합리적인 중국 정치체제와 중국 도덕철학의 우월성을 주장하는 공자철학적 관점을 누구보다도 명백하게 밝혔다. 그리고 이것을 당대 프랑스 정치와 종교에 대한 전면공격의 혁명적 무기로 사용했다. 중국의 자유, 도덕, 관용, 정치, 철학에 초점을 맞춰 기독교의 장애를 뛰어넘고 인류의 보편사 개념을 구상했다. 이런 점에서 우리는 볼테르를 자국 문화뿐만 아니라 멀리 떨어진 문명권들의 문화를 포함한 보편적 세계사를 시도한 최초의 인물로 평가할 수 있다.[89]

명저 《중국과 유럽》을 쓴 아돌프 라이히바인A. Reichwein은 볼테르의 중국 담론을 다음과 같이 적절하게 종합했다.

몽테스키외는 루소처럼 중국을 그 자신의 도그마에 뜯어 맞추려고 애썼다. 이런 바탕에서 출발했기 때문에 그도 루소처럼 동방의 참된 정신 속으로 전혀 삼투해 들어갈 수 없었다. 반대로 볼테르는 역사가였다. 그의 시야는 넓었고, 자의적인 체계의 제한된 틀에 방해받지 않았다. 그는 어떤 요구를 가지고 사실에 접근한 것이 아니라, 자신의 정신을 사실 속에 푹 적셨다.[90]

중국에 대한 사실적 객관성과 실재성을 활용한 볼테르의 혁명적 비판 전략은 많은 계몽철학자들에게 널리 퍼져나가면서 정교해졌다. 특

히 프랑스에서《백과전서》집필과 간행에 참여한 계몽사상가 집단인
백과전서파의 젊은 철학자들을 오리엔탈화, 탈기독교화, 탈그리스화,
유물론화, 급진화시켰다.

초기에 선교사들의 소개와 해석에 의존한 공자사상은 주로 가톨릭
종교계와 데카르트주의적 합리론자들에 의해 받아들여졌다. 따라서
유럽적 관점과 필요에 따라 공자를 재해석하고 굴절시키고 왜곡했다.
초기 예수회 신부들은 중국의 황제와 관리들을 '이성의 자연적 힘을
통해 신에 대한 믿음을 수립한 철인통치자'로 해석했다. 공자철학 특
유의 경험론과 덕성주의는 온데간데없이 사라지고 이성만능적 지성
주의로 왜곡된 것이다.

플라톤과 아리스토텔레스의 지성주의가 헬레니즘 시대의 신플라
톤주의로 계승되고, 아우구스티누스Augustinus와 토마스 아퀴나스T.
Aquinas의 교부철학을 통해 전승되고, 데카르트와 라이프니츠의 교조
적 합리주의 및 루소와 칸트의 절충적 합리주의로 이어져온 것을 상
기할 때, 선교사들과 합리론자들에 의한 최초의 중국 해석이 지성주의
적으로 왜곡된 것은 불가피한 일이었다.

그러나 시간이 지나면서 유럽인들은 독자적인 패치워크 사상을 창
조해낸다. 당대 프랑스 지식인들은 공자철학을 무기로 기독교적 몽매
를 맹렬히 비판하면서 그리스철학과 스콜라철학을 주변으로 밀어내
고 이신론적·무신론적 철학사조를 관철시켜 프랑스와 유럽의 정신을

개화해나갔다. 따라서 18세기 말까지도 마녀사냥을 계속하던 유럽인들의 신들린 일상생활은 점차 세속화되고, 유럽의 정신도 점차 탈종교화·탈그리스화된다. 한마디로 프랑스가 18세기 유럽 정신의 중심지였다면, 동아시아는 18세기 프랑스 정신의 원천이었다.

친중국 분위기에 편승한
루소

볼테르와 함께 프랑스 계몽주의를 이끈 루소는 볼테르처럼 중국에 열광하지도, 케네처럼 중국을 잘 알지도 못했다. 그렇다고 흔히 잘못 알려져 있는 대로 단순히 중국을 비방한 것도 아니었다. 루소는 이상적 인간을 자연으로 돌아가야 할 '고귀한 야만인Noble Savage'으로 보는 독특한 관점에서 서구문명을 비판하면서 단순히 당대의 중국 열풍에 편승했다.

18세기 중반 절정에 달한 프랑스의 중국 열풍은 《문예통신》을 발행해 전 유럽의 제후와 귀족들에게 파리의 문화동정을 알린 유명한 문필가 프리드리히 그림F. von Grimm의 다음과 같은 비아냥거림 속에서 역설적으로 잘 드러난다.

> 중국제국은 우리 시대에 특별한 관심과 연구의 대상이 되었다. 선교사들이 맨 먼저, 너무 멀어서 그 거짓됨을 반박하기조차 힘든 까마득한 지방으로부터의 장밋빛 보고들로 여론을 매혹했다. 그다음은 철학자들이 중국을 넘겨받았고, 자기 나라 안에서 관찰된 악폐를 탄핵하고 제거하는 데 유익한 모든 것을 이 나라로부터 끌어댔다.[91]

그림은 당시의 중국 숭배를 과도한 것 또는 일종의 악취미로 비꼬고 있다. 루소는 중국 숭배가 주류를 이루는 사회적 분위기 속에서 그림처럼 그에 반발하지 않고 편승했던 것이다.

루소의 중국관은 확고하지 않고 오락가락하는 기색이 역력하다. 이 것은 '자연으로 돌아가라', '고귀한 야만인', '자연상태', '가정', '국가' 등 루소 자신의 핵심 개념들이 반문명적 원시주의와 중농주의적 자연 질서론 사이에서 중심을 못 잡았기 때문에 더욱 증폭되었다. 루소에 대 한 최초 비판자는 볼테르였다. 볼테르는 루소의《학문예술론》의 '인간' 개념에 짜증이 나고《인간불평등 기원론》에 분격하여, 루소가 동물처 럼 네 발로 걸으며 야만인으로 사는 인간을 '완전한 인간'으로 내세운 다고 비난했다.[92] 앞에서 다룬 볼테르의 소설《중국의 고아》는 루소의 《학문예술론》에 대한 직접적 반박이기도 했다.

중국에 대한 루소의 언급은 대부분 찬사이거나 무해한 평가다. 그러 나 모호한 말도 없지 않다. 우선 루소는《정치경제론》에서 중국 정치 와 황제를 찬양한다. 중국 황제는 백성과 관리 사이에 갈등이 생기면 항상 백성들 편에 선다는 것이다.

중국에서는 관리와 백성들 사이에 일어나는 모든 분규에서 관리들에게 불리한 결정이 내려진다. 어떤 지방에서 곡물 가격이 너무 비싸게 거래 되면 그 지방의 감독관이 구속된다. 한 지방에서 민란이 발생하면 태수 가 해임되고 모든 관리들은 자신의 현縣에서 일어나는 악폐에 대해 목을 걸고 책임을 져야 한다. 이 사건들이 정식 재판을 거치지 않는 것은 아니 다. 다만 오랜 경험을 근거로 판결을 예상할 수 있다. …황제는 공중의 소

란이 원인 없이 일어나지 않는다고 확신하고 그가 해결해야 하는 정당한
불평불만을 발견한다.[93]

루소는 중국의 경험주의적 정치원칙을 수용하면서 황제의 현명함을
긍정적으로 평가한다. 그런데 중국 황제가 민란이 발생했을 때 반란자
들보다 관리를 처벌한다는 언급은 사실상 지나친 찬양에 해당한다.

또한 루소는《에밀》에서 대도시가 인구의 집중을 초래해 나라를 허
약하게 만든다는 지론에 따라 대도시가 많은 나라를 혹평하는데, 중국
만은 예외로 친다.

강한 나라는 늘 인구가 전국에 걸쳐 균등하게 분포된 나라다. 대도시가
전혀 없는 나라, 따라서 덜 휘황찬란한 나라가 늘 그렇지 않은 나라를 쳐
부순다. 대도시는 국가를 고갈시키고 약화시킨다. 대도시가 산출하는 부
는 부정하고 기만적이다. 돈은 많으나 실속이 없다. 나는 이 법칙에 대한
오로지 단 하나의 예외만을 알고 있는데, 그것은 중국이다.[94]

이것은 중국이 대도시가 많음에도 나라가 허약한 것이 아니라 정반
대로 부강하다는 의미다. 그러나 루소가 그 원인을 탐구했더라면 중국
정치 안에서 그가 좋아하는 '자연성(무위이치無爲而治)'을 발견했을 것
이다. 하지만 그는 더 탐구해 들어가지 않는다. 아무튼 여기서 중요한

것은 그가 《에밀》을 쓰던 1762년까지도 중국을 '강력한 나라'로 여기고 있었다는 사실이다.

한편, 중국이 인구가 많은 이유를 몽테스키외는 중국 여성의 다산성 탓으로 돌리고, 볼테르는 자연적 풍요, 케네는 통치의 우월성 덕택으로 보았으나, 루소는 인공적 운하 개발에서 찾았다. 중국에 대한 관점이 이러했기 때문에 루소는 애당초 볼테르와 케네가 볼 수 있었던 중국 정치경제의 자연성 또는 친자연성을 볼 수 없었다.

루소는 줄곧 중국의 장점과 강력함을 지적하면서도 혁명적 이상향으로 여기지는 않았다. 아마도 당시 프랑스의 중국 예찬 풍조와 널리 유포된 긍정적 중국 지식에 그저 표면적으로만 편승해 있었던 것으로 보인다.

자신이 참여한 《백과전서》 제5권의 〈가정·국가 관리〉 항목에서는 중국의 조세정책과 재정체계에 대해 찬사로 일관하다가 제가齊家하는 가장의 역할이 치국治國하는 군주로까지 확대되는 중국의 통치가 참으로 만족스러운 것만은 아니라며 유보적 입장도 내비친다. 그는 이 평가를 '자연상태(가정)'와 '사회상태(국가)의 차이'로부터 설명한다.[95] 자연상태의 가정 관리가 자연스러운 최선이고, 이것을 벗어난 모든 통치는 잘해야 부자연스러운 차선이라는 것이다. 문명화된 사회와 가정은 조응하지 않는다고 주장한다.

자연은 훌륭한 가장들을 수없이 산출했지만, 인간의 지혜는 좋은 국가원수를 거의 산출하지 못했다. 우리는 정당하게 '사적 가정 관리'와 '공적 대大가정 통치'를 구별했고, 국가공동체는 구성원들의 행복을 돌볼 의무가 수장들에게 있다는 걸 제외하면 어떤 점에서도 가정과 같지 않다. 양자의 권리는 동일한 원천에서 나오지 않고, 양자를 동일한 원리에 따라 다스리는 것은 적절치 않다.[96]

여기서 루소는 절대주권의 정당성을 가부장권에서 도출하는 절대주의 논리를 분쇄하는 데 급급한 나머지, 공자의 '가정=국가', '부친=군주' 유추 테제가 제공하는 모든 강점을 놓치고 있다. 그리하여 중국의 통치체제를 단지 서양의 국가형태에 비추어 섣부르게 판단하는 오류를 범한다.

공맹철학에서 군주의 지위의 정통성은 아비의 자연적 권위에서가 아니라 '민심民心 즉 천심天心'의 천명사상에서 도출되고, 군주의 덕성과 의무만이 부친의 자연적 덕성과 의무에서 도출된다. 이 자연적 의무에서 공맹의 국가는 플라톤과 아리스토텔레스의 '국가론' 또는 기독교적 '신국론'의 '야경국가'와 달리, 양민(생계, 경제, 복지)과 교민(교육, 문화)의 책임까지도 자연적 의무로 떠맡아 '아비'로서 의무를 다해야 한다.

한편으로 루소는 자신의 기본 논지와 모순되게도 《백과전서》의 동일한 항목에서 시민의 의무, 국가의 교육의무 신설과 국민복지를 위한 누진세 도입 등을 주장한다. 국가를 '아버지나라(조국)' 또는 '어머니'에 비유하고, 시민들을 국가의 '자식'에 비유함으로써 공자처럼 '가정 =국가' 유추 명제를 활용하고 있다.

> 인민이 덕스럽기를 바란다면, '아버지나라'를 사랑하도록 인민을 가르치는 것부터 시작하라. 아버지나라가 모든 시민의 공통된 어머니로 입증될 수 있게 하라. …정부는 공공행정의 아주 많은 부분을 시민에게 넘겨주어, 시민들이 '가정'에 있는 것으로 느끼고 법률은 그들의 눈에 공동의 자유를 보장하는 것 외에 다른 어떤 것도 아니도록 하라.[97]

> 주권자가 배치한 관리들에 의한, 그리고 정부가 규정한 기준에 입각한 공교육은 인민정부 또는 법치정부의 근본 원리 가운데 하나다. '자식들'이 평등의 품 안에서 공동으로 교육된다면 …우리는 그 자식들이 서로를 '형제자매'처럼 사랑하고, 자신을 오랫동안 '자식'으로 기른 아버지나라의 아버지가 되는 것을 배운다는 사실을 의심할 필요가 없다.[98]

위 주장은 《대학》의 "천자에서 서인에 이르기까지 하나같이 모두 수신을 근본으로 삼는다"와 《논어》의 "교육에는 차별이 없다"는 공자의 만민평등교육 가르침에 기초한 중국의 교육철학을 그대로 따르고

있다. 게다가 루소는 중국식의 '보편적 공교육'을 주장한 중농주의자
들을 모방하기에 나선다. 중농주의 창시자 케네가 "모든 다른 법이 따
라야 하는 첫 번째 실정법은 자연적 질서의 법률에 대한 공교육과 가
정교육의 확립이다"라고 강조하고, 자신의 유서에서는 "중국을 제외
한 모든 왕국들이 정부의 기초인 이 교육제도의 필요성을 무시해왔
다"고 고통스럽게 고백했듯이[99] 당시 중국과 동아시아 제국을 제외하
고는 지구상 어디에도 국민평등의 공교육은 존재하지 않았기 때문이다.

 물론 루소는《백과전서》의 공동 집필자들보다 훨씬 더 급진적으로
플라톤의 야경국가 원리를 뛰어넘어 양민(백성 부양)을 '제3의 주요 국
가과업'으로 주장한다. 수입에 대한 누진세와 함께 국가비상시 생계에
필요한 수준 이상의 것을 다 세금으로 거둬들이고 부자들은 공직과
임금만을 받고 안빈낙도해야 한다는 매우 '공자적인' 중농주의 논변
을 전개한다. 여기서도 루소는 중국을 빌려 농업자본주의의 발전을 옹
호한 케네, 튀르고A. R. J. Turgot, 미라보M. Mirabeau, 리비에르M. de la
Rivière, 보도 등 중농주의자들의 중국적 조세정책과 지주에 대한 공직
보장 논변에 편승한다.

 한편 루소가 중국에 대해 비판적이었다는 증거로 자주 인용되는 문
장은 그가 38세에 기술한《학문예술론》의 다음 대목이다.

 아시아에는 학문이 존중받고 학자가 국가의 최고지위에 오르는 거대한

나라가 있다. 그런데 학문이 진정 도덕을 순화했다면, 조국을 위해 피 흘리라고 가르쳤다면, 용기를 북돋웠다면, 중국의 백성은 지혜롭고 자유롭고 무적이어야 할 것이다. …저 무식하고 거친 타타르의 굴레로부터 제국을 보호할 수 없다면 그 모든 학자들이 무슨 소용이 있단 말인가? 중국은 학자들에게 부여한 영예로부터 무슨 이익을 얻겠는가? 그 이익이란 고작 노예와 악인으로 주민이 구성되는 것이었는가?[100]

루소는 이 글에서 중국인이 비도덕적이고 전쟁을 회피하고 용감하지 않고 순종적이며 어리석고 억압받는데다 외침에 취약하다고 주장한다. 그러나 훗날의 발언들에서는 중국이 강력하고 정의롭다고 말함으로써 중국에 대한 비일관성을 보인다.

학문을 존중하는 문화국가가 외침에 약하다거나 호전적이지 않다고 비난하는 건, 평화주의 철학자에게 총검술 또는 전쟁술을 강의하라는 것과 다름이 없다. 마르크스가 말했던가. "한곳에 정착한 문명제국은 말을 잘 타는 주변의 유목민족에 비해 군사적으로 취약하다"고. 그래서 로마제국도 인도제국도 중국과 마찬가지로 유목민족의 침입에 정복당했던 것이다. 이것은 학자와 예술가가 강도를 당하는 것과 같은 양태로 과거 역사에서 언제든 가능했던 일이다. 루소가 생각하듯이 중국의 '학문'이 잘못되어서 그런 것이 아니라, 평화지향적 공맹의 학문이 활성화되고 군사적 노력이 퇴조하면서 문약文弱해져서 그런 것이

다. 그렇다고 학문이 평화주의를 버리고 유목민 같은 호전적 용감성을
가르쳐야 하겠는가? 그것은 완전히 타락한 학문이 될 것이다.

　루소는 볼테르가 강조하듯이 중국을 군사적으로 정복한 '오랑캐'가
중국의 문화와 치국의 철학에 도리어 정복당한 역사를 경솔과 무지로
인해 인식하지 못했다. 중국을 정복한 모든 '오랑캐' 민족이 군사적 만
리장성을 넘을 수는 있었을지언정 중국의 '문화적 만리장성'은 넘지
못했다. 반면 아르키메데스Archimedes가 '학문예술의 무덤'이라고 부
른 군사국가 로마는 게르만의 침략에 간단히 무너졌고 흔적도 없이
사라졌다. 케네는 말한다. "로마는 많은 국가를 무찌르고 정복할 줄은
알았으나 그 국가들을 통치할 줄은 몰랐다. 로마는 속국의 농업생산물
을 약탈했다. 점차 로마의 군사력이 약해졌고 로마를 부유하게 했던
정복지도 없어졌다. 로마는 대제국을 지키지 못하고 결국 적의 침략에
무너졌다."[101] 이것이 중국과 로마의 본질적인 차이다. 그렇기 때문에
볼테르는 동서 세계를 제패한 칭기즈칸도 중국의 학문예술의 문화적
만리장성에 되레 정복당했음을 테마로 삼은 《중국의 고아》로 루소의
《학문예술론》을 반박했고, 루소도 그 비판의 의미를 이해했다는 반응
을 보였던 것이다.

　보기에 따라 루소의 '자연' 개념은 공자가 말하는 '제가'의 자연적
질서 또는 '무위이치' 사상과 친화성이 크다. 나아가 그의 자연 개념은
중국철학의 이런 사상과 결합될 때 그 모호성과 오해를 벗어나 빛을

발할 수 있다. 그러나 루소는 볼테르와 중농주의자들의 중국 예찬론에 막연히 보조를 맞추고 있을 뿐이라서 이 점을 간과하는 실책을 범했다. 이런 까닭에 중국철학이 다시 대유행하던 1920년대 유럽의 젊은 이들은 루소의 '자연으로 돌아가라'는 외침을 알아서 예외 없이 중국의 '무위' 개념과 결부시켜 이해했던 것이다.

전반적으로 보면, 루소는 그래도 프랑스와 유럽의 당대 '친중국 분위기'에 동조했고, 얼마간 회의주의를 수반하기도 했지만 대체로 긍정적이었다. 게다가 그의 혁명적 정치철학은 여러 주제에서 의식적·무의식적으로 공자와 중국의 통치철학을 그대로 모방했다. 이 점에서 루소는 중국에 대한 열광자에서 중국에 대한 비판자로 돌아선 급진적 합리주의자 디드로D. Diderot나 엘베시우스C. A. Helvétius와 경우가 달랐다. 디드로는 말년에 중국인들의 도덕적·종교적 실천을 편향되고 비과학적인 것으로 치부하고 중국의 이상을 '새로운 유럽의 이상'으로 대체했다. 엘베시우스는 중국의 정치체제를 '미개한 폭정'으로 비난했다.

루소가 중농주의적 이상에 끝까지 편승했다는 점에서 몽테스키외와 동급의 '중국 비방자'로 단정하는 것은 옳지 않다. 프랑스와 유럽에 대한 공자철학의 혁명적 영향은 볼테르를 비롯해 '경제학'이라는 새로운 과학의 창설을 주도한 케네와 중농주의학파에서 절정에 달했고, 계몽주의의 '이단아' 루소는 이 영향관계에서 어디까지나 볼테르와 케네에 편승한 주변적 사상가라고 결론지을 수 있다.

5장

유럽의 공자, 케네, 근대 경제학을 창시하다

당신의 아이디어들을 신기한 것이라고 얘기하지 말라.
그런 표현은 적절하지 않다. …당신이 천명하는 이론,
즉 농업이 부의 유일한 원천이라는 이론은 이미 소크라테스,
복희, 요임금, 순임금, 공자가 지니고 있던 것이다.

_아돌프 라이히바인 《중국과 유럽》

프랑수아 케네François Quesnay는 프랑스의 경제학자이자 중농주의 자유경제론의 창시자다. 케네의 사상은 '농업은 국부의 원천'이라는 말로 요약되기도 한다. 케네는 콜베르J. B. Colbert 재무상의 중상주의 정책이 몰고 온 재정 파탄과 산업경쟁력의 경직성 같은 재앙을 보면서 1차 산업으로의 전환만이 프랑스를 구할 수 있다는 사실을 깨달았다. 그의 자유방임적 중농주의 정치경제학은 중농주의자들에 의해 '신新 과학'으로 불렸다. 1758년 발표한 그의 대표적인 저서《경제표》는 경제학의 창설을 알리는 기념비적인 사건이었다.

케네의 시대는 완전히 동아시아의 영향력 아래에 있었다. 케네는 볼테르 못지않게 공자를 숭배했다. 그의 저서《경제표》의 사상적 모태가 바로 공맹의 무위이치·민본주의·농본주의·자유상업론이었다. 케네의 중농주의 사상은 데이비드 흄과 애덤 스미스 등에 영향을 미쳤을 뿐만 아니라, 유럽의 가난한 나라 스위스를 지상천국으로 만드는 데도 결정적 역할을 한다. 18세기를 종합해볼 때, 볼테르가 정치철학과 문화예술 분야에서 중국과 공자의 사상을 수용해 유럽 고유의 혁명적 계몽철학을 창시했다면, 케네는 경제학 분야에서 중국의 정치경제제도와 공자의 철학을 받아들여 근대의 혁명적 정치경제학을 창시한 셈이다.

케네의
이유 있는 침묵

케네는 본래 유명한 궁정의사였다. 1744년에 루이 15세Louis XV의 총
애를 받던 퐁파두르 부인Madame de Pompadour의 주치의가 되었고,
퐁파두르 부인은 케네의 의술과 인격에 매료되어 베르사유 근처에 집
무저택을 하사한다. 케네는 곧 루이 15세의 주목을 받아 국왕의 친구
가 되는데, 국왕은 논쟁과 비평을 즐겨하던 그를 '사상가'라고 불렀다.
1752년 케네는 황태자의 천연두를 무사히 치료한 덕분에 왕의 주치의
집단의 정식 일원이 되어 작위를 하사받는다. 그의 왕실 내 영향력은
1764년 퐁파두르 부인이 43세의 나이로 요절할 때까지 지속되었다.

케네는 공자만큼이나 배움을 좋아하는 사람이었다. 56세라는 늦은
나이에 경제학 공부를 처음 시작하지만, 중농주의적 자유경제론을 창
시하며 이른바 '근대 경제학의 창시자'가 되었고, '경제학'과 '경제학
자'라는 용어를 탄생시켰다. 오늘날 '경제학자'를 뜻하는 프랑스어 '에
코노미스트économiste'는 중농주의자라는 의미를 같이 담고 있다.[102]

중농주의자들이 잉여가치*의 원천에 관한 연구를 유통에서 직접적 생산
으로 옮겨놓았고, 그럼으로써 자본주의적 생산의 분석을 위한 기초를 마
련했다. '잉여가치를 생산하는 노동만이 생산적'이라는 그들의 근본 명
제는 전적으로 옳았다. …중농주의는 인간과 인간의 교환이 아니라, 인간

---

* 자본가가 노동자에게 지불하는 임금 이상으로 노동자가 생산하는 가치.

과 자연의 교환이라는 관점으로부터 사유될 수 있는 생산 분야를 출발점
으로 삼는다.[103]

카를 마르크스는 《자본론》에서 중농주의자들을 이같이 평가했다.
마르크스의 말대로 중농주의는 생산, 그것도 자본주의적 농업생산을
유일한 생산적 활동으로 특화한 반면, 금·은의 획득이나 상공업활동
은 비생산적(불임적)인 것으로 간주했다. 중농주의의 이 '중농' 관점은
70~80퍼센트의 인구가 농업에 종사하던 당시 프랑스의 상황을 반영
한 것이었고, 중국의 농본주의와 상통하게 되어 있었다.

계몽전제정을 이상적 정치체제로 여기던 케네는 퐁파두르 부인의
주치의로 파리에 사는 동안 다양한 경로로 중국을 접했다. 우선 퐁파
두르 부인이 이 경이로운 나라에 대해 열광했다. 그녀는 중국풍 가구
와 장신구를 좋아했고 종종 중국 여인의 헤어스타일을 할 만큼 중국
광이었다. 중국의 이색적이고 매력적인 문화는 그녀의 살롱에서 연일
열띤 화젯거리였다. 게다가 파리는 예수회 선교사들이 오가는 중심지
였다. 케네는 때마침 파리에서 선교사 수업을 받던 중국인 청년들도
만날 수 있었다.

프랑스에서의 중국 열풍은 17세기 후반부터 18세기 중반까지 밀물
과 썰물을 반복하며 계속 재현되었다. 1707년 세바스티앙 보방S. de
Vauban 장군은 중국의 조세정책을 참고해 만든 《왕국의 10분지 1세》

라는 책자로 프랑스의 농업과 산업 조세를 낮출 것을 촉구했다. 니콜라 보도 신부도 프랑스의 부패하고 가혹한 세제에 대한 개혁방안으로 이 주장을 지지했다. 더 나아가 프랑스의 재정파탄과 극도로 문란한 조세체계에 대해 실천적인 해법을 찾고 있던 케네는 농업의 순생산물(잉여생산물)에만 세금을 부과할 것과 교역의 자유를 주장했다. 중농주의는 원활한 시장유통과 상업의 자유, 정부의 불간섭, 세금 경감 등을 필수적 전제로 요구한다. 그러나 프랑스는 18세기 중반까지만 해도 농산물의 유통 범위를 산출 지방에만 국한시켜 타지역으로의 곡류 수출입을 금하고 있었다. 이런 갑론을박 속에서 1754년 사상 초유로 국내의 지역 간 곡물 교역이 자유화되었다.

1758년, 왕실 주치의이던 케네는 루이 15세에게 작은 인쇄기를 보여주었다. 왕은 이 기계에 흥미를 보였다. 그해 어느 날, 케네는 왕을 자신의 집무공간으로 초청해 사회의 부가 어떻게 유통되는지를 도식으로 설명한《경제표》를 직접 인쇄해 보여주었다. 왕도 옆에서 인쇄 작업을 도왔다. 동시대인들에게서 문자·화폐에 이은 위대한 발명으로 평가받기도 한 케네의《경제표》는 이렇게 탄생한다.

케네는 다양한 서적, 중국인과의 직접 면담, 그리고 여행가들과 선교사들로부터 얻은 지식과 정보로 형성된 중국적 경제·통치철학을《경제표》속에 수치의 형태로 체계화했다. 이 책에 의하면 궁극적으로 국가의 부는 농업으로부터 나온다. 농업을 중시하는 가운데, 농업적

부의 생산·유통·분배·소비·재생산은 시장의 자연법에 따르도록 '자유롭게 방임(레세페르laissez-faire)'하고 정부의 억압과 간섭으로부터 생산활동을 자유롭게 해야 한다. 이에 따라 케네는 부자연스럽고 인위적인 억압으로부터 시장을 해방하면, 모든 사람을 부유하게 하고 행복과 조화로 이끌 것이라고 주장했다. 케네의 경제사상은 온갖 특권과 독점장벽의 상징이었던 중상주의체제로부터 프랑스와 유럽의 해방을 의미했다. 이런 점에서 경제적 '자유방임'을 지향하는 프랑스의 중농주의자들은 중국의 자유시장체제와 공자의 '무위이치' 사상을 배우고 숭배하지 않을 수 없었다.

《경제표》에서 생산의 주력은 대규모 토지를 지주(영주)로부터 빌려 자기의 말과 농기구, 씨앗 등의 자본을 투자하고 임금노동자를 고용해 대규모 농장을 운영하는 '기업농'으로서의 '부농', 즉 '농장주farmer'다. 따라서 경제표의 생산주체는 기업농과 농업노동자다. 농업에 기대어 사는 나머지 계급은 '불임계급'으로 분류된다. 다만 지주에게는 그 체통 때문에 차마 '불임적'이라는 표현을 쓰지 못하고 성직자, 군주와 함께 기업농으로부터 지대를 받는 전통적 특수계급으로 인정해준다. 케네는 지주만이 세금을 내도록 만들고, 기업농과 농업노동자는 둘 다 면세한다.

세금은 소유한 토지의 순생산물에만 부과되어야지, 농부의 투자금이나 상품 판매에 부과되어서는 안 된다. …토지로부터 부를 창출하는 나라에서 세금은 언제나 토지의 소유에 의해 지불되기 때문이다. 그러므로 가장 간소하고 규칙적이고 국가에 이익이 되고 납세자에게 부담이 적은 과세형태는 지속적으로 재생산되는 부의 원천에 직접 부과되는 형태다.[104]

중국의 전통국가에서 '조租'는 지주만이 냈다. 또한 맹자는 모든 시장 및 거래 관련 세금과 관세를 경감·폐지할 것을 주장했고, 중국의 전통적인 정부는 대체로 이 방침을 따랐다. 케네는 그와 유사한 개혁을 주장한 셈이다.

또한 케네는 농민을 '국가의 노예'로 보는 도시민의 편견과 경멸을 비판한다. "착취자들은 '게으름을 막기 위해 농민은 가난해야 한다'는 것을 격률로 제기한다. 그러나 불충분한 이윤은 농민을 게으름뱅이, 밀렵꾼, 부랑자, 강도로 만든다. 오로지 소유권 보장과 이익의 향유만이 그들의 마음을 고취하고 그들을 부지런하게 만든다. …농민이 가난하면 나라가 가난하다." 케네는 '상공업자본가'들을 '착취자', '경멸적 부르주아'로 호칭하며 격렬히 비난한다.

반면 기업농과 농업에 대해서는 극찬을 아끼지 않으며 농업자본가의 범위를 농산물 상인까지 확대해 옹호한다. 케네는 프랑스를 농업 관련 산업의 수입 총액이 공산품의 수입 총액을 초과하는 오늘날의 덴마크, 네덜란드, 스위스 같은 농업자본주의 국가로 만들려고 한 것으로 풀이된다. "부유한 농부와 농촌 무역에 종사하는 부유한 상인은 농업을 자극하고 그 작업을 수행·통제·지도하며, 독립적이면서 국민의 수입을 보호하고 —태생, 작위, 학식에서 뛰어난 지주들 다음으로— 국가 안에서 가장 영예롭고 칭찬할 만한 시민 집단을 구성하는 중요한 자들이다. 부르주아들이 '농사꾼Paysans'이라는 경멸적 칭호로만 알고 있는, 이 가치 있는 농촌 주민들, 스승들, 부호들이 바로 농업 기업가들이다." 여기서 부유한 기업농을 영주 다음의 영예로운 신분으로 자리매김하는 케네의 논변은 사마천의 '소봉素封'과 본질적으로 상통한다. 소봉은 '흰옷을 입은 봉작자'라는 뜻인데, 벼슬이 없어 흰옷을 입지만 제후와 벗하고 제후나 다름없는 영예를 누리는 부자를 가리킨다.

그런데 공맹과 사마천의 양민·경제론은 농업과 상공업 간의 대립이 없으나, 케네는 이 양자를 거의 '계급투쟁' 수준으로 대립시킨다. 이러한 케네의 견해는 공맹의 양민철학으로부터 케네의 중농주의가 크게 이탈하는 유일한 요소다.

농업을 '생산적'으로, 상공업을 '비생산적(불임적)' 범주로 구분해 차별하는 케네의 중농주의 이론은 곧 중요한 모순에 봉착하게 된다. 케네는 순생산물(잉여)을 '자연의 선물'로 확신했다. 그러면서 다음과 같은 발언을 한다.

재화가 경작에 더 많이 투하되면 투하될수록 경작은 더 적은 사람을 필
요로 하고, 더 번영하고, 더 많은 이윤을 낳는다. …기업농의 경우 설비의
유지보수에 지출되는 비용이 적고 생산비용이 소농보다 훨씬 적어서 순
생산이 더 많아지기 때문이다. 반면 소농은 땅에서 얻은 수입을 쓸데없
는 농기구를 투입하는 비용으로 쓴다.[105]

마르크스는 이 구절을 순생산물의 상대적 증가가 '땅'에서 나오는
것이 아니라 노동생산성을 증가시키는 사회적 설비들에서 나온다는
점을 케네가 인정한 것으로 해석한다. 그런데 '규모의 경제'와 기술적
노동절약은 제조업에서도 가능하다. 그런 만큼 농업노동만이 생산적
이고 제조업노동은 불임적이라는 케네의 대전제는 붕괴된다. 또한 상
업노동 중에 운송을 통한 상품의 공간적 변형과 가공 및 서비스를 통
해 잉여가치를 발생시키는 모든 노동부분도 다 생산적이다. 따라서
농·상·공업을 차별하지 않는 공맹의 양민론과 사마천의 화식론貨殖論
이 보다 이론적으로 바르고 실천적으로 이로운 것이었다. 훗날 케네의
이론을 계승한 애덤 스미스는 상공업 분야의 노동까지도 생산적 노동
으로 보는 방향으로 수정을 가한다. 물론 그의 자유시장 경제론은 '생
산적 노동' 개념의 확장이라는 이 작은 수정을 제외하고는 중농주의의
모든 유산을 계승한다.

한편, 사마천의 《사기》〈화식열전〉에 등장하는 월나라 계연計然처럼

케네도 기업농의 증가를 통해 나라가 부유해지면 강한 군대가 나온다고 말한다.

> 물과 바다에서의 전쟁은 사람의 힘 외에도 군인들의 생계에 필요한 것보다 훨씬 큰 다른 자원을 투입해야 하고 다른 지출을 요구한다. 그러므로 전쟁을 버티게 하는 것은 사람보다 부富다. …보수를 잘 받은 10만 군대는 100만의 군대와 같다.[106]

케네의 부국강병론은 계연의 부국강병론과 본질적으로 같다. 계연이 재물과 화폐가 "흐르는 물처럼 돌기를 바라는" 자유화정책을 시행한 지 10년 만에 "월나라는 부유해졌고, 전사들을 후하게 포상하니 전사들이 갈증에 물 마시듯 화살과 돌 세례를 향해 돌진하여" 마침내 강한 오나라를 쳐부수고 중국의 패자가 되었다.

이상의 몇 가지 예를 통해 알 수 있듯이 케네의 《경제표》에는 유럽에는 없고 중국에만 있는 정책들이 많이 등장한다. 그러나 케네는 청년기 저작들에서뿐만 아니라 《경제표》에서도 중국의 예증을 일절 배제하고 자기 지식의 출처를 밝히지 않는다. 물론 몽테스키외 등 중국 회의론자들이 말끔히 사라지지 않은 시점에서 중국을 인용해 이론을 정당화하는 것이 그의 신중한 성격상 불리하게 느껴졌을 수도 있다. 자기의 주장과 중국을 동시에 방어해야 한다는 점에서 전선을 너무 확대하는 꼴이 될 것임이 분명했기 때문이다. 또한 본인의 이론이 독창적이고 독립적으로 보이게 하기 위해 중농주의 이론의 출처를 감췄을지도 모른다는 추론 또한 피할 수 없겠다.

프랑스에 재앙이나 다름없던 7년전쟁*이 끝날 무렵인 1763년, 경제이론가 겸 정치가 튀르고는 중국인 청년 신부들을** 알게 된다. 그는 국비를 들여 이들의 체류를 1년 더 연장시키고 프랑스의 과학·농업·산업을 배울 기회를 주었다. 그리고 고국에 돌아가면 중국에 대한 더 많은 정치경제 정보를 보내달라고 부탁하면서, 중국의 발전된 은행업무 관련 질문을 포함해 중국 경제에 관한 52개의 구체적인 질의서를 건넨다. 이들은 '튀르고의 중국인들'로 소문이 났고, 이때 케네와 그의 친구들도 이들을 만나 중국에 관한 세밀한 것들을 배웠다.

케네의 마음은 내내 프랑스 파리보다 중국의 북경에 가 있었다. 심지어 1767년에는 프랑스 정부의 삼엄한 검열을 피해, 제자가 편집한 자신의 전집《중농주의, 또는 인류에게 가장 이로운 통치의 자연적 헌정체제》(전 6권)를 북경에서 출판하기로 결심했을 정도다. 케네는 루이

---

* 1756~1763년까지 오스트리아의 왕위 계승 전쟁 때, 프로이센에게 슐레지엔을 잃은 마리아 테레지아가 잃어버린 슐레지엔 땅을 복속시키기 위해 일으킨 전쟁. 유럽뿐 아니라 그들의 식민지까지 합세해 두 진영으로 갈려 싸운 대규모의 전쟁이다. 1755년 북아메리카에서 발발한 영국과 프랑스의 전쟁을 배경으로 1756년 1월 프로이센-영국 동맹이 성립되었다. 프로이센은 독일의 주도권을 확립하고, 영국은 북아메리카와 인도의 프랑스 영토를 빼앗아 유럽 강대국으로서의 지위를 확립했다.

** 카오레이세Kao Lei-se와 양테왕Yang Teh-wang으로 기록되어 있다.

15세의 파리보다 '무위' 제국의 수도를 더 편하게 느꼈던 것이다. 물론 북경이 너무 멀었기 때문에 이 결심은 현실로 옮기지 못했다. 그의 원고는 돌고 돌아서 당시 프랑스 중농주의와 중국의 정치철학을 열렬히 수입하던 스위스 이베르동에서 1768~1769년 출판된다.

케네가 중국에서 수입된 정책들의 출처를 주도면밀하게 감추는 사이, 유럽의 분위기는 점차 바뀌어가고 있었다. 볼테르의 분투, 프랑스 국왕의 쟁기질,《경제표》출간, 그리고 중농주의의 확산은 상황을 케네에게 유리하게 바꾸어놓았다. 친중국적 계몽주의자들과 중농주의자들의 수적 증가와 사상적 주도로 프랑스는 완전히 '유럽의 중국'으로 변해갔다.

그러다가 1760년대에 중국 문화와 공자사상이 프랑스에서 대유행을 하기 시작한다. 중국과 공자는 1740년대 뜨거운 논란의 대상에서 이제 유럽의 신사조에 공신력을 부여하는 18세기 수호성자로 격상되어 있었다. 그 정점에서 케네는 그때까지 쌓아온 중국 지식을 이용해 중농주의를 정당화하고 선전하기로 작심한다.

케네의 마지막 저작이자 공맹철학이 집약된《중국의 전제주의》를 살펴보기에 앞서, 공맹의 경제관 및 중국의 역사를 통해 케네 사상의 바탕을 이룬 중국의 전통적 경제철학을 간략히 들여다보자.

백성이
부자 되는 나라

공자는 백성을 부자로 만드는 양민정책을 국가 존립의 3대 요소(백성의 믿음, 풍족한 의식주, 강한 군대) 중 두 번째 요소로, 국가의 제일책무(양민과 교민) 중에서는 첫 번째로 둘 만큼 매우 중시했다.

공자의 치국관의 밑바탕에는 상업 촉진을 위한 정확한 도량형과 교역상의 신의성실, 그리고 백성의 의식주가 늘 우선했다. 정확한 도량형과 신의성실은 농·상공업의 자유교역에 필수적인 것이었고, 백성을 부양하는 '양민'은 박시제중을 본질로 하는 '인仁'의 물질적인 측면이기 때문이다. 이것은 하·은·주나라 이래 중국의 전통에 속했다.

다음 《논어》 〈안연〉편의 이야기를 들여다보자.

공자의 제자 자공子貢이 정치에 대해 묻자 공자가 대답했다.

"풍족한 식량足食과 풍족한 병력足兵, 그리고 그 정사에 대한 백성의 믿음民信이다."

이에 자공이 다시 물었다.

"부득이 버려야 한다면 이 셋 중 무엇을 먼저 버려야 합니까?"

공자가 답했다.

"병력이다."

다시 자공이 물었다.

"하나를 더 버린다면, 나머지 둘 중 무엇을 먼저 버려야 합니까?"

공자가 말했다.

"식량을 버린다. …백성이 믿음을 갖지 않으면 나라가 존립할 수 없기 때문이다."

공자는 여기서 국가 존립의 3대 요소 중 두 번째를 '족식', 즉 잘 먹고 잘사는 것이라고 말한다. 치자에게 백성의 욕망을 해방하고 족식을 보장하라고 요구한 것이다. 족식은 풍족하게 먹고사는 것으로 그치는 것이 아니라, 백성을 부자로 만드는 '부민富民'을 뜻한다.

공자는 국가의 제일책무를, 백성을 부자로 만드는 '부민'과, 백성을 나날이 교화하고 새롭게 하는 '교민教民'으로 규정했다.《논어》〈자로〉편의 다음 대목은 그의 '부민론'과 '교민론' 요지를 간명하게 드러낸다.

공자가 위나라에 갔을 때, 제자 염유冉有가 말을 몰았다.
공자가, "사람이 많구나!"라고 감탄하자, 염유가 물었다.
"나라에 백성이 많으면 여기에 무엇을 더해야 합니까?"
공자가 답했다.
"그들을 부유하게 만들어야지富之."
염유가 다시 물었다.
"이미 부유하다면 여기에 또 무엇을 더해야 합니까?"
공자가 말했다.
"그럼 교화해야지教之."

공자의 부민·교민 국가론은 백성의 먹고사는 문제를 사적인 일로 보아 국사國事에서 추방했던 플라톤의 국가관과는 대조적이다. 국가의 개입을 최소화하고 국방과 외교, 치안 등의 질서유지 임무만 맡아야 한다고 보았던 플라톤의 야경국가는 줄곧 서양의 정치·경제 이론과 실제를 지배했다. 서양이 18세기에 공맹의 부민·교민론을 수용해 복지국가론을 수립하고, 20세기의 험난한 계급갈등 끝에 이를 구현하고서야 플라톤의 국가관은 비로소 종말을 고한다.

공자에게 군자의 첫 번째 책무는 어디까지나 부민이었고, 부민에 실패한다면 이는 군자의 치욕이었다. 공자는 "땅이 넉넉한데도 백성의 삶이 넉넉하지 않다면 군자는 이를 부끄러워하고, 백성의 수가 같은데도 다른 편이 우리보다 재력이 갑절을 이룬다면 군자는 이를 부끄러워해야 한다"[107]고 갈파한다.

그렇다면 부민과 절대적 생산증대를 구현하는 공자의 구체적 방도는 무엇이었을까?

첫째는 무위이치無爲而治이고 둘째는 유위이치有爲而治다. 무위와 유위의 '위爲'자는 흔히 오해하듯이 '할 위'자가 아니라 '하게 할 위'자다. 따라서 '무위이치'란 '하게 하거나 하지 못하게 막는 일이 없이 백성들을 자유롭게 놓아주는 정치'를 말한다.

먼저 공자는 순임금의 무위이치를 높이 칭송한다.

무위이치를 구사한 이는 순임금이라! 무엇을 했는가? 몸을 공손히 하고 똑바로 남면南面했을 따름이다.[108]

여기서 '몸을 공손히 하는 것'은 고요한 하늘처럼 본보기가 되는 것이다. '남면'은 남쪽을 향해 앉았다는 뜻으로 신하들의 국정운영과 백성들의 자유로운 생업활동을 보장하고 가만히 지켜보는 덕치를 상징한다.

높고 높도다! 순임금과 우禹임금은 천하를 영유했으나 이에 간여하지 아니함이여![109]

임금이 천하를 영유했으나 이에 간여하지 않았다는 '유이불여有而不與'의 덕치는 '무위이치'의 다른 표현이다. 이 정치철학은 고명高明한 하늘과 박후博厚한 땅이 쉼 없이 지극정성으로 만물을 덮어주고 실어줄 뿐, '시키지도, 막지도 않고 만물을 자유롭게 방임하여 이루어지게 한다'는 '무위이성無爲而成'의 우주관을 깔고 있다.

'군자가 왜 천도天道를 귀히 여기느냐'는 노나라 애공哀公의 질문에 공자는 이렇게 답한다.

군자는 천도의 그침 없음을 귀하게 여깁니다. 해와 달처럼 동서를 서로 따라가면서 그침이 없는 것, 이것이 천도입니다. 막히지 않고 오래가는 것, 이것이 천도입니다. 하게 함이 없는데 사물이 이루어지는 것, 이것이 천도입니다.[110]

하늘과 땅을 본받아 인도人道를 실천하는 거룩한 지도자는 하늘과 땅이 무위이성하듯이 백성을 무위이치로 다스린다. 따라서 무위이치는 무책임한 방치의 정치가 아니라, 어버이가 자식을 돌보듯이 지극정성으로 덮어주고 실어줌으로써 백성들에게 자유활동 공간을 마련하고 보장하는 해방의 정치인 것이다.《노자》의 '내가 무위하면 백성들은 저절로 교화된다我無爲而民自化'는 구절을 연상하게 하는데, 공자의 무위이성의 정치철학은 최소한이지만 어느 정도 유위가 개입한다는 점에서 분명히 다르다. 고도의 정치력이야말로 최소한의 유위다.

무위이치라는 제한적 치국 원리는 이후에 명나라와 청나라의 '내각제적 제한군주정'과, '왕은 군림하나 통치하지 않는다'는 영국의 의원내각제적 입헌군주정의 체제를 가능하게 한다.

한편 이 원리는 경제영역에 적용되어 공맹 특유의 자유시장론을 낳는다. 케네도 중요하게 여겼던 자유시장적 물자유통에 대해《서경》〈주서〉˙는 말한다.

농부가 내지 않으면 먹을 것이 모자라게 되고, 공인이 내지 않으면 공업

이 빈약해지고, 상인이 내지 않으면 삼보三寶(농산물·공산물·임수산물)가
다 끊어지고, 산지기와 어부가 내지 않으면 임수산물이 적어진다.[111]

　업종을 나열하는 순서에서부터 농본주의의 관점이 드러나 있다. 그
러나 삼보를 다 나오게 하는 상업을 재생산의 관점에서 가장 중요한
것으로 치는 상본주의도 잘 드러난다.

　이는 한마디로, 농본주의와 자유상공업을 결합한 '농상양본주의'가
경제분야에 적용된 무위이치라고 할 수 있다. 정부의 간섭 없는 자유
로운 농상양본주의 경제체제만이 가장 힘 있게 삼보의 '절대적 생산
증대'와 '원활한 유통'을 일으키고 이를 바탕으로 백성을 잘살게 할 수
있다는 것으로 요약된다.

　그러나 무위시장無爲市場만으로는 경제성장과 부민을 완성할 수 없
다. 하늘과 땅이 장애물에 의해 교란되고 괴변에 동요하듯, 시장은 때
로 부민에 역기능적인데다, 자해적이고, 고장도 잦기 때문이다. 공자
는 서양인들처럼 하늘을 절대자로 보지 않고 하늘의 한계를 지적한다.

　어찌 적중할 수만 있겠는가? 어찌 사물이 완전할 수만 있겠는가? 하늘은

●　공자가 정리한 《서경》〈주서〉 중 지금은 유실된 부분을 사마천이 전하는데 《사기열전》에 유통과 재
　생산이 다뤄지고 있다.

오히려 불완전하고, 그래서 세상은 집을 지을 때 기와를 석 장 모자라게 덮어 하늘에 응한다. 천하에는 등급이 있고, 사물은 불완전한 채로 생겨나는 것이다.[112]

하늘은 인간보다 월등히 위대하지만 절대적 완전성을 지닌 것은 아니다. 하늘이 불완전함을 안 고대 동양인들은 지붕을 일 때, 기와 석 장을 마저 다 덮지 않음으로써 불완전한 하늘을 능가하지 않으려는 뜻을 표시했다. 일부러 지붕을 불완전하게 이어 불완전한 하늘에 조응한 것이다. 하늘을 불완전한 것으로 여기는 건 매우 중요하다. 하늘을 절대자로 보는 그리스적·기독교적 관점과 사뭇 다르다. 하늘이 불완전한 만큼, 인간이 하늘을 돕지 않으면 천하의 운행도 완전할 수 없는 것이다.

기독교 교리가 지배적이었던 17·18세기 서양에서도 개명된 지식인들은 하늘과 자연의 이 비정상성을 부인하지 않았다. 베이컨은 자연상태를 '자연의 자유', '자연의 오류', '자연의 구속' 상태로 나누었다. 따라서 자연사(자연박물지)도 '자연적 발생의 박물지', '불가사의한 발생의 박물지', '기술(역학·실험)의 박물지'를 모두 다 대상으로 삼는다. 디드로와 달랑베르J. le R. d'Alembert의 《백과전서》도 베이컨과 유사하게 '지식의 줄기나무'를 그리면서 자연박물지의 대상을 '한결같은 자연', '자연 속의 비정상성', '기적의 별똥별' '비정상적 광석·식물·동물', '요소의 기적' 등으로 열거하고 있다.

따라서 인간은 하늘의 비정상적 움직임을 예측하여 피하거나, 기술로 보완하고 대비해야 한다. 피하지도 고치지도 못하면 그에 적응함으로써 하늘의 불완전함에 대처한다. 이것이 바로 공자 특유의 천인상조天人相助 사상이다. 하늘과 사람이 서로 도와야 우주의 질서가 바로잡히고 부작용을 최소화하여 행복을 구가할 수 있다. 인간에게는 천지에 조화롭게 참여해 세계를 경영하는 참천지參天地 찬화육贊化育의 소명이 있는 것이다.

하늘도 하늘답지 않을 때가 있는데, 시장이 어찌 시장답기만 할 수 있을까? 시장의 자연지도自然之道도 인간적 무위이치로 도와야 한다. 시장은 저절로 생겨나지 않고 제 발로 확장되지 않으며 그 운행은 완전하지 않기 때문이다. 무위시장을 돕는 이 '유위이치'의 경제정책이 부민의 두 번째 구체적 방도다. 따라서 공자의 무위는 무위만을 신봉하는 노자老子식의 무위자연이 아니라, 무위를 최대화하고 유위를 최소화하되, 유위로 하여금 필수적으로 무위를 돕도록 한다.

유위이치에는 여러 중요한 경제·복지정책이 포함된다.

첫째, 자유시장을 창출하고 확장하고 유지하기 위해서는 '물적·사회적·도덕적 인프라'를 인위적으로 마련해야 한다. 정확한 도량형과 신의성실의 교역원칙을 중시했던 공자가 노나라에서 국사를 맡자, 석 달 만에 상인들이 저울눈과 물건 값을 속이는 일이 없어졌다고 한다.

공자는 정치경제의 전 과정을 자연의 물성과 인성을 따르는 일로 보았다. 따라서 그 과정에는 관여하지 않되, 과정의 운행에 필요한 제도적 부대조건을 마련해주고 도로와 항만, 운하, 도량형, 신의성실 등의 물적·사회적·도덕적 조건을 유지하고 기술을 진흥해 유통을 외적으로 촉진해야 한다고 주장했다.

둘째, 민생을 풍족하게 하고 시장의 물자유통을 가속화, 안정화하는 중요한 유위이치는 '가벼운 세금'이다. 공자는 노나라에 출사한 제자 염구冉求(염유)에게 "세금을 거두는 데는 가벼운 원칙을 따른다"고 가르쳤으나[113], 권문세가 계손씨 가문의 재무담당이었던 염구는 이를 무시하고 백성의 등골을 빼먹는 과중한 세법을 시행했다. 그러자 공자는 염구를 파문했다. 심지어 "염구는 이제 내 제자가 아니다. 너희들은 북을 울리며 그를 공격해도 좋다"고까지 강하게 말했다. 이러한 노기를 통해 가벼운 세금을 향한 공자의 강직한 입장을 알 수 있다. 물론 세제는 시대적 상황에 따라 얼마든지 달라질 수 있지만 워낙 딱한 처지의 백성이 많았던 춘추시대에는 가벼운 세금제도가 필요했다.

셋째, 부익부빈익빈의 양극화 추세를 완화하기 위한 '균형분배 정책'이다. 공자는 중산층이 두텁고 안정된 중용지국中庸之國을 추구했다. 극심한 빈부격차로 사회가 계급 간 균형을 상실하면, 민란이 일어나는 등 나라가 전체적으로 불화하고 불안정한 빈국이 된다. 반면 압도적 다수가 중간층을 지탱하면 계급 간 안정적 균형이 이루어져 백

성의 가치관과 문화적 정서가 중화中和를 이루고, 결국 나라는 정치·
사회·대외적 안전을 이룩한 아름답고 안정된 부국이 된다. 따라서 공
자는 말한다.

> 백성이 적음을 걱정하지 말고 불균형을 걱정하고, 가난을 걱정하지 말
> 고 불안정을 걱정해야 한다. 대개 나라가 균형이 있으면 가난할 리가 없
> 고, 조화로우면 백성이 적을 리가 없고, 안정되면 나라가 기우는 일이 없
> 다.[114]

공자의 중용지국이란 무엇인가. 그 바탕에는 '중화'의 개념이 있다.
희로애락의 감정이 심중에 일었으나 이를 표출하지 않은 채 꾹 참고
심적 균형을 지키는 것을 '중中'이라 한다. 희로애락의 감정을 표출하
되 절도에 맞게 표출하는 것을 '화和'라고 부른다. 따라서 '중'은 대개
자기중심적인 단순감정에 적용되는 중도로서의 심적 '균형'이고, '화'
는 타자중심적인 공감감정(측은지심·수오지심·공경지심)에 적용되는 '조
화'다.

공자는 이 '중'과 '화'를 습성으로 체화함으로써 품행이 안정된 것을
'중용'이라 부른다. 그리고 이것을 국가에 적용해 정태적 '균형', 동태
적 '조화', 중용적 '안정'이라는 중용지국의 3요소로 규정한다. 이 '중
용나라'의 균형과 조화는 산술적 평등이 아니라 상황과 조건에 따라

배분하는 '비례적 평등'을 말한다. 그리고 비례적 평등을 위한 재분배를 '균제均齊'라고 불렀다.[115]《대학》은 이를 간략하게 천명한다.

> 재물이 소수에게 모이면 백성은 흩어지고, 재물이 만인에게 흩어지면 백성은 모인다.[116]

사회의 균형과 조화는 백성을 부유하게 하여 인구증가와 유입을 촉진한다. 균제 없는 성장은 궁핍화 성장인 반면, 균제 있는 성장은 부민화 성장이다.

유위이치의 마지막 정책으로, 공자는 양극화를 초래하는 자유시장의 치명적 결함을 보완하는 '복지정책'을 말한다.

동아시아의 유토피아인 대동大同사회는 큰 도가 행해지고 모두가 하나 되는 사회다. 노인의 노후복지, 유아복지, 배우자나 자식이 없는 노인, 고아 등 사회적 약자들에 대한 민생복지 및 병자에 대한 보건복지, 고용안정 등이 완비된 복지국가다. 공자는 이 완전한 복지국가를 이상국가로 동경했던 것이다.

종합하면, 공자의 부민경제는 무위이치의 자유시장과 유위이치의 경제·복지정책이 하나로 결합된 균형과 조화의 경제다. 이것이 바로 공자 경제철학의 본질이고 이 철학은 18세기 유럽의 자유시장 경제학과 복지국가론의 탄생에 결정적 영향을 미친다.

의식주를 물과 불처럼
흔하게 하라

맹자는 공자의 부민경제론을 더욱 구체적으로 발전시킨다. 너그러움
과 포용의 정치인 인정론仁政論의 구현방안을 양민·교민·애물愛物·
사법정의·전쟁추방(평화) 등 다섯 가지로 들었다. 이 중 양민·교민·
애물은 인정론의 가장 중요한 기반이다.

맹자는 백성을 부유하게 하고 이를 통해 교민을 가능하게 하는 물
적 토대를 만들려는 취지에서 민생을 돌보는 양민론을 주창한다. 맹자
는 전국시대 도탄에 빠진 민생에 대한 정확한 시대인식과 진단을 가
지고 민생과 도덕의 관계에 대해 양나라(위나라)의 혜왕惠王에게 다음
과 같이 말했다.

오늘날 백성이 위로는 부모를 모시기에 부족하고 아래로는 처자를 부양
하기에 부족하니 풍년에는 내내 고생하고 흉년에는 죽음을 면치 못합니
다. 이것은 죽음에서 목숨을 구하는 것을 생각하고 넉넉하지 못함을 두
려워하는 것이니 어느 겨를에 예의를 닦겠습니까?[117]

따라서 양민과 민생안정을 백성이 도덕을 원활히 실천하기 위한 선
결과제로 보았던 것이다.

맹자의 양민경제 제1원칙도 공자의 무위시장의 취지에 따라 '자유
시장 창출과 경제활동 자유화'다. 제나라 선왕宣王이 왕도정치에 대해
묻자, 맹자는 시장과 경제의 자유화를 위해 조세 경감과 경제규제의

철폐를 주장한다. 맹자는 이 정책에 대해 자세히 설명했다.

> 시장에서 가게를 내주되 세금을 물리지 않고, 안 팔린 물품은 나라에서 법으로 수매하여 쌓여 있지 않게 하면 천하의 상인들이 다 기뻐하면서 이 시장에 물품을 내놓고 보관하기를 바랄 것입니다. 관문에서 검문만 하고 세금을 징수하지 않는다면 천하의 여행상단들이 다 기뻐하며 그 길로만 출입하기를 바랄 것입니다. 농사짓는 일에서 조助만 받고 세稅를 받지 않으면 천하의 농민들이 다 기뻐하며 그 들에서 농사짓기를 바랄 것입니다. 사는 터전에서 부포夫布(부역세)와 이포里布(섬유생산에 대한 세금)를 없앤다면 천하의 백성들이 그리로 옮겨가기를 바랄 것입니다.[118]

이처럼 맹자는 기원전 350년경에 이미 시장조절을 위한 수매조치, 관세 폐지, 감세, 부포와 이포 폐지 등을 주장했다.

천하의 백성들이 몰려오는 나라는 부강한 나라다. 시장을 각종 규제와 세금으로부터 자유화해 백성들 각자의 물욕을 해방하고 충족을 극대화하면, 시장기제의 자율적 작동에 의해 개인의 이익 추구와 재부의 축적으로부터 경제발달과 국가부강이라는 공동선이 달성된다고 맹자는 확신했던 것이다.

맹자는 자유시장의 확립을 위해 관세, 시장세, 각종 규제의 폐지를 시급한 것으로 여겼다. 특히 세금을 가볍게 하고 관세와 시장세를 폐지하는 것은 속히 시행해야지 미룰 일이 아니라고 잘라 말한다. 맹자의 자유시장론은 공자의 무위시장론을 더 구체화한 것이다. 따라서 그도 치국의 근본 원리를 '무위'로 언명하며, "사람들이 하지 않는 것을 하도록 시키지 않고, 그들이 바라지 않는 것을 바라지 않는다"고 갈파한다.[119]

맹자는 양민경제의 제2원칙으로, 세금과 부역을 경감하고 부당한 세금을 폐지하기 위한 '조세원칙'을 논한다.

> 베와 실에 대한 과세, 곡식과 쌀에 대한 과세, 노역에 대한 징발이 있는데, 군자는 이 중 하나만 쓰고 다른 두 가지는 완화한다. 두 가지를 다 쓰면 백성이 굶주리고 셋을 다 쓰면 아비와 아들이 헤어진다.[120]

또한 맹자는 경지를 정리하고 조세정책을 바로 세워 정확히 집행할 것을 권하고, 이것을 정전제井田制 도입으로 해결하려고 시도한다. 정전제는 총 900무(1무畝는 100보步에 해당하는 단위, 약 30평) 정전 중 800무는 8가구에게 사전私田으로 배정하고 가운데 위치한 공전公田 100무를 공동으로 경작하여 여기서 나는 소출을 나라에 바치는 제도다. 이 공전 소출이 바로 '조助'다. 정전제는 세금이 가장 낮은 토지소유 제도로, 중농주의자들에 중요한 시사를 준 세법이다. 맹자는 하·은·주의 세법을 역사적으로 고찰한 후에 정전제와 주나라에서 시행된 경작지

10분의 1 또는 9분의 1의 가벼운 조법助法을 강력히 주장했다. 면적, 토질, 일손, 가족 수, 시기, 상황 등을 종합적으로 고려해 균제된 10분의 1 세를 내는 이 세법은 정전제가 사라진 뒤에도 한나라와 이후 중국 조세정책에 이용된다.

맹자는 양민경제 제3원칙으로, '산업진흥, 직업·기술 교육, 효제孝悌 교육'을 양혜왕에게 권한다. 기원전에 이미 특용작물·축산분야의 산업진흥을 말한 것이다.

5무의 택지에 뽕나무를 심으면 오십대 장년들이 비단을 입을 수 있고, 닭·돼지·개 가축을 기르는데 때를 놓치지 않으면 일흔 살 노인들이 고기를 먹을 수 있다. 100무의 밭에서 그 농사짓는 시간을 빼앗지 않으면 여러 가구가 굶지 않을 수 있다. 상庠·서序의 학교교육을 신중히 하여 효제의 의리로 이 교육을 되풀이해 베풀면 반백 노인들이 길에서 짐을 이고 지지 않을 것이다.[121]

제4원칙으로는, 공자의 복지국가 이념을 계승해 '사회복지정책'을 말한다.

늙어서 아내가 없으면 환鰥이고, 늙어서 남편이 없으면 과寡고, 늙어서 자식이 없으면 독獨이고, 어려서 아비가 없으면 고孤다. 이 넷은 천하의 궁핍한 백성으로 말붙일 데 없는 사람들이다. 문왕文王*은 정사를 필 때 인을 베풀면서 반드시 이 넷을 먼저 챙겼다.[122]

문왕이 다스리던 주나라에는 헐벗고 굶주리는 노인이 없었다. 그래서 백이伯夷·숙제叔齊도 '주의 문왕이 늙은이를 잘 봉양한다'는 소문을 듣고 주를 찾았다. 이를 두고 맹자는 "천하에 노인을 잘 봉양하는 곳이 있으면 인자는 그곳을 자기가 귀의할 곳으로 여긴다"고 말했다.[123]

오늘날 한 나라의 수준을 알려면 그 나라의 아이와 노인, 여성이 어떻게 대접받는지를 보라는 말이 있다. 동아시아는 3,000여 년 전에 이미 아이·노인·여성에 대한 복지혜택을 기준으로 나라를 평가했고 동시에 국책으로 추진했다. 맹자는 노인봉양의 물적 토대를 갖추기 위한 경제정책으로 뽕 재배, 양잠, 가축사육, 밭 경작, 경작지와 주거지 정리, 곡식농사, 식목, 자식훈육 등의 방법을 구체적으로 제시했다.

양민의 제5원칙은, 물적 욕망을 해방하는 차원에서 위정자와 백성이 함께 풍요를 즐기는 '여민동락與民同樂'이다.

양혜왕이 못 위에 서서 큰기러기, 작은기러기, 사슴을 돌아보고 있

• 중국 고대 주나라 왕조의 기초를 닦은 명군. 유가에서 이상적 군주로 칭송받았다.

을 때 맹자가 혜왕을 알현했다. 그러자 왕이 대뜸 "현자도 이런 것을 즐깁니까?"라고 물었다. 이에 맹자가 답하기를 "현자이고 나서야 이것을 즐길 수 있고, 현자가 아니라면 비록 이런 것이 있더라도 즐길 수 없습니다"라고 했다. 이어서 말하기를 《탕서》에 걸왕桀王의 폭정으로 핍박받던 백성이 '이놈의 해는 언제 사그라지려나. 내 너와 같이 망해버리리라!'라고 했습니다. 백성이 해와 더불어 망하고자 하는데 어찌 임금이 홀로 즐길 수 있겠습니까?"라고 했다.[124]

이번에는 제나라 선왕이 맹자에게 물었다. 사방 70리에 달했던 문왕의 정원이 진짜 있었는지, 그럼에도 주나라 백성들은 문왕의 정원을 작다고 여겼다는데, 왜 제나라 백성은 자기들 왕의 사방 40리 정원도 크다고 여기는지에 대해 물었다. 맹자가 답했다.

문왕의 정원은 70리였으나 꼴 베는 초동과 나무꾼들이 그곳에 들어갔고 꿩과 토끼 잡는 사냥꾼들도 그곳에 들어갔습니다. 이처럼 정원을 백성과 함께 썼으니 백성들이 작다고 여기는 것이 당연하지 않습니까? 신은 처음 제나라 국경에 이르렀을 때 나라의 큰 금법禁法들을 물어본 다음 감히 들어왔습니다. 신은 교외 관문 안에 사방 40리의 정원이 있는데 그곳의 사슴을 죽인 자를 살인죄로 다룬다고 들었습니다. 그렇다면 이 사방 40리가 나라 한복판에 설치된 함정인 셈이니 백성들이 크다고 여기는 것이 당연하지 않습니까?[125]

주나라 문왕은 70리 정원을 백성과 같이 쓰고 즐겼기 때문에 백성들이 이를 작게 여겨 더 키우려고 한 반면, 제나라 선왕은 40리 정원을 임금 혼자 쓰고 즐기면서 백성의 삶을 방해하니 백성들이 이를 크게 여긴다고 설명한 것이다. 맹자는 심지어 물욕과 성욕도 백성과 함께 향유한다면 좋은 것이라고 본다.

자신의 물욕을 걱정하는 선왕에게 맹자는 말한다.

옛날 공류公劉 임금(서주의 4대 임금)은 재화를 좋아했습니다.《시경》에 '곳집에 곡식더미를 쌓아 넣어두고, 말린 식량은 전대와 행낭에 포장하고, 안정시켜 빛내네. 화살을 당겨보고, 방패와 창, 크고 작은 도끼를 들고서 비로소 행군하네'라고 했습니다. 그러므로 집에 있는 자들은 곡식더미로 곳집을 채우고, 떠나는 자들은 포장한 행낭을 갖추고서야 행군을 시작했습니다. 임금께서 재화를 좋아하시어 백성과 더불어 이를 함께 하신다면 왕다움에 무슨 문제가 있겠습니까?[126]

여색을 좋아하는 것도 여민동락이면 지극히 마땅한 것이었다.

옛날에 주나라 태왕太王(고공단보古公亶父)은 여색을 좋아하여 그 왕비를 사랑했습니다.《시경》에 '고공단보가 아침에 말을 달려 물가를 따라가서 기산 아래 이르렀네. 이때에도 강녀姜女(왕비)와 함께 와서 살 집을 보셨

다네'라고 노래했습니다. 당시 안으로는 원녀怨女(남편이 없어 슬퍼하는 여자)가 없었고 밖으로는 홀아비가 없었습니다. 임금께서 백성과 더불어 이를 함께 하신다면 왕다움에 무슨 문제가 있겠습니까?[127]

맹자는 통치자의 물욕과 여색에 대해 과욕이나 금욕을 말하지 않고 이 욕망을 여민동락으로 승화시켜 해방하고 있다.

또한 맹자는 백성의 경제활동과 도덕의 관계를 면밀히 분석해 선왕에게 말한다.

백성에게 항업恒業이 없으면 항심恒心도 없게 됩니다. 실로 항심이 없으면 방탕, 편벽, 사특, 사치 등 하지 않는 것이 없습니다. 죄에 빠져들고 나서야 이를 보고 벌주면, 백성을 그물질해 잡는 것과 다름이 없습니다. 인자가 왕위에 있으면서 어찌 백성을 그물질해 잡는 짓을 할 수 있습니까?[128]

따라서 명군의 과업은 일자리를 창출하고 민생을 풍족하게 하는 것이다. 민생이 풍족해야만 선과 예의를 닦을 여유가 있기 때문이다. 철두철미한 양민만이 백성의 고등교육과 문화지식화를 뒷받침해주는 진정한 토대다. 교육은 양민의 토대 위에서만 완전히 구현될 수 있다. 또한 교육은 그 내용(기술·직업교육, 인화단결·노동협력을 위한 윤리교육 등)

에 따라 역으로 양민의 기반이 되기도 한다.

양민의 마지막 원칙은, 자연의 생물과 자연사물을 아끼고 보호하는 '애물'이다. 공자는 인간의 도를 "하늘에 근본을 두고, 땅을 본받는 것이다"라고 말한다.[129] 따라서 인간은 자연의 '정복자'가 아니라 '손님'이고, 어쩌면 자연의 '자식'이다. 이런 까닭에 공자는 "자기 아비를 위해 나무 한 그루를 베고 짐승 한 마리를 죽여도 그 때를 어기면 효가 아니다"라고 생각했다.[130] 효도도 중요하지만 그보다 앞선 것이 자연의 순리이고 그 순리는 생명 중시다. 나무를 베야 할 때 베어야 옳고 짐승도 잡아야 할 때 잡아야 옳다. 봄철 싹이 돋는 나무나 새끼 밴 짐승을 잡는다면 생명을 경시하는 일이고 도리와 이치를 거스르는 역리逆理다. 생명에 반하는 짓은 절대 오래갈 수 없는 법이다. 맹자는 이미 2,400여 년 전에 공자의 자연사랑을 계승해 생물과 자연사물을 아낄 것을 주장했다.

이런 관점에서 맹자는 공자의 '인' 개념을 친애·인애·애물의 세 측면으로 나눠 정리한다. '어버이'는 친애하는 것이고, '백성'은 인애하는 것이고, '생물과 사물'은 아끼는 것이다.[131] 맹자의 인정론, 아니 공맹의 양민론은 이처럼 자연을 아끼고 보호하는 '애물'에까지 이르러야만 완성된다.

맹자의 양민경제의 궁극적인 목표도 공자처럼 부민이다. 그러나 그 풍요의 슬로건을 더욱 구체화해 '의식주를 물과 불처럼 흔하게 하는 것'이라고 천명한다.

경지를 정리하고 세금을 가볍게 하면 백성을 부유하게 할 수 있다. 때맞
춰 먹게 하고 예의에 맞게 쓰게 하면, 재물을 이루 다 쓸 수 없을 것이다.
백성은 물과 불이 없으면 생활할 수 없다. 해질녘에 남의 집 문을 두드리
고 물과 불을 구할 때 주지 않는 자가 없는 것은 물과 불이 지극히 풍족
하기 때문이다. 성인이 천하를 다스리면 오곡을 물과 불처럼 흔하게 할
것이다. 오곡이 물과 불처럼 흔하면 백성 안에 어찌 어질지 않은 자가 있
겠는가.[132]

맹자는 물과 불이 희소하면 사람이 살기 힘든 것처럼, 오곡과 재물
이 물과 불처럼 흔치 않으면 백성이 살기 어렵다고 생각한 것이다. 맹
자도 공자와 마찬가지로 군자에게는 안빈낙도의 청빈한 삶을 강조하
면서도 백성에게는 물적 욕망을 해방해 그들이 의식주를 물과 불처럼
풍족하게 누려 도덕생활을 꽃피우기를 갈망했다. 인심이 좋아지게 하
는 유일한 기반이 풍요이기 때문이다.

백성의 물적 욕망을 억압하고 민생을 경시하며 따분한 도덕만을 되
뇐다는 공맹의 이미지는 어디까지나 과거의 권위적인 벼슬아치들과
이들에게 질린 사람들에 의해 조작된 이미지다. 공맹의 경제·복지철
학은 18세기까지 동아시아의 풍요를 이끌었고 서양의 근대 경제학과

복지이론을 탄생시켰을 뿐만 아니라, 오늘날 우리나라의 경제·복지·환경논쟁에도 많은 실천적 시사점을 주고 있다.

케네의 '자연적 질서'와 애덤 스미스의 '보이지 않는 손'에 결정적 영향을 미친 사마천의 경제철학과 '자연지험' 사상에 대해서는 6장의 애덤 스미스 편에서 자세히 다뤄보려 한다.

그러면 이제 공맹의 철학에 힘입어 말년에 자신의 역작을 완성하는 케네에게로 돌아가보자.

케네의
정치적 유언

시간이 흐를수록 프랑수아 케네는 다양한 원천들로부터 받아들인 자신
의 여러 사상적 요소들이 중국이라는 한 장의 그림 속에 종합되는 것을
느꼈다. 과거 8년에 걸친 경제 공부의 종합적 결과물《경제표》에서 자
칫 신비한 상징으로 오해될 수 있는 수치들이 오랜 시간 습득하고 연구
한 중국의 생생한 사례들을 통해 그림처럼 시각적으로 나타났다.

그의 목표는 신적 질서를 인간적 질서와 융합하는 것이었다. 곧 '세
계의 도道'로서의 자연적 질서를 현실적 질서와 융합해 세계에 대한
포괄적 수학공식을 발견함과 동시에 우주적 실재에 대한 포괄적 조망
을 얻는 것이었다. 케네에게 자연적 질서란, "모든 정치적·경제적·사
회적 행동, 즉 모든 인간적 입법의 최고 준칙"이었다. 중국은 그가 찾
고 있던 증거였고, 자연적 질서 사상이 실현될 수 있다는 보장, 아니
이 사상이 실현될 수 있는 방도를 가르쳐주는 예시였다.

케네가 처음으로 자기 지식의 모든 출처를 다 밝힌 것은 말년인
74세 때였다. 1767년 출판한《중국의 전제주의》에서다. 이러한 결정
은 케네가 지금까지 감춰온 카드를 다 뒤집어 보여주는 일종의 쇼다
운showdown이자, 중농주의 최후의 결전이었다. 아니, 그의 정치적 유
언이었다.[133]《경제표》에 집약된 중농주의 핵심 테제들의 중국적 출처
를 이 마지막 저작에서 마침내 명시적으로 보여주기 때문이다. 경제
연구를 시작한 지 17년 만의 일이었다.

프랑스의 현실 속에서 '계몽군주정'을 이상으로 여겼던 케네는《중

국의 전제주의》서문에서, 몽테스키외의 '중국 전제주의론'의 모호하
고 자의적인 전제주 개념을 우스꽝스럽게 만들기 위해 자신의 책
제목에 '전제주의'를 사용하기로 했다고 설명한다. 일단 그는 전제주
의 또는 전제주專制主, despot는 모든 군주정에 적용할 수 있다고 말하
고, 법치적 전제주의와 비법적(자의적·폭군적) 전제주의를 구분한다.

> 중국제국의 군주가 최고권위를 배타적으로 자기 손아귀에 쥐고 있다는
> 이유에서 전제주의라는 술어가 중국 정부에 적용되어왔다. '전제주'란
> 주인 또는 주군을 뜻한다. 그러므로 이 칭호는 법률에 의해 마련된 절대
> 권을 행사하는 치자에게도 적용되고, 자의적 권력을 강탈한 치자에게도
> 적용된다. 그러므로 전제주의 속에는 법치적 전제주와 자의적 또는 비법
> 적 전제주가 존재한다.[134]

케네는 이 개념 정의에 이어서 곧바로 직설적 물음을 통해 중국 정
부의 성격을 정면으로 논한다. 이 물음과 답변은 사실 몽테스키외가
퍼트린 '중국 전제주의론'에 대한 투쟁으로 비친다.

> 중국 황제는 '전제주'이지만, 어떤 의미에서 이 술어가 적용되고 있는가?
> 내가 보기에 일반적으로 우리는 저 제국의 통치에 대해 비우호적인 견해
> 를 가지고 있는 듯하다. 그러나 나는 중국에 관한 보고서들로부터, 중국

헌정이 황제가 집행하고 그 스스로가 주의 깊게 준수하는 지혜롭고 취소할 수 없는 법률에 기초해 있다는 결론을 도출했다.[135]

케네의 이 말은 중국 정부가 폭군적·자의적 전제정이 아니라, 자기가 이상으로 삼는 법치주의적 '계몽군주정'이라는 뜻이다.

케네는 중국 오제시대와 신화시대 관련 엉터리 주장 등 중국에 대한 유럽인들의 빗나간 지식을 훑어본 후, 중국의 통치자와 피통치자의 원형적 관계를 다음과 같이 정리한다.

중국의 첫 황제들은 정의로운 법률을 시행하고 유용한 기술들을 보급함으로써 자기의 제국을 번영하게 만드는 데만 전념했다. …중국인들만큼 자기 군주에게 순종적인 백성들이 없다. 왜냐하면 그들은 치자와 피치자 간의 상호의무에 관해 잘 배웠기 때문이다. 또한 나라의 종교와 탄복할 만한 지속적 교육체제의 토대를 이루는 자연법과 윤리 법도를 침범하는 군주들을 경멸하는 마음이 가장 강렬한 사람들이기도 하다. 정부는 교육을 대대적으로 시행하고 유지하기 위해 백방으로 노력한다. 이 당당한 법도가 군주와 백성 간의 신성하고 굳건한 유대를 형성한다.[136]

치자와 피치자 간의 이 원형적 관계는 근세까지도 계속된다. 케네는 중국의 통치자와 피통치자 간의 신성한 상호의무와 윤리 법도를 들

어 통치자가 이 의무를 침범할 경우 혁명의 가능성이 있음을 거론한
다. 중국의 전제정이 몽테스키외 등이 주장한 폭군적·자의적 전제정
이 아니라는 점을 밝힌 것이다. 케네는 중국제국의 이 헌정적 성격 규
정에 이어서 사회경제적·지리적 경관에 관해 서술한다.

> 중국이 우리에게 알려진 나라 가운데 세계에서 가장 아름답고 가장 인구
> 밀도가 높고 가장 번영하는 왕국이라는 사실을 아무도 부정할 수 없을
> 것이다. 중국제국은 유럽이 단일한 주권자 아래 통합된다면 전 유럽이
> 이룰 수 있는 것과 맞먹는다. 중국은 15개의 성省으로 나뉜다. 르콩트 신
> 부에 의하면 '가장 작은 성도 아주 비옥하고 인구가 많아서 단독으로도
> 제대로 된 국가를 형성할 수 있다'.[137]

르콩트 신부를 인용한 대목은 소르본 신학부에서 분서 처분한 저작
《중국의 현재 체제에 대한 새로운 비망록》에서 따온 것이다. 케네는
소르본의 옛 결정에 저항하는 취지에서 르콩트를 인용하며 중국을 극
찬한다.

이어서 명나라 이래 세습적 사대부제도를 대체한 중국의 비세습적
신사紳士제도*와 민본주의에도 주목한다. 상대적으로 농민의 지위를
높인 이 제도와 이념에 탄복하며 중국을 왕족 이외에는 세습귀족이
없는, 교육과 시험에 기초한 능력주의 사회로 묘사한다.

중국 백성에게는 오직 귀족과 평민의 두 계급만이 존재한다. 첫 번째 신분은 왕족, 작위를 가진 자, 만다린(지방관), 학자다. 두 번째 신분은 농부, 상인, 공인 등이다. 중국에는 세습귀족이 없다. 사람의 공적과 능력만이 받아야 할 지위를 만든다. 제국의 영상領相의 자녀들이라도 게으름에 빠졌거나 재능이 없다면 평민의 지위로 떨어지고, 종종 어쩔 수 없이 직업들 중 가장 비루한 직업이라도 택해야 한다. 아들은 아버지의 재산을 상속받지만, 아버지의 존엄을 잇고 그 명성을 향유하기 위해서는 동일한 발걸음으로 자신을 고양시켜야 한다. 그러므로 아들의 모든 희망은 명예로 가는 유일한 경로인 학습에 달려 있다.[138]

중국의 능력주의는 훗날 프랑스혁명에서 신분제를 무너뜨리고 근대적 평등사회를 건설하는 핵심동력이 된다. 케네 자신은 공적으로 작위를 받은 임명귀족이었다. 그렇기에 이 능력주의 중국사회에 관심을 갖고 유럽의 세습귀족과 대립시키며 말한다. "유럽에서는 귀족 신분이 아버지로부터 자식으로, 그 후손으로 이동한다. 반대로 중국에서는 자식으로부터 아버지로, 아버지의 선조로 이동한다. 치자는 그가 하사

● 과거에 합격하고 임관하지 않은 채 향촌에서 사는 자 또는 향촌의 퇴직관리나 유력인사 등의 사회계층. 향신鄕紳이라고도 하며 명나라 초기부터 청대까지 국가 지배를 보조하는 중간지배계층이 되었다. 영국 신사gentlemen의 유래가 된 지주계급인 젠트리gentry 계급과 유사하다.

하는 귀족 신분을 상황에 따라 4대, 5대, 심지어 10대의 선조에까지 소급해 확대한다."

케네가 비상한 관심을 보인 중국 농민의 사회적 지위에 대해서는 "선비의 지위를 얻지 못한 사람들 가운데, 농부가 첫 번째 서열이고, 그다음은 상인이고, 그 외에 일반인은 공인, 농사꾼, 노무자, 천민계급을 포괄하는 자들이다"라고 말한다. 여기서 '농사꾼'은 땅이 없는 머슴을 가리키는 것으로 보인다.

케네는 '중국의 법치적 전제주의' 명제의 핵심 근거가 되는 중국의 '기본법(헌법)'에 대해 상론한다. 이 기본법의 출처로 자연법(천도), '신성한' 제1급의 다섯 경전(《시경》, 《서경》, 《역경》, 《예기》, 《춘추》), 제2급의 여섯 경전(《논어》, 《맹자》, 《대학》, 《중용》, 《효경》, 《소학》)을 차례로 열거하고 설명한다.

한편 프랑스의 조세체계를 중국과 비교해가며 비판한다.

농업의 중요성이나 경작지를 준비하기 위해 투자되어야 하는 부의 중요성을 아직 느끼지 못하는 어떤 왕국이 유럽에 있다. 저 나라에서 농부는 단순한 농사꾼이나 노무자로 간주되고, 그들의 서열은 도시의 평민보다 더 낮게 고착되어 있다. 반대로 중국에서는 농업에 대해 언제나 존중심을 품었고, 농업을 직업으로 하는 사람들은 황제의 특별한 관심을 받아왔다. 우리는 이 치자들이 계속적으로 그들에게 부여해온 특권에 대해

여기서 상론할 필요조차 없을 것이다.[139]

케네는 두 번째 관심사인 중국의 상업에 관해서도 자세히 설명한다. 중국은 온갖 생산물이 아주 잘 순환하는 '상업국가'였다. 공적 대외무역(조공무역)이 높이 발전하고 사적 대외무역은 형식적으로만 제한되었다. 그런데 케네는 이것을 대외무역의 제한으로 오해하여, 농업 중시와 제한된 대외무역이라는 원칙의 결합을 《경제표》에 그대로 반영했다. '당면한 적'인 중상주의를 물리치는 데 몰두한 나머지 팽창일로인 중국 대외무역의 구조와 규모를 무시한다. 상인들의 대외무역이 국내산업의 생산성과 품질향상을 자극한다는 흄과 스미스의 명제의 정당성도 경시하고 만다.

그런가 하면 케네는 몽테스키외의 중국 비난에 대해서도 치밀하고 탁월한 논변으로 조목조목 반박한다.

우리의 정치저술가들은 중국 군주의 전제정 또는 절대권력에 상당한 반감을 가졌으며, 그것을 크게 과장했다. 몽테스키외는 특히 저 중국 정부에 대해 그럴듯한 궤변으로 아주 교묘하게 편향적인 평가를 담은 많은 추정을 내놓았다. …채찍과 중노동이 다른 왕국에서 동일한 목적에 기여하듯이, 중국에서 곤장은 범법자들에 대한 형벌이다. 형벌 없는 나라가 어디 있는가? …중국에서 유럽 상인들은 내부로 깊이 침투해 들어가지 못한다. 결과적으로 몽테스키외는 이 문제에서 상인들의 증언에 의존해서는 안 된다. …몽테스키외가 묻고 싶은 것이 중국인들의 덕성이라면, 그저 대외무역에 종사하는 상인들의 덕성에 대한 비판이 공정한 표본인가? 상인이 농부와 나머지 주민을 대표하는가? 다른 국민들의 덕성, 특히 국가의 보호를 받는 독점사업인 대외무역에 종사하는 사람들을 표본으로 삼아 다른 국민들의 덕성을 정확하게 판단할 수 있는가?[140]

케네는 중국 황제의 세 왕자에 대한 종교박해 혐의에 대해서도 볼테르처럼 제대로 반박한다. 몽테스키외가 중국의 폭정에 대한 증거로 제시한 사안이었다. "황제는 기독교에 아주 관대한 인물이었다. 들리는 말에 의하면, 이 왕자들이 황제를 매우 불쾌하게 만들었다고 한다. 그들은 황제에 대항해 음모를 꾸몄고, 몇몇 예수회 선교사들이 이 사건에 연루되었다는 것이다. 그 사건은 박해의 바탕에 있는 동기를 깊이 탐침해볼 필요가 없는 단순한 정치적 사건이다. 이 제국에서는 종교적 교의에 대한 잔악행위가 자행된 적이 거의 없는데다가 이 황제는 중국에서 추앙되는 성군 중의 한 사람이 아닌가." 여기서 케네는 중국의 종교 자유를 이야기하지만 감히 이것을 유럽에 적용해 볼테르처럼 기독교의 독단을 비판하고 프랑스와 유럽의 종교 자유를 주장하는 선까지 나아가지는 않는다.

한편 중국 황제는 잘못 다스려도 내세의 심판을 걱정하지 않는다는 몽테스키외의 비방에 대해서는 다음과 같이 비웃는다.

> 몽테스키외가 중국 황제보다 종교에 대해 개명되기에 충분할 정도로 행운이 있었다면, 그는 이 군주들이 고수하는 자연법과 내세신앙을 인정했을 것이다. 중국 황제는 통치가 잘못되면 당장에 제국과 목숨을 잃는다는 것을 잘 안다.[141]

그리고 앞서 언급한 '중국의 기후와 중국 여성의 다산성'이라는 몽테스키외의 무리한 추론에 대해서는, "많은 인구는 오로지 훌륭한 정부 아래에서만 축적된다. 이 불가사의하게 많은 인구에 대해 약간의 주의만 기울이더라도 중국 정부에 덮어씌우려는 모든 안개를 걷어낼 수 있다. 불가사의한 규모의 백성과 나쁜 정부는 세계의 어떤 왕국에서도 함께 발견될 수 없다"고 논변한다.

과거 몽테스키외는 한 걸음 더 나아가 다음과 같이 비난한 바 있다. "중국의 인구는 아기들을 내다버려도 계속 증가하는 만큼 그들이 먹고살 식량을 생산하기 위해서는 지칠 줄 모르고 일할 필요가 있다. 이들의 불안감을 해소하고 모든 사람이 일할 수 있도록 만드는 것은 늘 정부의 관심거리다. 그러므로 이 정부는 시민적 정부라기보다 가정적 정부다. 이것이 그렇게 자주 격찬받는 법률들을 산출하게 된 원인이다."[142] 이에 대해 케네는 원인과 결과를 뒤바꿔버린 몽테스키외의 문제점을 날카롭게 지적한다.

> 몽테스키외에 의하면, 많은 인구가 중국 정부를 '가정적 정부'로 축소시
> 켰고 주민들의 생계를 확보하는 데 필요한 법률들을 산출했다는 것이다.
> 그는 이 불가사의한 수의 백성이 오로지 훌륭한 정부의 결과일 수 있을
> 뿐이라는 사실을 깨치지 못했다. 중국 역사를 들추어 보고 이 훌륭한 법
> 률들이 까마득한 옛날부터 거기에 확립되어 있었다는 사실을 그는 일찍
> 이 깨쳤어야 했다.[143]

결론적으로, 케네는 몽테스키외가 "세계에서 존재한 적이 있는 정
부 가운데 가장 오래되고 가장 크고 가장 인간적이고 가장 번영하는
정부와 관련하여 모순된 말들을 조립하고 있다"고 비판하며, 여러 주
장에서 나타나는 그의 추론상의 혼란을 의심한다.

> 중국 정부는 왜 몽테스키외의 정신 속에서 그렇게 많은 혼돈을 야기했는
> 가? 그 이유는 그의 정신이 오로지 한 가지 전제주에 의해 지배되어 전제
> 주의를 모조리 자의적이고 폭군적인 정부로만 간주했기 때문이다.[144]

《중국의 전제주의》 마지막 절에서 케네는 논의를 프랑스로 돌려 정
리한다. 그의 중농주의 정치철학은 이렇다.

헌법은 인류에게 가장 이로운 자연적 질서의 법이다. 이 법은 자연적 헌법
이거나 도덕적 헌법이다. 정부의 기반이 되는 자연적 헌법은 인류에게 가
장 이로운 자연적 질서 안에서 발생하는 모든 자연적 사건의 규율된 진행
을 뜻한다. 도덕적 헌법은 인류에게 가장 이로운 자연적 질서 안에서 발생
하는 도덕 행동의 규율된 진행을 뜻한다. 이 법들을 자연법이라고 부른다.
이것은 사회로 통합되어 질서에 순종하는 사람들에게 필요한 재화를 계
속 재생산하고 분배하며 자연의 조물주에 의해 영원히 확립된 법이다.[145]

케네의 이상적 정부는 어떤 민주적 '혼합헌정'도 배제한 철인치자의
군주정이다. "권위는 결정과 작용에서 유일무이하고 불편부당해야 하
고, 모든 시민에게 법의 준수를 강제하고, 만인에 대한 만인의 권리, 강
자에 대한 약자의 권리, 왕국의 내외 적들에 의해 부당한 침범·횡탈·
억압을 방지하고 권력을 홀로 틀어쥔 군주 아래 통합되어 있어야 한
다." 그래서 그는 중국과 같은 계몽전제정을 이상으로 삼았던 것이다.

케네는 자연적 질서와 자연법을 백성에게 가르치는 문제를 생각했다.
그러기 위해서는 '학교의 설립'이 시급한데, "중국을 제외한 모든 왕국
은 정부의 토대인 이 채비의 필수성에 대해 무지하다"고 개탄하며 중국
만이 교육제도가 일반화되었다는 사실을 인정했다. 결국 중국의 국민평
등교육은 케네를 통해 튀르고에게로 전해져 프랑스에 도입이 시도된다.
이것은 다시 정치가이자 수학자 니콜라 드 콩도르세N. de Condorcet에

게 전수되어 프랑스혁명 시기 보통교육제도 형성에 밑거름이 된다.

케네는 계몽주의의 '계몽'을 자연적 질서와 이에 입각한 도덕을 가르치는 중국 교육제도의 보급과 동일시했다. 국민의 헌법은 자연적 질서의 법이고, 실정법은 이 자연법을 정부의 정치적 의지로 옮겨놓은 것에 불과하므로 국민의 헌법은 인간의 작품이 아니라 신적 질서다. 따라서 치자와 피치자에게 이것을 중국식으로 가르치는 것이 바로 '계몽'이라는 것이다. "자연적 질서에 순응하는 이 방대한 제국은 안정적·항구적·불변적 정부의 전범을 보여주고 있다. …우리는 중국 정부의 저 항구성을 특수한 환경 덕택이 아니라 내재적으로 안정된 질서 덕택으로 봐야 하는 것이다."146

케네는 《중국의 전제주의》의 결론에서 이렇게 천명한다.

자연질서에 기초한 중국제국의 정치적·도덕적 헌정체제에 관한 '나의 이 요약문'은 모든 국가에 모범으로 쓰일 가치가 있는 중국적 독트린의 체계적 다이제스트일 따름이다.147

이것으로 프랑스에서 중국철학은 전면적으로 승리했고 프랑스의 혁명철학이 완성되었다.

중국은
케네의 모델이었다

《중국의 전제주의》는 케네의 초기 저작들과 비교해볼 때, 어떤 새로운 착상 하나조차 들어 있지 않다. 그저 그때까지 침묵으로 일관하며 여러 서적에 사용해온 중국에 대한 지식을 마지막 한 권에 몰아 실은 거나 다름이 없었다. 비록 그가 과거 저작들에서 아무리 주도면밀하게 출처를 숨겼을지라도, 최후의 저작《중국의 전제주의》를 통해 우리는 그의 저술들의 기반이 그리스철학이 아니라 중국철학이라는 사실을 쉽게 알 수 있다.

첫째, 케네는 중국철학을 그리스철학보다 높이 평가했다. 앞에서 언급했듯이 "《논어》의 문답들은… 그리스 7현을 능가하는 원리와 도덕적 명제들로 가득하다"고 천명한다. 반면 그리스와 로마 저작들은 거의 인용하지 않았고, 로마의 통치철학을 평가 절하했다. 케네의 서클 인사들뿐만 아니라 유럽 계몽주의자들 가운데서는 공자 숭배가 깊어갈수록 반그리스 성향도 강렬해졌다. 그리고 중국이 여러 세기 동안 백성의 평화와 행복을 구현해왔다는 사실에 탄복했다.

둘째, 케네의 특별한 아이디어들 대다수가 중국적인 것에서 나왔다. 동시대인이었던 어떤 이는 케네를 다음과 같이 비난한다.

당신의 아이디어들을 신기한 것이라고 얘기하지 말라. 그런 표현은 적절하지 않다. …당신이 천명하는 이론, 즉 농업이 부의 유일한 원천이라는 이론은 이미 소크라테스, 복희伏羲, 요임금, 순임금, 공자가 지니고 있던

것이다.[148]

셋째, 케네가 《경제표》를 발표하기 2년 전, 루이 15세는 케네의 제안으로 중국 황제를 모델로 삼아, 춘경기가 시작될 때 손수 쟁기로 밭을 가는 장엄한 의식을 거행한다. 중농주의에 대한 루이 15세의 유일한 공식적 입장 표명이었다. 이는 일찍이 케네가 국왕을 움직여 중국 황제를 흉내 내도록 할 정도로 중국에 열광적이었음을 증명한다. 이후에도 프랑스 황태자가 작은 쟁기 모형을 손수 잡고 밭을 가는 이벤트를 벌인다. 황태자가 프랑스 농민들에게 공감하고 그 공로를 인정한다는 의도로 연출되었다. 화가들은 이 사건을 기록화로 그렸고 시인들은 시문으로 군주를 찬양했다. 1769년에는 오스트리아의 요제프 1세 Joseph I가 제대로 된 쟁기를 써서 한 뙈기 땅을 실제로 갈기도 한다.[149]

지금까지 살펴본 바와 같이 케네는 경제학 분야에서 중국의 정치경제제도와 공자의 철학을 대변했고, 이를 통해 근대 정치경제학을 창시했다. 케네는 자신의 고유한 유럽적 이론을 정당화하기 위해 단순히 공자와 중국의 현실을 사례로 쓴 것이 아니었다. 중국의 농본주의와 자유상업론을 바탕으로 프랑스 고유의 '레세페르' 즉 자유방임주의 요구를 해결하고, 서양 고유의 자연법 사상을 중국적으로 패치워크하여 공자의 무위이치 사상에 기초한 '자연적 질서'의 정치·경제철학으로 변형함으로써 새로운 사상인 중농주의를 창조한 것이다.

미국 사상가 월터 데이비스W. Davis는 "중국은 케네의 모델이었다"
고 단언한다.[150] 개인적 풍모만이 아니라 이런 이유 때문에도 케네는
당시 '유럽의 공자'로 불렸다. 그의 제자들은 《중국의 전제주의》출간
훨씬 전부터 케네를 이 존칭으로 불렀다. 최종 원고에서는 삭제되었지
만 《중국의 전제주의》초고에는 공자의 생애에 대해 쓴 몇 쪽의 글이
포함되어 있다. 이러한 사실들을 놓고 볼 때 제자들과 동시대인들이
붙여준 그 칭호는 공자에 대한 그의 우호적 감정을 나타내려는 단순
한 별명이 아니라, 진정 그 자신의 자화상에서 유래한 칭호인 것으로
판단된다.

1774년 케네의 장례식 추도사에서 제자 미라보는 스승을 공자와 연
관시켜 다음과 같이 칭송한다.

> 공자의 전체적 가르침은 하늘로부터 온 인간본성이 무지와 감정에 의해
> 어두워졌지만, 시초의 광명, 저 시초의 아름다움으로 복귀하는 것을 목표
> 로 했습니다. …경건한 도덕성으로 빛나는 이 왕관에 뭐든 보태는 것은
> 불가능할 것입니다. 그러나 행동으로 실천해야 할 가장 본질적인 부분,
> 즉 그것을 지상의 꼭짓점에 묶는 일이 아직 남아 있었습니다. 이는 우리
> 스승의 몫이었습니다.[151]

이즈음 케네의 중농주의를 계승한 애덤 스미스의 《국부론》도

7~8할 이상 완성된다. 스미스는 케네가 살아 있었다면 그 책을 케네에게 헌정하려고 했다. 이론적 측면에서 케네의 중농주의는 흄, 스미스 등 영국의 철학자들과 스위스 철학자들에 의해 직수입된다. 그러나 실천적 측면에서 보면, 자유주의적 중농주의는 루소와 프랑스혁명, 스미스의 영국을 뛰어넘어 당시 유럽의 한 가난한 나라에 지나지 않았던 스위스에서 먼저 현실로 옮겨진다.

　오늘날 스위스는 세계적인 부자나라로 통한다. 18세기에 도대체 어떤 문명교류가 있었기에 스위스는 최빈국에서 최부국으로 도약한 것일까? 이제 그 역사적 순간을 살펴보자.

스위스,
유럽 최빈국에서 지상낙원으로

오늘날의 스위스는 인구 800만 명 남짓, 1인당 GDP 8만 달러, 평균수명 81세의 '지상낙원'이다. 세상 사람들은 스위스에도 대통령이 있다는 것을 알지만 그가 누구인지는 모른다. 연방의회에서 선출된 7명의 각료가 1년씩 돌아가면서 순번제로 대통령직을 맡기 때문이다. 스위스 대통령은 경호원도 없이 지하철을 타거나 자전거를 타고 출근한다. 루소는 '국가가 긴급상황에 처했을 때, 자신의 호화마차를 팔고 걸어서 내각회의에 참석하는 장관'이 나오기를 바랐으나, 스위스에서는 평시에도 대통령이 자전거를 타고 다닌다.

노자의 《도덕경》이 유럽에 소개된 것은 공자의 경전들에 비하면 아주 늦은 편이었다. 1750년경에야 라틴어 번역 원고가 나타나 지식인들 사이에서 돌았고, 1824년에야 《도덕경》의 네 절이 독일어로 번역되어 출간되었다. 그리하여 19세기에 노자의 영향은 공자와 더불어 유럽 사상계에서 점차 쌍벽을 이루게 된다. 18세기 후반과 19세기 초에 걸쳐 사상적으로 가장 자유로웠던 스위스에도 당연히 노자의 사상이 알려졌다.

노자는 《도덕경》에서 말했다.

가장 위대한 임금은 아랫사람들이 그가 있다는 것만 알고, 그다음 임금은 아랫사람들이 친근히 하며 칭송하고, 그다음 임금은 아랫사람들이 그를 두려워하고, 그다음 임금은 아랫사람들이 그를 깔본다.[152]

장자莊子도 '임금은 높은 나뭇가지와 같다'고 말했다. 백성들이 단지 그 존재만을 아는 노자·장자의 이 통치자(정치가)는 공자가 말하는 요임금, 순임금처럼 무위이치자를 말한다.

사마천도 공자의 이 무위이치자 이념을 받들어 통치자를 다섯 등급으로 구별했다.

> 잘하는 치자는 백성을 따르고, 그다음 치자는 백성을 이익으로써 다스리고, 그다음 치자는 법도를 가르쳐 백성을 깨우치고, 그다음 치자는 백성을 정돈하여 가지런히 하고, 최하의 치자는 백성과 싸운다.[153]

스위스 애국자들은 18세기 말에서 19세기 초반에 걸친 의식적 개혁을 통해 스위스를 저 '높은 나뭇가지 같은 치자' 또는 '백성을 따르는 치자'가 다스리는 지덕知德의 나라로 바꾸어놓았다.

1648년 독립국가로 인정받고, 1815년 영세중립국으로 공인된 연방국가 스위스는 17·18세기만 해도 가난한 소농·소상공인들의 산간벽지 국가였다. 자국 청년들이 주변국의 용병으로 팔려나가야 할 만큼 낙후되어 있었다. 그러나 18세기 중후반 무위사상과 중농주의를 접하면서 새로운 국가이념을 수립하고, 나폴레옹Napoleon I의 침입과 내전을 거쳐 1848년 새 헌법을 채택함으로써 새로운 나라로 거듭났다.

중국 정보통으로 불리던 네덜란드인들은 17세기 내내 대량의 새로운 중국 정보를 유럽에 공급해주었으나, 무위의 메시지를 해독할 능력이 없었다. 그에 비해 프랑스 중농주의자들은 무위라는 메시지를 해독하긴 했으나 이를 통해 프랑스 경제를 근본적으로 변혁하는 데는 성공하지 못했다. 프랑스혁명의 분위기가 급격히 무르익으면서 공자철학과 중농주의가 민족주의적·신중상주의적 혁명에 밀려나기 시작했기 때문이다. 그런데 이 중농주의의 흐름이 종식되기 전에 '무위국가'의 돌연변이가 알프스의 작은 통로국가인 스위스의 심장부에 뿌리를 내린 것이다.

스위스는 유럽의 전통적 관행과 동양사상의 패치워크가 궁극적으로 실현된 곳이었다. 이 작지만 결단력 있는 나라는 케네의 중농주의를 받아들여 더욱더 중국적인 무위이치 패러다임으로 변형 발전시키고, 이를 바탕으로 국가개혁을 이룩한다. 네덜란드와 프랑스가 실패한 바로 그 지점에서 성공을 이룬 것이다.

18세기, 스위스의 사상계를 주도한 것은 중국에 대한 열기가 뜨겁던 네덜란드와 프랑스에서 들어온 개신교도 위그노들이었다. 1685년 신교의 자유를 보장한 루이 14세의 낭트 칙령이 폐지되자 2만 5천명의 위그노 종교난민들이 스위스의 대부분 지역에 이주, 정착하면서 스위스 전역이 경제적·문화적으로 활기를 띠었다. 《백과사전》에 기고한 7명의 스위스 학자 가운데 5명이 위그노 2세대일 정도였다. 18세기 중반 이래 케네의 저작을 위시한 프랑스 중농주의 저작 대부분이 위그노들이 많이 살던 스위스 이베르동에서 출판되었다. 케네가 프랑스의 검열을 피해 북경에서 출판하려고 했던 전집 《중농주의》도 결국 이곳에서 출판되었다. 이베르동은 당시 유럽에서 정치·사상적으로 가장 자유로운 도시였다.

매우 친중국적이었던 스위스의 여러 지역들은 프랑스의 중농주의자들을 강하게 끌어당겼다. 1759년 부분적으로 중농주의적인 '베른 경제학회'가 창립되면서부터는 더욱 그러했다. 케네의 제자 미라보는 1760년 베른을 여행하며 다음과 같이 연설했다. "존경하는 시민 여러분, 곧 흩어진 모든 지식의 조각들이 여러분의 가호 아래 이 나라에서 결정화되어 안전하게 확보된 지식의 보물을 이룰 것입니다."[154] 결국 그의 말은 선지자의 예언처럼 이 땅에서 결실을 맺게 된다.

18세기의 저명한 스위스 지식인 가운데 한 사람인 알브레히트 폰 할러A. Haller를 위시한 스위스 학자들 대부분이 중농주의의 열렬한 팬이었다. 생리학자이자 문필가였던 할러는 베른경제학회의 회장을 세 차례에 걸쳐 9년 동안이나 역임했다. 그는 미라보와 볼프 등 친중국적 저자들과 그 저서들에 깊이 매료되었다. 할러는 풍부한 중국 관련 지식을 무기로 반反중농주의자들과 맹렬히 싸웠다. 이탈리아 경제학자 갈리아니F. Galliani가 농업의 수출능력이 공업에 비해 미약하다고 주장하자, 할러는 중국 농민의 기업농화 추세를 예로 들면서 갈리아니가 "중국 농민이 런던으로도 비단을 수출한다는 사실을 까맣게 잊고 있다"155고 힐난했다. 오늘날 네덜란드, 덴마크, 호주, 뉴질랜드, 스위스, 미국의 세계적 농업경쟁력을 상기하면 매우 지당한 말이었다.

1771년 할러는 중국 황제와 경제제도를 모델로 유토피아 국가를 그린 정치소설《우송Usong 황제: 어느 아침의 나라 이야기》를 저술한다. 그는 이 소설에서 중국같이 농본과 민본을 기본으로 하지만 상공업을 농업과 동등한 국부의 원천으로 간주하고 둘 다 보장하는 '무위국가'를 주창한다. 비록 이 소설의 배경은 페르시아지만, 할러의 황제 '우송'은 '무위이치'를 행하는 공자의 이상적 치자처럼 법률과 관료체제의 기초가 되는 절대권위의 인간적 체현물로서 '무위' 상태에 가만히 머물러 있다.

조세제도도 주로 토지에 기초하며, 간접세는 이차적 역할에 한정하는 중국의 것을 그대로 가져왔다. 유일한 간접 관세인 수입관세는 언제나 최저 수준으로 고정된다. 상인으로부터 부를 강탈하는 것이 아니라, 농업과 상업을 진흥시키는 것이 우송 황제의 바람이기 때문이다. 그러므로 우송 황제는 농업을 국가의 기초로 삼아 가장 많은 관심을 기울이면서 동시에 상공업도 중시했다. 우송의 중농주의 정부는 도시를 경시하는 것이 아니라, 제국의 백성들에게 추가적인 복지를 확보해주기 위해 도시중심의 복지를 보호하는 목표를 아울러 추구한다. 그러므로 할러는 중국을 최선의 정부모델로 선택함으로써 '무위'를 덕스럽고 성공적인 도구로 찬양하는 것으로 소설을 마무리한다.

여기서 중요한 점은, 도시 상공업 능력이 할러의 이상국가론에 추가되었다는 사실이다. 중국의 농본주의만을 베낀 케네의 중농(농본)주의 모델과 달리, 할러의 경제모델은 사마천의 농상양본주의 모델처럼 도시중심의 현대적 상공업주의를 유럽적 무위국가의 요소로서 승인한다. 스위스는 자유무역 전통과 고도의 공업화 덕분에 상공업적 무위를 받아들이기가 쉬웠다. 케네의 중농주의는 농업적·독재적 프랑스를 개혁하는 데 적합했지만, 농업적인 동시에 상공업적인 스위스에는 맞지 않았던 것이다.

1798년 나폴레옹의 침입으로 한동안 무정부상태에 빠졌던 스위스는 나폴레옹 몰락 후에 할러의 우송제국 모델에 따라 연방공화국으로 재조직된다. 1815년에는 빈 회의에서 영세중립국으로 새롭게 탄생한다. 이처럼 우송의 모델에 입각해 개조된 19세기 초의 새로운 스위스 연방국은 자유무역을 강력히 지지하면서도 농본주의를 고수했다.[156] 1840년대의 내전 이후에 만들어진 개정헌법은 도시와 농촌의 통합과 상공업적 자유주의, 농업적 종교(가톨릭)·사회복지를 동시에 이룰 최선의 방책으로 이 '이중적 포옹'에 기초했다.

사마천의 《사기》〈화식열전〉에 소개된 계연의 자유시장 정책이 10년 만에 월나라를 부강하게 만들었듯이, 1771년 창시된 할러의 농상양본주의 무위 패러다임은 1810년대에 재조직된 스위스를 10여 년 만에 세계 일등국가로 만들었다. 빈 회의에서 영세중립국으로 인정된

지 15년 만에 스위스는 눈부신 성장을 거듭해 유럽의 지상낙원으로 부상한 것이다.

스위스가 유럽에서 가장 먼저 자유시장을 실현하고 이렇게 부유해진 것은 세계사적으로 획기적인 사건이었다. 농업 번영과 산업 번영, 농업적 무위와 상업적 무위를 결합한 스위스의 이 '독특한 혼합'의 놀라운 성과를 제일 먼저 알아보고 탄복한 사람은 영국의 정치가 리처드 콥덴R. Cobden이었다. 제네바에 머물던 1834년 6월 6일, 그는 동생에게 보낸 편지에서 스위스인은 세상에서 "가장 번영하고 가장 행복한 백성"이라고 경탄하면서 스위스에서는 자유무역 덕택에 모든 제조업 부문들이 호황이고 농부들은 다 실속 있는 '알부자들'이라고 말했다. 그가 기대했던 것보다 "훨씬 더 선진화된 영농생활의 품격이 이곳에 존재한다"고 경탄했다.[157]

스위스 경제에 대한 이런 유형의 탄복은 19세기 자유주의 모델의 추종자들에게 전형적인 것이었다. 심지어 보호무역주의를 주창한 독일의 프리드리히 리스트F. List마저 스위스의 눈부신 발전에 경악했다. 소국 스위스는 이제 유럽의 모델이 되었고, 이론에 불과했던 애덤 스미스의《국부론》을 영국 땅에 발붙이게 했다.

스위스에 충격을 받은 콥덴은 귀국하자 곧 곡물법 폐지운동을 일으킨다. 1838년 반곡물법동맹을 결성하고, 이 운동을 주도한 지 8년 만에 곡물법을 폐지한다. 그리고 자유무역운동과 영국·프랑스 간의 통상조약 체결에 앞장서 1860년에 이를 성사시킨다. 영국은 프랑스와 함께 스위스보다 약 40년 뒤에야 자유시장을 허용한 것이다.

이처럼 스위스의 '무위국가' 패러다임은 점차 유럽 전역을 '무위제국'의 이미지로 변혁시켜갔다. 마침내 유럽은 직간접적으로 공자철학을 수용해 "하나의 거대한 근대적 유라시아 경제이론"을 창조했고, "무위의 유럽적 전파는 이것으로 완성되었다."[158] 오늘날 1인당 GDP 8만 달러를 넘는 스위스의 경제적 풍요는 바로 중국을 모델로 한 1820년대 경제개혁에 의해 기초가 놓였던 것이다.

스위스에 대한 공자철학의 영향을 추적해온 경제학자 한스 게를라흐H. C. Gerlach는 2004년 논문 〈유럽 속의 무위〉에서 스위스를 마치 '리틀 차이나'처럼 소개한다.

> 30년전쟁의 공포가 종식된 지 200년 만에 서부 유라시아의 산악지역이 백성의 복지를 위한 조화로운 통치의 새로운 비전을 창조한 것이다. 이제 우리는 '무위'사상의 전파가 없었다면 이런 일이 결코 일어나지 않았으리라는 사실을 안다.[159]

우리 동아시아인들에게 게를라흐의 이 천명은 경이로 다가온다. 오늘날 유럽을 여행하며 스위스를 부러워하는 아시아의 젊은이들이 그 부강의 저변에 동양 문화의 적극적인 흡수가 있었다는 사실을 얼마나 알고 있을까? 개화기 동서 문명교체기 때, 일본은 아시아를 벗어버리고 유럽을 닮고자 이른바 탈아입구脫亞入歐 정책을 펼쳤다. 이후 오랫동안 아시아적 가치는 폄하되었고 유럽은 동경의 대상이었다. 이 기회에 유럽의 근대 문명 저변에 깔린 동양철학사상을 제대로 이해한다면 서구맹종주의자들이 설 자리는 비좁아진다. 문명은 서로 패치워크한다. 사상 역시 서로 교류하며 패치워크한다.

6장

조용히, 그러나 절실히 공맹철학을 받아들인 영국

현대 영국의 사상가 레슬리 영은 애덤 스미스의
자유시장 경제학을 '중국산'이라고 단언한다.
스미스의 '보이지 않는 손'은 케네, 튀르고 등
프랑스 중농주의자들이 중국으로부터 수입한 사마천의
'자연지험自然之驗' 개념의 다른 표현에 불과하다는 것이다.

영국은 유럽의 여러 나라 가운데 사상과 언론의 자유가 가장 폭넓게 허용된 나라였다. 강단을 지배하던 스콜라철학에 대해 다분히 이단적인 경험론이 일찍부터 발달했으므로, 17·18세기 영국의 지성계는 프랑스처럼 요란스럽게 공자에 열광하지도, 독일처럼 독단적 편견을 보이지도 않았다. 대신 균형 잡힌 시각을 유지하며 공자철학을 조용히 그러나 절실하게 긍정했다. 중국 열풍에 호응하면서도 보다 근본적으로 탈기독교적인 변화를 보여준 것이다. 명예혁명 이전의 절대왕정, 내전, 올리버 크롬웰O. Cromwell의 군사독재적 귀족공화국에 지친 17세기 영국인들은 공자철학과 중국 국가제도에 많은 관심을 보였고 깊은 존경을 표시했다.

18세기 영국의 철학계는 17세기 초의 베이컨과 홉스 이래 음으로 양으로 공자주의에 영향을 받으면서 경험론과 합리론이 사상투쟁을 벌이게 된다. 이미 서술했듯이 감성·감정·경험·덕성을 중시하는 존 로크, 아이작 뉴턴, 버나드 맨더빌, 섀프츠베리, 프랜시스 허치슨, 조지 버클리G. Berkeley, 데이비드 흄 등이 당시의 대표적인 경험론자들이다. 그들의 상대는 이성과 지성(지식)을 중심으로 한 신플라톤주의와 아리스토텔레스주의의 지성주의적 합리론자들이었다. 이런 분위기 속에서 공자철학의 경험론과 덕성주의는 영국 경험론의 결정적 응원군이 되었고, 데이비드 흄과 애덤 스미스 등의 철학 속에 고스란히 스며들었다.

영국 신사,
중국의 선비를 흠모하다

계몽주의 시대에 도버 해협은 사상의 장벽이 될 수 없었다. 수많은 프
랑스 서적들이 영국으로 건너오거나 영문으로 번역되어 출판되었다.
　1669년에 영국의 문필가 겸 건축가 존 웨브는 저서《중국의 유구성》
에서 공자를 '중국의 플라톤'으로 극찬하면서 인仁 개념을 논했다.

> 기원전 500년경에 살았던 공자가 아직도 대단한 존경 속에 살아 있다는
> 것은 천하에서 중국 말고 어느 곳에서도, 또 어느 민족에게서도 들어본 적
> 이 없는 일이다. 세상의 어떤 군주정이 바른 이성의 명령과 정치원리에 따
> 라 구성된 적이 있다면, 그것은 감히 중국 군주정이라고 말할 수 있다.[160]

　당대 최고의 정치가 윌리엄 템플W. Temple 경도 "세계의 어떤 헌정
체제에서도 경험할 수 없는 중국의 제도들, 광대한 깨달음과 지혜에
의해 창안된 것으로 보이는 탁월한 제도들을 다 열거하려면 끝이 없
을 것이다"라며 이에 가세했다.[161]
　영국의 사상가 집단 중에서도 중국철학에 가장 매혹되어 크게 환호
한 것은 자연종교를 지지하고 계시종교를 반대하던 이신론자deists들
이었다. 이들은 중국 선비들literati의 견해가 근본적으로 자신들과 일
치한다고 주장하면서 이를 뒷받침하기 위해 번번이 공자철학을 끌어
댔다.
　이신론자들은 시인이자 철학자였던 이신론의 시조 허버트Lord Her-

bert of Cherbury의 사상에 따라 교회제도와 기독교적 계시를 배격하고, 모든 인간에게 내재된 '이성의 빛'에 근거한 자연종교를 믿었다. 《구약성경》이 가장 오래된 종교 텍스트가 아니고 신의 유일무이한 말씀도 아니며, 많은 종교적 진리의 원천들 가운데 하나에 불과하다고까지 주장했다. 기독교 자체는 인간 이성의 보편적 힘을 신뢰하는 많은 종교들 가운데 하나일 뿐이라는 것이었다.

훗날 박학다식한 이신론자 매슈 틴덜M. Tindal은 공자의 도덕적 가르침을 그리스도의 가르침과 대등하다고 보았다. 공자의 가르침은 신의 계시적 근거에 기초하기보다 합리적 근거에 기초한다는 사실을 강조하여 그런 견해를 지원했다. 그는 중국이 오히려 유럽에 선교사를 보내야 한다는 라이프니츠의 아이디어에 찬동하면서 이렇게 선언한다.

> 공자와 예수 그리스도의 격률(윤리학의 준칙)이 결코 다르지 않고, 오히려 공자의 명백하고 간단한 격률이 예수의 모호한 격률을 해명하는 데 도움을 줄 것이라고 생각한다.[162]

예수회 신부들이 소개한 중국의 윤리는 유럽 이신론자들의 몸에 딱 들어맞았다. 당시의 이신론자들은 '완전한 도덕'이 신의 계시라는 도움을 받지 않고 인간의 자연적 능력에 의해 발현될 수 있다는 사실에 공감했다.

명예혁명 이전인 17세기 중후반부터 영국의 신사계급, 즉 젠트리 gentry도 중국의 탁월한 제도에 탄복했다. 만민평등교육·3단계 교육제·과거제·관료제가 대표적이었다. 중국에서 온 보고서들은 정부 공직이 오로지 공인된 성적에 근거해야 한다는 신념을 되살려냈다. 이런 신념은 플라톤과 토머스 모어T. More도 언급했던 적이 있지만 어디까지나 단순한 아이디어에 불과했다. 그런데 중국에서 1,000여 년 동안이나 성공적으로 실천되어왔다는 것은 놀라운 일이었다. 당시 영국을 대표하던 문인 새뮤얼 존슨S. Johnson은 "고귀함과 지식이 일치하고, 사람들이 학문에서 이루는 만큼 신분이 상승하며, 덕스러운 노력의 결과로 승진하는 그런 나라가 있다는 사실에 매우 놀랄 것이다"라고 했다.[163]

중국의 과거제도는 영국 신사들에게 깊은 인상을 주었다. 그들은 영국에서 공직을 임명하는 방식이 부패를 조장한다고 생각했다. 왕은 장관들의 개인적 천거에 의존해 행정부 인사를 단행했다. 그러나 장관들이 부패한 까닭에 종종 무자격자들이 공직에 임명되었다. 반면 중국의 인사 방식은 공직을 개인의 이익을 위한 직책으로 쉽사리 왜곡하지 못하게 만든다. 공직 진출이 엄격한 감독하에 진행되는 과거시험에 달려 있기 때문이다. 작가이자 정치가 유스터스 버젤E. Budgell은 《클레오메네스에게 보낸 서한》에서 "중국의 공직 후보자들은 믿지 못할 정도로 엄격한 방식으로 시험을 본다. 그는 독방에 격리되고, 주어진 문제의 답안을 작성하는 데 친구들의 도움을 받지 못하도록 수많은 군인들이 그곳을 물샐틈없이 지킨다. 그가 제출한 답안은 황제가 지켜보는 가운데 엄선된 여러 관료들에 의해 공정하고 공평하게 검토된다"고 말했다. 버젤은 시험에서의 성공이 공직에 대한 후보자의 교양과 자격을 나타내주는 진정한 지표라고 생각했다. "후보는 스스로 만다린 언어(한문)와 중국 역사, 공자 경전의 석학임을 입증해야 한다. 마찬가지로 그는 정부의 문서나 법률을 지극히 정확한 글쓰기와 말하기로 기안할 수 있어야 한다."[164]

영국 신사들은 특히 중국의 내각제적 제한군주정에 탄복했다. 중국의 왕권은 민본주의, 예치禮治·덕치주의, 간언·상소제도 등 여러 견제장치에 의해 이중삼중으로 제약되어 있었다. 또한 명나라 때부터 재상을 대체한 내각의 권력분립적 의정 권한도 왕권 제한에 기여했다.• 이것은 순임금과 우임금이 '천하를 영유했으나 이에 간여하지 않았다有天下也而不與焉'는 《논어》의 영유와 치국의 분리원칙으로 뒷받침되었다. 동아시아의 번영을 보장해온 이 권력분립적 제한군주정은 장 보댕 J. Bodin과 홉스의 절대주권론 이래 권력을 분할할 수 없는 것으로 여기던 유럽인들에게 충격적 각성을 가져다주었다. 오늘날 대부분의 사

• 중국의 이러한 내각 구성은 조선 조정의 의정부에 해당한다.

람들이 서구의 의원내각제가 먼저인 것으로 알고 있지만 내각은 중국
에서 비롯된 정치제도다.

1679년 템플 경이 중국의 내각을 연상하게 하는 추밀원 내각Privy
Council Ministry을 기획하고 시운전함으로써 영국 내각제가 싹튼다.
찰스 1·2세의 절대주의와 크롬웰의 공화주의 독재에 질린 당시 영국
인들은 이처럼 중국에서 새로운 해법을 발견하고, 1688년 명예혁명을
통해 마침내 영국 특유의 의원내각제적 제한군주정을 창출한다. 이로
써, '임금은 영유하나 간여하지 않는다有而不與'는 공자의 원칙은 '왕
은 군림하나 통치하지 않는다The king reigns, but does not rule'는 영
국의 불문율로 번안되어 오늘날까지 행해지고 있다.

영국의 지주계급인 신사와 중국의 학자인 군자는 그 이상 면에서도
매우 유사했다. 이 때문에 영국 젠틀맨은 더욱 중국에 경도되었다. 중
국의 부는 대체로 농업에 있었고, 당시 영국도 농업중심의 나라로 간
주될 수 있었다. 중국의 군자는 공직에 진출했고, 영국의 신사는 의회
나 지방정부인 주의 행정에 참여했다. 둘 다 고전적이고 자유로우며
세속적 교육을 받았다. 조지 1세George I의 치세인 1714~1760년에
영국 국교는 힘을 잃었고, 모든 문제는 정치적 판단에 굴복했다. 16세
기 중반 영국 젠트리의 교육은 키케로Cicero의 휴머니즘과 이신론으
로 통하는 종교학습을 포함하고 있었는데, 중국의 군자 교육 또한 내
용적으로 이와 유사했다. 양쪽 모두 역사·문화·정치 등에 대해 폭넓

은 지각을 개발해야 했다. 이 과목들은 리더십을 위해 꼭 필요한 것들이었기 때문이다.

군자나 젠트리는 명실상부한 정치가들이었다. 영국은 왕이 다스리고 중국은 황제가 다스리지만, 왕과 황제가 모두 사실상 정치가의 도덕적·합법적 권위에 의해서 견제되었다. 영국에서 이 권위가 합법적이었던 만큼 영국인들은 중국에서 황제의 권력남용을 견제하는 학자 관료들의 권력도 근본적으로 도덕적이면서 실재적인 것이라고 생각했다. 중국 학자들은 모두 공자의 윤리학에 정통했기 때문이다. 버젤은 "중국에서 황제는 절대적이지만, 그의 모든 행위에 충분한 견제가 될 만한 것들이 있다. …관료들은 중국제국의 기본법에 의해 황제에게 예를 갖추되 명백한 언어로 황제의 행위 중에서 무엇이 잘못인지를 간언하도록 허용되어 있다. 따라서 그들이 군주의 명예와 나라의 복리에 필요하다고 생각하면 언제나 이 특권을 활용한다고 우리는 확신한다"고 말했다.

영국의 경우, 재야country 젠트리의 관점에서 조정court의 젠트리(장관과 궁정측근)는 왕을 향한 총애 경쟁 때문에 부패한 것으로 간주되었다. 더욱이 18세기 중반 금융혁명으로 금융자본이 급성장하자 왕의 측근과 장관들은 금융계와 유착하기 시작했다. 결국 금융계는 조정의 요구에 따라 돈으로 일부 의회의원들을 유혹해 친親조정의원(오늘날의 여당의원)으로 만들었다. 재야의원(야당의원)들은 이것도 부패로 간주했다. 지식·덕성·애국심이 지배하는 대신 돈이 횡포를 부리기 시작했기 때문이다. 영국 의회를 중심으로 모인 재야 젠트리는 시간이 갈수록 중국을 선망했다. "중국은 이러한 횡포로부터 자유로운 나라로 보였다. 부가 아니라 학식이 황제의 공무 속에서 승진할 수 있는 자격을 주었다. 그리하여 영국의 학식 있는 재야 젠트리는 중국의 고급관리인 만다린을 자신들의 카운터파트로 여길 수 있었던 것이다."[165]

이런 분위기 속에서 1762년 올리버 골드스미스O. Goldsmith는 영국을 여행하는 가상적 중국인의 눈으로 영국사회를 비판하는《세계시민》을 출간했다. 같은 해 익명의 저자는 중국 정부의 농본주의정책에 대한 핵심 정보를 담은《1747년과 1748년의 동인도 여행》을 런던에서 출간했다.

이제 중국에 의한 영국의 계몽은 정점에 달해갔다. 데이비드 흄과 애덤 스미스로 대표되는 스코틀랜드 출신의 계몽주의 경험론자들은 계몽주의 작품들 가운데 가장 위대한 창작물인 '자유주의 정치·경제사상'을 창안한다. 공자철학과 중국 정치모델의 직간접적 영향 아래 탄생한 이 스코틀랜드 자유주의 사상이 현실로 구현되어 나온 첫 작품이 바로 1776년의 '아메리카합중국'이었다. 두 번째 작품은 세계의 공장이자 세계정치의 중심으로서 빅토리아Victoria 치세인 1837~1901년의 '영국'이었다.

가장 방대한 민주국가를
탄생시킨 흄

1750년경 스코틀랜드는 이미 글을 읽고 쓸 줄 아는 시민이 전체의 75퍼센트에 달했다. 놀라운 지식사회라고 할 수 있었다. 당시 영국이 유럽에서 가장 자유로운 나라였다면 스코틀랜드는 유럽에서 가장 유식한 지역이었다.

데이비드 흄D. Hume은 애덤 스미스와 마찬가지로 스코틀랜드 출신이다. 흄과 스미스는 띠 동갑으로 흄이 열두 살 많은 고향 선배다. 흄은 허치슨, 스미스, 토머스 리드T. Reid, 애덤 퍼거슨A. Ferguson 등과 더불어 이른바 스코틀랜드 계몽주의를 대표하는 학자다.

다른 나라보다는 덜했지만 영국과 스코틀랜드 지역에서도 학문·예술에 대한 종교적 억압과 박해는 존재했다. 영국 성직자들은 끊임없이 철학자들의 저작과 견해에 대해 시비를 걸었고, 심지어 18세기 중반에도 흄의 철학을 무신론으로 낙인찍고 흄에 대한 종교적 마녀사냥을 법적으로 준비할 정도였다. 그것은 당시 합법적인 절차였다. 무신론자를 처벌하는 법규를 두고 있다는 것 자체가 온갖 종교적·정신적·경제적 자유를 만끽하던 동시대 동아시아 국가들과 비교하면 너무도 미개한 것이었다.

흄은 중국과 영국의 제한군주정과 권력분립 제도를 최초로 정밀하게 분석한 철학자다. 중국 정치제도의 사례를 통해 '대국에서는 절대군주정이 필연적이고 민주정은 소국에서만 가능하다'는 유럽의 오랜 편견을 일소해 민주주의의 새로운 진로를 개척한다. 흄은 1742년 〈예술과 과학의 흥기와 진보〉라는 글에서 다음과 같이 분석한다.

중국은 인구와 영토의 방대성 때문에 언제든 아득히 먼 지방에서 중앙
군이 감당할 수 없을 정도로 수많은 반란이 일어날 수 있다. 칼은 언제나
백성의 수중에 들어 있다. 이 때문에 중국에서는 혁명적 민란이 빈발했
고, 이 반란을 방지하기 위해 역대 군주들은 직속관리와 지방 수령을 보
편법률이 보장하는 견제장치 아래 복속시키지 않을 수 없었다. …중국의
군주정은 왕도적 권력에 따르는 평온함과, 대중적 집회의 중용과 자유를
둘 다 가지고 있고, 따라서 절대군주정이 아닌 모든 정치체제들 가운데
최선의 제도다.[166]

이처럼 흄은 대국의 방대성, 저항의 자유공간, 통치권의 제한성 간
의 상호적 연관관계를 정확히 짚어냈다.

방대한 영토와 엄청난 인구를 가진 중국제국에서는 독단적인 유일
권력과 국민 다수가 결집하는 세력 형성이 어렵다. 반대로, 적은 인구
가 좁은 공간에 밀집되어 있는 소국은 자칫 획일화되어 소수에게 휘
둘리기가 쉽다. 민주정을 도입해도 다수파 형성이 쉬워 대개 다수의
횡포에 의해 망가지기 일쑤다. 여기서 흄은 민주정은 소국보다 오히려
대국에 적격이라는 획기적 결론을 도출한다.

흄은 중국에서 얻은 이 결론을 미국에 적용해 1752년 〈완벽한 공화

국의 이념〉이라는 글을 쓴다. 영토가 방대한 미국에는 권력분립적 민주정이 적격이라는 것이다. "작은 공화국이 대내적으로 세계에서 가장 행복한 국가일 것이다. 모든 일이 치자들의 눈 아래 들어오기 때문이다. 그러나 이 작은 공화국은 외부의 큰 힘에 쉽게 정복될 수 있다."[167] 그러므로 흄은 "큰 공화국과 작은 공화국 둘 다의 이점을 지닌" 거대한 연방국가를 기안한다. 미국 건국의 아버지 제임스 매디슨J. Madison은 1787년 12월 8일 발표한 〈페더럴리스트 페이퍼 제19호〉에서 흄의 글을 직접 인용하며 미국 헌정은 권력분립적 민주정이어야 한다고 주창한다.[168] 이로써 인류 역사상 최초로 가장 방대한 민주국가가 탄생하게 된 것이다. 오늘날 지구촌을 대표하는 민주국가 미국의 탄생에도 중국의 영향이 있었던 셈이다.

흄은 중국 문화와 공자의 권위도 잘 알았다. 공자철학과 중국 문화를 접할 경로는 다양했다. 그는 라틴어와 프랑스어에 능했고 이탈리아어를 배웠으며, 1734~1737년 사이 3년 동안 프랑스 앙주와 렝, 라플레쉬에 체류하면서 《인성론》의 초고를 썼다. 1747~1748년에는 오스트리아 빈과 이탈리아 토리노에서 외교관으로도 생활했다. 특히 라플레쉬에 있는 동안 그는 수많은 책과 사람들을 만났다. 17세기 초 데카르트와 17세기 말 요하쉼 부베가 다니던 예수회 소속 라플레쉬 학교는 4만 권의 장서를 가지고 있었다. 그는 이 학교 도서관을 열심히 드나들며 새롭고 놀라운 저서들을 읽었다. 그리고 여기서 '상당한 재능과 학식을 가진' 예수회 신부들을 사귀게 된다. 당시 예수회 신부들은 대부분 공자철학과 중국 문화를 프랑스에 소개하고 이에 대한 논의를 일으킨 장본인이었다.

한편 흄은 라플레쉬에서 페넬롱과 접촉하기 위해 많은 노력을 기울인 것으로도 알려져 있다. 앞서 언급했듯이 페넬롱은 공자철학에 대해 '밀려나는' 그리스철학의 우위를 선언하며 공자와 소크라테스의 가상 대화를 설정해 공자를 참패시킨 인물이다. 철학자 램지A. Ramsay는 페넬롱의 열성적 제자였는데, 램지가 쓰고 있던 〈중국 서간〉이라는 글의 영어 번역자로 흄이 적극 추천되기도 했다.

이렇듯 흄은 공자철학과 밀접한 곳에서 지내며 나름대로 정통한 정보를 받아들였지만, 프랑스의 합리주의자들처럼 중국을 이상향으로 생각한 것은 아니었다. 대신 중국 도덕문화의 탁월성을 평가하면서도 중국의 현실을 차분하고 냉정한 눈으로 분석했다.

중국은 예법과 학문에서 대단한 축적을 이룩했다. 하나의 언어를 사용하고 하나의 법에 의해 다스려지고 동일한 방법으로 공감하는 방대한 제국이다. 따라서 공자와 같은 스승의 권위가 이 구석 저 구석으로 확산되기가 쉽다.[169]

흄은 훗날 〈국민성에 대하여〉라는 논고를 통해, 중국 문화의 동질성과 제일성齊一性, uniformity의 원인이 중국의 역사적·정신적 유구성에 있다고 말한다.

> 아주 광대한 국가가 수많은 세기에 걸쳐 확립되어온 곳에서 이 국가는 제국 전체로 국민성을 퍼트리고 모든 부분마다 유사한 행동양식을 전달했다. 그러므로 중국인들은 저 방대한 영역의 상이한 부분들에서 상상할 수 있는 최대의 제일성을 지닌다.[170]

여기서 흄은 몽테스키외의 기후결정론과 상반된 입장을 피력하고 있다. 광대한 국가의 유구성이 문화와 국민성을 유사하게 빚어낸다는 것이다.

그런데 흄의 이런 중국관은 사실 중국에 대한 정보 부족으로 지나치게 단순화된 것이다. 중국에서는 유학, 불교, 도교, 경교景敎(네스토리우스파 기독교) 등 서로 이질적인 사상과 종교가 역사적으로 각축을 벌여왔다. 훈고학, 성리학, 양명학, 고증학, 실학 등 유학의 다양한 유파와 춘추·전국시대 제자백가의 유산 등 문화와 학문 요소들에도 다양성·이질성이 존재했다. 또한 춘추·전국시대 이래 여러 나라로 분열되었던 기간이 통일제국을 이룬 기간보다 더 길다는 사실, 중국 땅이 역사적으로 수많은 민족의 다언어·다문화 지역으로 분열된 땅이라는 사실, 잦은 혁명과 왕조 교체, 이로 말미암은 중국 왕조 특유의 단명성

(길어야 300년, 짧으면 15년) 등이 모두 무시되었다. 흄은 중국 문화의 가장 깊은 정수까지는 이해하지 못했던 것이다.

그렇지만 당시 사정을 감안할 때, 흄은 비교적 균형 잡힌 중국관을 갖춘 셈이었다. 그는 중국을 영국 같은 서구적 자유정부의 사상은 없지만 다른 장점을 가진 나라로 보았다. 그래서 앞의 인용문에서 "중국의 군주정은 왕도적 권력에 따르는 평온함과 대중적 집회의 중용과 자유를 둘 다 가지고 있다"고 말했던 것이다. 1752년 《상업론》에서는 중국을 '세계에서 가장 번영하는 제국들 중 하나'로 묘사한다.

또한 당시 교회의 신들린 몽매를 비판하는 맥락에서 동아시아인들의 탈종교적·세속적 삶을 선망했다. 〈미신과 광신〉이라는 글에서 '중국의 공자 제자들'을 '우주 안에서 유일한 이신론자들의 정규 단체인 선비집단'이라 극찬하면서 "중국 선비집단은 어떤 성직자도, 어떤 교회조직도 없다"[171]고 부러워했다.

흄은 1763~1764년에 프랑스의 대표적인 친중국 학자 케네와 만나 상세한 담화를 나누었다. 흄은 당시 파리 주재 영국대사의 비서관 신분이었다. 흄은 《인성론》, 《인간지성론》, 《도덕원리론》을 쓴 철학자이자, 《정치논고》를 쓴 정치경제학자이며, 《영국사》를 펴낸 역사가이기도 했다. 흄의 저서들은 프랑스어로 차례차례 번역되었고, 영국의 외교관이자 뛰어난 사상가로서 파리에서 일약 국제적 명사로 떠올랐다. 당시 흄의 존재감은 "프랑스 수도에서 흄과 알고 지내지 않는 것은 사회적 죽음이 되었다"라는 기록으로 짐작할 수 있다.

> 프랑스 수도에서 흄과 알고 지내지 않는 것은 사회적 죽음이 되었다. …
> 흄은 궁정 서클과 이른바 '식자공화국'에서도 칭송을 받았다. '식자공화
> 국'은 유력한 여인들이 운영하는 살롱들로, 프랑스 계몽주의의 독특한
> 영토였다. …살롱에서 흄은 프랑스 계몽주의에 동력을 공급하던 비평가,
> 문필가, 과학자, 예술가와 철학자, 즉 필로소프들philosophes을 소개받았
> 다. 여기에는 '유럽의 문화 통신원' 프리드리히 그림, 방대한 전집《백과
> 전서》의 편집인들인 선구적 수학자 장 달랑베르와 다재다능한 드니 디드
> 로도 포함돼 있었다. 디드로는 흄을 계몽정신의 동지, 즉 세계시민으로
> 인정했다. …흄은《백과전서》의 주요 재정지원자이자 기고가인 열정적인
> 무신론자 돌바흐B. d'Holbach 남작의 친근한 벗이 되었다.[172]

흄은 1765년 대사대리로 승진했고 새 대사가 부임할 때까지 5개월
동안 대사관을 책임졌다.

한편 버클루 공작의 장남 헨리 스콧H. Scott의 유럽여행을 수행하러
파리에 온 애덤 스미스도 헨리 스콧의 진료를 겸해서 케네를 만났다.
이미 언급했듯이 스미스는 훗날《국부론》을 헌정하려 했을 정도로 케
네를 흠모했다. 흄의 막역한 친구이자 후배였던 스미스는 케네의 자유
주의적 중농주의에 대해서만이 아니라 그의 중국론에 대해서도 흄과

많은 이야기를 나누었다.

컴벌랜드, 섀프츠베리, 허치슨을 거친 영국 경험론 특유의 공감도덕론은 공맹철학의 영향 속에서 흄과 스미스로 이어지며 발전한다. 흄은 공맹의 측은지심과 동고동락의 공감감정론을 받아들였다. 공감의 소통능력과 인애심에 대한 흄의 이론은 맹자의 설명과 쏙 빼닮았다. 맹자가 우물에 빠지려는 아이를 보면 누구나 측은지심을 느낄 것이라고 한 말과 유사하게, 흄은 말발굽에 짓밟히려는 사람을 보면 누구나 고통을 느낄 것이라고 말한다.

맹자가 측은지심 등의 사회적 공감능력을 확충해 온 세상을 족히 보전할 수 있는 차원으로 보편화하듯이, 흄도 인애심을 보편적 공감능력에 의해 전 인류로까지 확대해 '보편적 인애', 즉 공자의 '박애'로 보편화한다.

공맹과 흄의 사유구조는 매우 유사하다. 이 유사성은 과연 우연의 일치일까? 미국의 석학 놀런 제이컵슨N. P. Jacobson은 다음과 같이 확언한다.

흄에게 가장 중심적인 개념들 중 하나, 즉 보편적 공감의 이론이 맹자에게서 처음 비롯되고 흄의 몇몇 동시대인, 특히 애덤 스미스 등 주요한 동시대인들의 윤리학을 밑받침해주고 있다는 것은 거의 우연일 수 없다.[173]

우연의 일치가 아니라 직접적인 영향이라는 얘기다. 왜 그렇게 단정할까?

그리스철학의 합리주의 전통에서 이성은 보편적인 반면, 감성과 감정은 특수적일 뿐 보편화될 수 없다. 그러나 공맹과 흄은 인간적 감성과 감정의 보편성 및 그 확충을 말한다. 제이컵슨은 "흄이 인간생활의 근본적 접착제요 인간본성의 궁극적 근거로 간주하는 '비언어적 교감'의 철학적 연결 경로는 지중해로 거슬러 올라가는 것이 아니라, 맹자의 보편적 공감의 개념에서 시발하는 또 하나의 아시아적 주요 전통으로 거슬러 올라가는 것"이라고 말한다.

나아가 맹자와 흄은 모두 감정과 욕망을 이성으로 금하거나 억압해야 할 금욕의 덕성으로 보지 않는다. 대신 모든 감정과 욕망을 중화시키고 잘 즐기도록 만드는 것을 추구한다. 공맹이 이기심과 칠정 자체의 선악을 말하지 않고, 중용의 여부에 의해 선해지거나 악해진다고 말하듯이, 흄도 "인간의 어떤 자질도 절대적으로 비난이나 칭찬을 받을 만하지 않다. 그것은 모두 그 정도에 달려 있다"고 말한다.[174] 이로써 흄의 도덕론은 공맹의 길을 따르고 있는 것이다.

흄은 《상업론》에서도 공맹철학과 중국 정치의 영향을 그대로 보여준다. 상공업 중시, 자유상업론, 그리고 인간의 본성에 부응하는 자연스러운 정책을 최선의 정책으로 천명하는 무위이치 사상을 피력한다.

일단 흄은 서구에서 상업을 국가의 중대사로 여기는 전통이 전무했음을 지적한다. 유럽에서 교역은 17세기까지 결코 국가차원의 일로 여겨지지 않았다는 것이다.

> 이것을 언급한 고대의 정치학자도 거의 없었다. 지금은 사변적 추리가들뿐만 아니라 국가 장관들의 관심까지 사로잡고 있지만, 이탈리아인들조차 이에 관해 깊은 침묵을 지켰다. (그리스의 역사가) 크세노폰Xenophon이 '교역'을 언급한 적은 있으나, 이것이 국가에 이로운 것인지를 스스로 의심했다. 근세에 광범한 상업의 중요성을 인류에게 처음 가르쳐준 것은 중국 및 아시아와 교역을 통해 이룩된 두 해양강국의 거대한 풍요와 번영, 군사적 성취다.[175]

예수회 선교사들을 중국과 동남아에 파견한 두 해양국가, 포르투갈과 스페인을 통로로 자유상공업 사상이 중국에서 유럽으로 처음 전파되었음을 시사하는 구절이다.

이어서 흄은 인간의 본성에 부응하는 자연스러운 정책을 최선의 정책으로 천명하는 '무위이치' 사상을 피력한다. "주권자는 인간을 있는 그대로 취해야지 감히 인간의 사고원리와 사고방식을 폭력적으로 변형하려고 주장해서는 안 된다. …사물의 가장 자연스러운 과정에 따라 산업과 기예와 교역은 피치자들의 행복뿐만 아니라 주권자의 권력을 함께 증대시킬 것이다."[176]

또한 상공업의 발달과 그에 따른 중간층 부자들의 형성과 증가가 나라의 자유와 균형을 유지해줄 것이라고 갈파한다. 애덤 스미스는 훗날 상공업의 자유 효과에 대한 흄의 이 논변을 "상업과 제조업은 점차 사회질서와 훌륭한 정부를 만들어가고 …개인의 자유와 안전을 꾀한다. 이것은 상업의 모든 중요한 효과 가운데 가장 중요한 것이다. 흄은 내가 아는 한 지금까지 이것을 본 유일한 필자다"[177]라고 높이 평가한다.

흄은 무위이치, 자유상공업, 부국강병의 상호연관성을 확신했다. 따라서 상업에서 국가가 위대해지는 것과 국민이 행복해지는 것은 서로 조화된다고 강조한다.

이처럼 흄은 서양의 역사와 철학사에서 전례 없는 새로운 자유상공업론을 전개했다. 서양사상의 내재적 발전의 산물일 수 없다는 뜻이다. 흄이 밝히고 있듯이 자유상공업론은 17세기 이전까지 서구에 존재한 적이 없었고, 흄이 이 글을 쓴 1741년과 1752년까지도 나타난 적이 없었다. 프랑스에서 상업감독관 뱅상 드 구르네V. Gournay가 자유방임주의, 곧 '레세페르'를 공개적으로 요구한 것은 1750년대 중반이었고, 튀르고가 구르네를 지지하는 글을 처음 잡지에 기고한 것은 1759년이었다. 따라서 흄이 프랑스인들의 이런 때늦은 주장들로부터 영향을 받지 않은 것도 확실하다. 그렇다고 그의 개인적인 천재성의 산물로 보는 것도 무리가 있다. 흄은 인간성의 향상을 보장하는 자유로운 사회원리를 주장했다. 대외무역만을 중시하는 중상주의적 독점체제의 특권도 부정했지만, 케네가 주장하는 순수한 농업국가도 부정했다. 대신 농업과 상공업, 생필품과 사치품, 대외무역과 국내상업을 차별하지 않고 중시하는 무차별적 자유상공업론, 그리고 이에 근거한 부국강병론을 주장했다. 흄의 이런 주장들은 공맹과 사마천의 농상양본주의 경제철학과 정확하게 상통한다.

게다가 흄이 글을 쓰던 때는 중농주의가 등장하기 이전이었다. 따라서 중농주의 자유상공업론을 접할 수 없었을 뿐만 아니라, 그 내용이 중농주의의 핵심 주장들과 정면 배치되는 것들이기도 하다. 중농주의는 원활한 경제순환과 재생산을 위해 자유교역을 전개하되, 농업을 중시하는 가운데 상공업을 억압했다. 생필품 생산을 중시했지만 장식용 사치품 생산을 억압하고, 대외무역만을 중시하는 중상주의에 맞서 국내상업을 중시하고 대외무역을 억압했다.

흄은 1752년에 쓴 《상업론》의 첫 각주에 장프랑수아 멜롱J. melon의 유명한 1736년 저작 《상업에 관한 정치평론》을 인용한다. 멜롱의 저서는 중국의 농업, 상업, 도덕, 정치 등을 주도면밀하게 분석한 엔티엔 드 실루에트E. de Silhouette의 1729년작 《중국인의 통치와 도덕의 일반이념》의 내용을 받아들여 별도의 절로 중국의 농업과 상업을 논했다. 이렇게 등장한 흄의 자유상업론은 프랑스에 비해 강력하게 상업이 발달하게 된 영국의 경제현실을 선구적으로 설명한다. 결국 공맹과 사마천의 정치경제철학은 케네보다 흄에게서 덜 굴절되고 더 완전한 형태로 구현된 것이다.

영국의 경험론자들은 18세기 내내 영국에 비해 정치적으로 낙후했던 프랑스의 합리주의자들이나 절충주의자들보다 공맹철학에 덜 열광적이었다. 하지만 조용하게, 그러나 프랑스 철학자들보다 먼저, 훨씬 실질적으로, 공맹철학을 그들 철학의 근본 내용으로 받아들였다.

그리스철학과 기독교신학의 합리주의적·지성주의적 세계관을 극복한 새로운 철학, 즉 경험주의 근대 철학과 정치경제학은 이를 바탕으로 창조된다. 그리하여 영국인들은 그리스와 기독교 전통으로부터 벗어나 중국과 동아시아에서 수천 년 동안 향유해온 학문적·예술적·종교적·정치적·도덕적·경제적 자유를 유럽에서 제일 먼저 수용하고 확립해나갔다. 특히 애덤 스미스의 도덕론과 자유경제론은 흄의 철학보다 더 깊이 공맹철학을 내면화하고 있다.

소심한 애덤 스미스의
은밀한 표절

데이비드 흄은 죽으면서 스코틀랜드 고향 후배인 애덤 스미스A. Smith
를 법적 유고 관리인으로 지명한다. 흄의 유고에는 수많은 편지, 완성
된 형태의 종교론 원고 등이 들어 있었다. 스미스는 생전에 흄을 진실
로 존경하고 따랐으며, 사후에는 흄을 '제2의 소크라테스'로 찬미했다.
그는 흄이 남긴 편지들을 골라 서간집을 출판하려 했으나, 종교론 원
고의 내용이 당시 분위기상 위험하다고 판단되자 지레 겁을 먹고 미
루기만 했다. 결국 이 책은 흄의 조카에 의해 흄이 죽은 지 2년이 지나
고서야《자연종교에 관한 대화》라는 이름으로 세상에 나온다.

이 에피소드는 겁 많은 애덤 스미스가《도덕감정론》과《국부론》에
서 당시 이교異敎철학이었던 공맹의 영향을 얼마나 철저히 포장해 감
추고 굴절·왜곡시켰을지를 짐작하게 한다. 실제로 스미스는 흄과 달
리 공자를 찬양하기는커녕 그 이름조차 거론치 않았다. 하지만 직간접
적으로 흄보다 더 많이 공맹철학을 빌려 자유시장 이론을 구성한다.
남의 사상을 받아들여 자기 것으로 활용하면서 출처를 밝히지 않는
것은 엄격히 말해 '표절'이다. 스미스는 케네와 흄의 이론과 맨더빌의
철학과 관련해서도, 이들로부터 받은 사상적 영향에 대해 전적으로 침
묵했다. 그래서 마르크스로부터《국부론》제1장(분업론)의 '그 유명한
구절("문명화되고 번영하는 나라의 가장 평범한 수공업자와 날품 노동자의 살림
살이를 보라")'은 맨더빌의 것을 "아주 글자 그대로 베껴놓은 것"[178]이라
고 비난받기도 한다.

스미스가 공맹철학과 중국의 정치경제론을 받아들인 경로는 세 가지로 추정된다.

첫째, 그는 옥스퍼드 밸리올 칼리지에 다니던 1740~1746년에 한창 도덕론 논쟁을 벌이던 당대의 프랑스 철학서적을 광범하게 섭렵했다. 이때 중국 관련 논의와 서적들도 함께 읽었을 것이다. 이 사실은 그가 케네, 튀르고, 볼테르를 만나기 전에 집필해 출판한 《도덕감정론》에서 중국의 사례를 자주 들거나 볼테르의 《중국의 고아》를 '아름다운 비극'으로 소개한 데서 알 수 있다.

둘째, 중국을 잘 알고 있던 흄과의 교류다. 에든버러 대학의 시간강사를 하던 시절인 1748~1750년, 에든버러의 여러 계몽주의 서클에 들어가 교류하면서 흄을 만나 평생 교분을 맺는다. 이 서클과 흄을 통해 공자와 중국에 관한 당대 최고 수준의 지식과 정보를 접했을 것이다.

셋째, 케네, 튀르고, 볼테르와의 만남이다. 1759년 출판한 《도덕감정론》으로 명성을 얻은 스미스는 글래스고 대학의 도덕철학 교수직을 사임하고, 헨리 스콧의 유럽여행 동행교수직을 맡아 1764~1766년 여정을 함께했다. 18세기 유럽의 귀족들 사이에서는 식견 있는 명사를 초빙해 자녀와 함께 여행 보내는 것이 유행이었다. 이른바 그랜드 투어grand tour다. 당시 이 교육방식이 얼마나 인기를 끌었던지 귀족 자제들이 대학을 다니지 않는 바람에 유럽의 주요 대학들의 재정상황이 나빠져 전전긍긍했을 정도다. 스미스도 스콧이 귀족으로서 지녀야 할 교양과 품위를 쌓도록 돕고, 귀족들의 호화로운 무도회에 참석하는 조건으로 동행교수직을 수락했다. 대신 여행 경비 일체와 매년 300파운드의 봉급, 그리고 매년 300파운드의 연금을 추가로 받는 조건이었다. 글래스고 대학 재직시절 받던 봉급의 2배에 가까운 금액이었다. 마침 글래스고 대학의 교수 생활에 무료함을 느끼던 스미스로서는 여러 나라를 돌며 명망가들을 만날 수 있는 이 기회를 마다할 이유가 없었다. 이 여행중에 스미스는 책을 통해서만 알았던 볼테르를 스위스 제네바에서 만나는 영광을 얻는다. 프랑스 파리에서 체류할 때는 케네, 튀르고, 벤저민 프랭클린B. Franklin, 달랑베르, 엘베시우스, 앙드레 모렐레A. Morellet와도 접촉했다. 9개월 동안 파리에서 머무르면서 스미스는 《도덕감정론》의 저자로서, 그리고 흄의 친구로서 중농주의자들의 살롱에서 따뜻한 환영을 받았다.[179]

특히 케네와 튀르고와의 만남은 그의 작업에 큰 영향을 미쳤다. 스미스는 튀르고의 《부의 형성과 분배에 관한 성찰》을 영어로 옮겨 출판한 숨은 번역자로 추정되기도 한다. 이 책은 앞서 언급한 바 있는, 튀르고가 국비로 유학을 연장시킨 중국인 청년 신부들에게 건넨 질문지를 통해 얻은 정보를 토대로 만들었다. 튀르고는 스스로 이 글의 성격을 '수치와 도식을 뺀 케네의 《경제표》'라고 설명한다. 따라서 스미스는 《국부론》 집필중에 만난 케네와 튀르고, 이들의 저서를 통해 중국의 경제이론적 의미를 정확히 알게 되었을 것이다. 이 때문에 몇몇 학자들은 스미스가《부의 형성과 분배에 관한 성찰》을 영역한 것을 넘어 표절했다고 주장하기도 한다.

스미스는 튀르고와 여타 중농주의자들을 여러 차례 만나 공통 관심 사를 심도 있게 토의했다. 이것은 모렐레의《회상록》에 의해 뒷받침된 다. "나처럼 형이상학적인 것을 좋아한 튀르고는 스미스의 재능을 크 게 호평했다. 우리는 스미스를 여러 번 만났다. 그는 엘베시우스의 집 에서 소개되었다. 우리는 상업이론, 은행, 공채, 그가 중개하는 큰 사업 의 여러 가지 항목에 대해 의견을 나누었다."[180] 스미스는 흄에게 보낸 편지(1766년 7월 6일자)에서 튀르고와의 만남에 대해, "나는 그와 알게 되는 행운을 얻었고, 내가 자랑으로 여기는 바, 그의 우정과 존경의 행 운도 얻었다"고 언급했다.

스미스는 케네를 처음 본 게, 헨리 스콧이 케네에게 진료를 받을 때 였다고 스콧의 새아버지 찰스 타운센드C. Townsend에게 보낸 편지 (1766년 8월 26일자)에 밝히고 있다. 또한 스콧의 어머니에게 보낸 편지 (1766년 10월 15일자)에서는 케네를 "프랑스에서 가장 훌륭한 사람 중 한 명이자 모든 나라에서 만난 가장 훌륭한 의사 중 한 사람"으로 묘 사하며, "그는 의사일 뿐만 아니라, 장점을 경시할 수 없는 여성인 퐁 파두르 부인의 친구이자 측근"이라고 전한다.[181]

스미스는 1766년 스콧에게서 받은 연금을 가지고 귀국한 후에, 고 향 커크칼디에 정착한다. 처음으로 어떤 공적 업무에도 방해받지 않고 자유롭게《국부론》집필에 전념할 수 있었다. 그것은 이미 유럽여행중 첫 시기에 머물던 프랑스 툴루즈에서부터 쓰기 시작한 방대한 프로젝트였다. 생업에 구애받지 않고 저술에 몰두할 수 있다는 건 학자로서 커다란 행운이자 지복이었다.

스미스가 공자철학과 중국 정치경제에 대해 잘 알고 있었다는 증거는 이러한 정황으로도 충분할 것이다. 그럼에도 이 추정을 뒷받침하는 가장 확실한 증거는《국부론》과《도덕감정론》에 등장하는 경제적·도덕적 논제들이다.

스미스는 일단 1776년에 발표한《국부론》에서 흄을 인용해 상업의 정치경제적 효과를 종합한다. 흄이 말한 상업의 경제발전 효과와 자유화 효과에 더해 사마천의 '소봉' 같은 상인의 농촌 투자를 새로 추가한다. "상인들은 흔히 농촌 젠틀맨이 되고자 하는 희망을 가졌다. 그들이 농촌 젠틀맨이 될 경우, 일반적으로 가장 이상적인 개발자가 되었다."[182] 소봉은 벼슬이나 봉토가 없는 일반인을 뜻하는데, 재능 있는 자가 직업의 귀천을 가리지 않고 돈을 벌어 소봉과 같은 큰 부자가 된다면, 왕이나 재상 같은 권세가 부럽지 않다는 것이다. 부유한 도시상인이 농촌의 토지를 매입해 젠틀맨으로 변신하는 것도 소봉과 같다고 할 수 있다.

나아가 스미스는 자유로운 사적 이익의 추구가 의도치 않게 공공복지의 증대에 기여하는 자연스러운 메커니즘으로서의 '보이지 않는 손'

을 말한다. 이는 보편적 인간성에 부응해 이 성향의 온갖 향상을 보장하는 흄의 '자연스러운 사회원리', 케네의 '자연적 질서', 공자의 '무위이성의 도' 또는 사마천의 '자연지험'과 동일한 경제적 개념이다.

> 각 개인은 오로지 자신의 이익만을 의도하는데, 다른 많은 경우에 그러듯이, 그 의도의 일부가 아닌 목적을 증진시키도록 '보이지 않는 손'에 의해 이끌리는 것이다. …모든 개인들은 자기 이익을 추구함으로써 각자가 실제로 사회의 이익을 촉진하려고 의도할 때보다 더 효과적으로 사회의 이익을 빈번하게 촉진한다.[183]

스미스는 여기서 '보이지 않는 손'을 대외무역에 대한 국내기업가들의 자연스러운 대응 현상에만 적용했지만, 《도덕감정론》에서는 이것을 경제 일반으로 확장해 정식화한다.

서양의 전통철학에도 스미스의 '보이지 않는 손'을 사상적으로 뒷받침해줄 수 있는 자연법 사상은 존재했다. 그러나 흄·케네·스미스 이전에는 아무도 이 자연법 논리를 경제 분야에 적용할 엄두를 내지 못했다. 왜냐하면 정치영역이나 종교·철학영역과 달리 경제영역은 공동선이 행위자들의 시야에서 완전히 사라지고, 도박판*처럼 이기심만이 난무하는데다, 빈부갈등과 권력차로 이지러진 기분 나쁜 곳으로 여겼기 때문이다.

　케네의 '자연적 질서'와 스미스의 '보이지 않는 손' 사상의 새롭고 획기적인 점은 자연법 사상을 '사심과 빈곤에 찌든 경제영역'에 적용했다는 것이다. 이 적용은 개인의 자유로운 이익 추구로 부가 한껏 증대된다는 것, 이렇게 증대된 개인적 부가 국부(공공복리)의 증대로 자연스럽게 연결된다는 인식에 기초한다.

　고대 스토아학파의 섭리론이나 서구의 전통적 자연법 사상은 애덤 스미스의 자유경제철학에 본질적인 영향을 미치지 않았다. 물론 그렇다고 해서 스미스의 선배세대와 동시대 철학사조들마저 그의 경제철학에 전혀 영향을 미치지 않았다고 주장할 수는 없다. 가령 맨더빌은 흄과 스미스가 모두 읽고 아는 유명한《꿀벌의 우화》에서 "모든 업종에서의 수적 비율은 저절로 생겨나고, 아무도 이것에 참견하고 간섭하지 않을 때 가장 잘 유지된다"고 말한 바 있다.[184] 그러나 맨더빌의 이 말은 중국 자유상공업론으로부터 영향을 받았을 수 있고, 또한 공맹·사마천 또는 중국의 실례와 달리 스치는 단상에 지나지 않았기 때문에 스미스에게 '참조' 이상의 관심 대상일 수는 없었을 것이다.

　그런데 스미스의 학문적 양심과 관련해서는, 공맹과 사마천의 이론 및 중국의 오랜 경제적 실제의 경우에 대해서나, 케네와 흄의 이론

●　로크는 상업을 도박에 비유했다.

에 대해서나, 맨더빌의 철학에 대해서나, 그가 이들로부터 받은 사상적 영향에 대해 전적으로 침묵하는 것을 넘어, 그가 종종 중국과 케네, 맨더빌 등을 비난함으로써 이 영향관계를 덮고 감추는 듯한 인상을 지울 수 없다. 마르크스는 스미스에 대해 "정치경제학이 지금까지도 은덕을 입고 있는 최고로 천재적인, 논란의 여지 없이 가장 천재적인 착상"을 내놓은 케네의 중농주의 유산을 계승해 한낱 "설명도구의 개별적 항목들을 보다 엄격하게 명명하고 특화시켰을 뿐", 케네가 《경제표》에서 시사한 만큼의 정확한 수준에서 자본운동 전체를 설명하지도, 해석하지도 못했다고 혹평했다.

사실 우리는 스미스가 《국부론》에서 흄에 대해 온갖 극진한 수사를 동원해가며 "현 시대의 비길 데 없이 가장 걸출한 철학자 겸 역사가"라고 칭송하면서도, 성직자들의 반발과 공격이 두려워 흄의 유언을 저버리고 '종교 관련 원고' 출판을 기피했던 사실을 상기해볼 필요가 있다. 이렇게 겁 많은 스미스가 이교도인 공맹과 사마천을 자기 경제철학의 가장 결정적이고 궁극적인 출처로 밝힌다는 것은 어쩌면 상상하기 어려운 일이었을지도 모르겠다. 나아가 공맹과 사마천이라는 원천을 밝히는 것 자체를 자신의 독창성에 대한 세간의 인식에 치명적인 타격을 가하는 것으로 여겼을지도 모른다.

그러나 케네가 말년에라도 일평생 물밑에서 중농주의 경제철학의 수호성인으로 삼아온 공자와 실증적 자연질서인 중국의 실제를 자신의 경제철학 원천으로 만천하에 명백히 밝힌 것에 비추어보면, 스미스는 상당히 비양심적인 셈이다. 이런 미심쩍은 행동은 후세에 그의 독창성의 진위 여부를 가리려는 불필요한 논란들을 불러오게 된다.

그럼 이제 케네와 스미스보다 무려 2,000년 전에 이미 경제 분야에서 시장의 '보이지 않는 손'을 주장한 사마천의 '자연지험'에 대해 살펴보자.

사마천,
경제학의 참된 애덤, 참된 스미스

기원전 145~86년의 인물인 사마천은 공맹의 경제철학을 계승해 자유시장의 강력한 성장촉진 기능과 가격메커니즘을 밝혀냄으로써 자유시장을 역대 중국 정부의 경제체제로 정착시키는 데 결정적 역할을 했다. 공맹의 무위·자유시장과 농상양본주의를 적극 옹호한 사마천은 《사기》에서 작은 나라, 적은 백성을 지향하는 노자의 소국과민론小國寡民論을 비판하는 한편, 관치·국영경제체제를 탄핵했다.

사마천의 공맹에 대한 존경은 실로 극진했다. 그는 공자를 제후의 반열에 올려 〈공자세가〉, 〈중니제자열전〉, 〈맹자순경열전〉, 〈유림열전〉을 지었다. 《사기》에서 네 번에 걸쳐 공맹과 제자·후학들의 동향을 이야기하고, 곳곳에서 공자의 저서 《춘추》와 그 주석서들을 활용하며 공자 어록을 역사적 사건의 평가기준으로 적용했다.

일단 사마천은 《사기》 〈화식열전〉에서 노자를 비판한다. 시장유통을 배제한 노자의 반反시장적 소국과민론을, 집집마다 유세해가며 사람들을 가르쳐도 듣는 이가 승복하지 않을 '외눈박이의 논변'으로 규정한다. 그러면서 저 '외눈박이 논자'는 백성을 가르치고 정제하려다 끝내는 백성과 싸울 하류의 통치자인 반면, 공자의 무위이치자는 백성을 따르는 최선의 통치자라고 갈파한다.

다른 한편, 사마천은 한나라 무제 때 국가전매사업과 국유기업을 과도하게 확대해 민간부문의 자유시장을 없앤 상홍양桑弘羊의 국영경제체제를 탄핵한다. 한 무제 말기 경제문란의 근본원인을 관치·국영경제 탓으로 분석한 것이다. 상홍양은 국가가 직접 운영하는 전매사업과 국영기업을 대폭 확대해 전국적으로 폭리를 취했다. 민간부문을 위축시켜 국가예산에서 국세의 비중을 줄이고 국영기업의 이윤으로 나라를 운영했다. 이로 인해 국영기업에서 만들어진 제품마다 질이 떨어졌고, 백성들이 이 저질 제품들을 외면하자 강매가 일반화되었다. 민간부문의 위축으로 백성은 헐벗은 반면, 관리와 세도가들은 부패와 사치에 빠지고, 국가창고가 썩어문드러질 정도로 넘쳐났으며, 국가는 금권주의에 침몰했다. 사마천은 일개 양치기에서 국가에 거듭 공을 세워 마침내 어사대부에 오른 복식卜式의 입을 빌려 상홍양의 관치·국영경제를 매섭게 비판한다.

어느 기우제 때 복식이 황제에게 진언했다. "정부의 비용은 응당 정상적인 조세로 충당해야만 합니다. 현재 상홍양은 관리를 시장의 점포에 앉혀 장사를 해서 돈을 벌고 있습니다. 상홍양을 삶아 죽이면 하늘이 비를 내려줄 것입니다."[185] 상홍양은 결국 무제를 이은 소제昭帝 때 처형된다.

이처럼 노자의 고립된 소국과민체제도, 상홍양의 관치·국영경제도 거부한 사마천은 무위의 자유시장을 대변한다. 사마천은 물자의 유통도, 수요공급의 조절도 시장의 자연지험, 곧 자연지도의 징험에 따라 저절로 이루어지니, 통치자는 이를 따르기만 하면 된다고 말한다.

물건이 싸면 비싸질 징후고, 물건이 비싸면 싸질 징후라서 각기 제 업을 좋아하고 제 일을 즐거워한다. 이는 물이 아래로 흘러가는 것과 같아서 밤낮 쉴 새가 없고, 부르지 않아도 절로 오고, 구하지 않아도 백성이 만들어낸다. 이것이 어찌 도와 부합되는 바가 아니고, 자연지험이 아니겠는가?[186]

생산·유통·분배는 인간의 본성적 욕망을 충족시키려는 백성들의 자발적 움직임으로서, 국가의 개입 없이 자연지험의 가격법칙에 따라 자율적으로 조절된다고 말하고 있다.

나아가 가격법칙으로서의 자연지험만이 아니라, 개인적 이익 극대화를 공동선의 증진과 연결시키는 시장의 또 다른 자연지험 메커니즘도 강조한다. 그는 월나라 계연의 자유시장적 부국강병책을 소개한다. 계연은 시장법칙을 이렇게 설명한다.

무릇 쌀값이 한 말에 20전이면 농민을 병들게 하고, 90전이면 상인을 병들게 한다. 상인이 병들면 재물이 나오지 않고, 농민이 병들면 잡초를 다스리지 않는다. 위로 80전을 넘지 않고 아래로 30전으로 줄지 않으면 농부와 상인이 다 이롭다. 쌀값을 고르게 하고 물자를 한결같이 하고 시장에 부족하지 않게 하는 것, 이것이 치국의 도다. 물건을 보관하는 이치는 물건을 온전히 두는 데 힘쓰고 재물을 쉬게 하는 일을 없애는 것이다. 물건으로 서로 교역하고, 썩는 것은 먹어치우고, 화물을 유치해두지 말아야 한다. 비싼 물건을 쌓아 두어서도 안 된다. 그것이 남는지 모자라는지를 따져보면 비싸질지, 싸질지를 안다. 비싸지는 것이 위쪽 극으로 가면 다시 싸지고, 싼 것이 아래쪽 극으로 가면 다시 비싸진다. 비싸면 분토처럼 내다팔고, 싸면 주옥처럼 사들인다. 재물과 화폐는 흐르는 물처럼 돌기를 바란다.[187]

사마천은 계연이 이 경제정책을 시행한 지 10년 만에 월나라가 부강해졌다고 해설한다. 후하게 포상하니 전사들이 갈증에 물 마시듯이 화살과 돌 세례를 향해 돌진했고, 마침내 강한 오나라에 복수도 할 수 있었다. 계연과 사마천은 자유시장에서 개인의 자유로운 사적 영리추구가 저절로 국가의 공동선과 연결되는 자연지험을 정확히 이해한 것이다.

이어서 사마천은 부자가 되려는 경제 마인드의 중요성을 역설한다.

부유해지고 싶은 물욕은 신분고하를 막론한 인지상정이다. 모든 신분과 직분이 다 부로 귀일하므로, 부는 봉토나 벼슬이 없는 사람도 '무관의 제왕'으로 만들어주는 위력을 가졌다. 이 '무관의 제왕'에게는 누구나 머리를 조아린다.

옛날에 벼슬이나 봉토가 없는 사람은 흰옷을 입었다. 그래서 사마천은 저 '무관의 제왕'을 흰옷을 입은 봉작자라는 뜻에서 '소봉'이라고 불렀다. "관록의 녹봉도 없고 식읍의 수입도 없으면서 이를 지닌 자들과 비견될 만큼 즐기는 자가 있으니, 이름하여 '소봉'이라고 한다." 이들은 모두 다 천호千戶를 거느리는 제후와 같다. 사마천이 살았던 기원전 1~2세기경 중국 각지에서는 거만금鉅萬金을 가진 수많은 대공업자와 대상인이 일어났다. 제후들과 벗하고 살면서 그런 지위를 이용해 재산을 더 늘린 이 거부들을 사마천은 일일이 열거하며 "말업(상업)으로 재물을 모으고 본업(농업)으로 재물을 지켰다以末致財用本守之"고 소개한다.

농업과 상공업에 관한 사마천의 관점을 종합하면 최선의 경제체제는 세 가지다. 농업사회적 영예의 관점에서 본 농본주의, 원활한 사회적 물자유통과 개인적 재부의 빠른 성취 관점에서 본 상본주의, 이 둘에 기반을 둔 농상양본주의의 자유시장이라고 할 수 있다. 따라서 사마천의 경제체제는 물가만 안정되면 만사가 형통한 무위의 농상양본주의 자유시장체제라고 결론지을 수 있다.

이 양본주의 자유시장체제는 사마천의 경제이론과 관치경제 비판에 힘입어 송·원·명·청나라 등 역대 중국 정부의 전통이 되었다. 현대 영국의 소장학자 레슬리 영은 "사마천의 저술은 중국제국이 모든 제국 중에서 가장 인구가 많고 가장 성공적이고 가장 지속적인 제국

으로 번영하게 해준 상업문화를 지탱하는 데 비판적 역할을 수행했
다"고 평가한다.

시장의 보이지 않는 자연지험에 의해 개인적 이익 극대화를 공동선
의 증진과 연결시키는 이 시장주의적 부국화 정책은 케네, 스미스 등
유럽인들에게 전해져 서구의 자유방임 중농주의와 자유시장론을 낳
았다. 또한 "각 개인은 오로지 자신의 이익만을 의도하는데, 그 의도의
일부가 아닌 목적을 증진시키도록 이끌린다"는 애덤 스미스의 '보이
지 않는 손'의 의미와도 정확히 일치한다.

이와 관련하여 영은 1996년 논문 〈시장의 도: 사마천과 보이지 않는
손〉에서 스미스의 자유시장 경제학을 '중국산'이라고 단언한다. 스미
스의 '보이지 않는 손'이 케네, 튀르고 등 프랑스 중농주의자들이 중국
으로부터 수입한 사마천의 '자연지도' 개념의 다른 표현에 지나지 않
는다는 것이다. 그렇기에 사마천을 '중국의 애덤 스미스'로 간주하는
것을 넘어 "중국의 성공이 계몽주의 철학자들과 자유방임주의의 대변
자들을 고취하고 이들의 신뢰성을 높였다는 점에서, 사마천은 산업적
민주국가들의 탄생을 도왔다는 명예 또한 받아야 마땅하다"고 결론짓
는다. 그러면서 이렇게 멋진 표현으로 천명한다.

사마천이 애덤 스미스를 직접 고취했다는 점에서 그는 경제학의 참된 애
덤으로, 참된 스미스로 알려져야 한다.[188]

애덤 스미스는 프랑스에서 '레세페르'로 번역된 공자의 '무위이치'
와 사마천의 '자연지험'을 '자연적 자유natural liberty'로, '자연지도'를
'자연적 지혜natural wisdom'로 영역하고, '자연지험'을 '보이지 않는
손'에 비유하는 한편, 케네의 농업중심 자유시장론은 약간 수정을 가
해 산업중심 자유시장론으로 만든 셈이다. 사실 '보이지 않는 손'이라
는 표현은 600여 쪽 분량의 원전《국부론》에 단 한 번 등장하지만, 책
전체를 대변하는 키워드로 활용되곤 한다.

그런데 사마천의 경제사상은 문제가 없는 걸까? 사마천은 산업진흥
과 복지정책에 대한 고려 없이 자유시장에만 초점을 맞춤으로써, 자유
시장과 복지국가를 하나로 결합한 공맹의 부민경제학에서 얼마간 일
탈한 것으로 보인다. 마찬가지로 스미스의《국부론》도 '복지 없는 자
유시장'의 야경국가론으로 일탈한다. 이것은 공자의 양민론이 볼프와
유스티에게서 '자유시장 없는 복지국가론'으로 일탈한 것과 정반대의
일탈이었다. 양자가 불안하게나마 결합되는 데는 150여 년의 험난한
세월이 걸린다.

이런 과거를 회고하며, 이미 오래전에 경제·복지철학에 경이로운
영향을 발휘해온 공자의 '균형과 조화의 부민철학'을 다시 천착하는
것은 중대한 의미가 있다. 오늘날 전 세계가 자유시장과 복지국가의
공고한 결합을 모색하느라 머리를 싸매고 있기 때문이다. 공자의 자유
시장과 복지를 아우르는 부민철학이야말로 가장 확실한 '오래된 미래'

다. 인류 문명사를 통찰해보면, 이미 가졌던 훌륭한 제도적 장치를 버리고 파행을 일삼다 불행을 자초한 예가 많다. 오늘날 시민사회의 가치인 행복추구를 위해서도 공자의 탁견은 존중돼야 마땅하다. 탁월한 장점은 취하고 시대에 맞지 않는 점은 버리면서 시의적절하게 활용하면 된다.

공자철학을 수용해 태동한 18세기 서구 계몽주의에 대한 논의를 마감하면서 프랑스혁명 이후의 상황을 간략하게나마 훑어보아야 할 것이다. 18세기 말 혁명적 분위기가 고조되면서 프랑스와 유럽의 관심은 모두 자국에 집중된다. 중국과 공자철학에 대한 열광은 자연스럽게 수그러들었고, 로마 의상을 걸쳐 입은 혁명가들이 대활약을 펼친 프랑스혁명의 와중에는 완전히 자취를 감추었다.

그러나 유럽에 미친 공자철학의 영향은 18세기의 일회적 사건으로 끝나지 않았다. 중국철학과 오리엔탈리즘에 대한 관심이 다시 거세게 인 1920년대에는 전후에 '쉬고 싶었던' 유럽 청년들 사이에서 노자가 대유행했다. 물론 20세기 초에도 공자가 '스승'으로서의 지위를 완전히 잃은 것은 아니었다. 오히려 상식적인 차원에서 시민들의 건전하고 명백한 원리를 탐구하는 데 관심을 가진 사람들에 의해 공자는 빈번히 인용되었다. 그들의 눈에 노자의 신비론은 심오할지 모르지만 아주 비실용적인 복고에 대한 열광일 뿐이었다. 이들은 노자의 주장을 원리적 무정부주의 속에서 현실과 타협할 수 없는 난센스로 간주했다.

  1차대전 이후에도 엄격한 유학자들의 저작은 독일에서 깊은 인상을 남겼다. '유럽문명의 위기'를 말하는 저자들은 언제나 공자가 고대 중국을 위해 처방한 문명화 원리들 위에 사회질서를 수립하는 관점으로 돌아갔다. 특히 1920년대에 괴팅겐 대학을 중심으로 모인 정치철학자 집단이 중국 유학자들의 저작을 독일어로 번역하는 작업을 떠맡았다는 것은 의미심장한 일이다. 이들은 유럽이 옛 중국처럼 확고한 세계 개념을 공자철학의 토대 위에 구축하고 이로써 보다 안정된 정치적 조건을 획득하기 위해 200년 전 계몽주의 시대처럼 공자철학의 전례를 따르고 '근본 구상'에 대한 분명한 통찰을 얻어야 한다고 촉구했다. 양차대전 사이의 짧은 20년을 개관하자면, 18세기의 철학운동과 대조적인 젊은이들의 비합리적 정서 속에서 노자가 좀 더 많은 인기를 끈 것은 사실이지만, 이 시기에도 공자와 노자의 영향은 나란히 나타났던 것이다.

  안타까운 점은 계몽사상가들이나 1920년대의 '친중국' 지식인 중 어떤 유럽인도 공자의 '자연사랑'의 철학을 배우지 않았다는 것이다. 최근 동아시아의 부흥 추세와 함께 오늘날 서구인들 사이에서는 다시 공자와 동아시아 연구 붐이 일고 있다. 부디 그 속에서는 공자철학의 자연친화성에 주목하는 방향으로 진일보한 새로운 관심이 나타나기를 기대한다.

7장

산업혁명의 리더는 영국이 아니라 중국이었다

동아시아의 전통적 가치와 문화는 그동안 서구인보다
오히려 우리 아시아인에 의해 더 평가 절하돼 온 측면이 많다.
인류 문명사에서 줄곧 앞서오다가 고작 근대화 시기
백년 남짓한 기간 동안의 과학기술적 열세를 가지고
문화 전반에 걸쳐 너무 극심한 서구 콤플렉스를 지녀온 셈이다.

예나 지금이나 사회의 경제적 풍요는 가치판단에서 중요한 요소다. 당시 동아시아가 빈곤했다면, 철학과 예술이 제아무리 심오하더라도 서양인들은 이를 숭배하기는커녕 오히려 빈곤의 원인으로 지탄했을 것이다. 마치 오늘날 우리가 인도의 빈곤 원인을 심오한 힌두교 교리 탓으로 돌리는 것과 같은 이치다. 철학과 예술이 아무리 친자연적이고 고상해도 현재의 처지가 빈곤하면 그 철학과 예술을 수용하려 들지 않는다.

이미 언급했듯 라이프니츠는 1670~1690년대에 쓴 여러 서한에서 중국의 과학기술과 의술이 유럽보다 훨씬 앞섰다고 경탄해마지않았다. 데이비드 흄은 1752년에 쓴 《상업론》에서 중국을 세계에서 가장 번영하는 제국으로 평가했다. 케네도 《중국의 전제주의》에서 똑같이 언급했다. 그리고 라이프니츠로부터 100여 년이 지난 18세기 말, 애덤 스미스는 《국부론》에서 중국의 기술수준을 유럽보다 많이 열등하지 않다고 평하고, 여전히 중국은 세계에서 가장 부유한 나라 또는 유럽의 어느 지역보다도 훨씬 잘 사는 나라라고 확인했다. 그런데 17·18세기 서양 학자들이 믿었듯이 과연 동아시아가 진짜로 그토록 번영했던 걸까?

10세기 송나라의
산업·상업혁명

존 홉슨J. Hobson은 2004년작《서양문명의 동양적 기원》에서 중국의 산업혁명과 상업혁명이 고대부터 18세기까지 1,500여 년간 줄곧 지속되었다고 분석한다.

> 중국의 산업 기적은 1100년과 1800년 사이 전 지구적인 내포적 권력의 역사 속에서 단 하나의 가장 중요한 사건이었고, 중국의 기술적·사상적 돌파는 서구의 흥기를 의미심장하게 고취했다.[189]

중국의 산업·상업혁명은 영국이 산업화 단계에 들어가기 약 600년 전인 송나라 때(960~1279) 정점에 달했고, 18세기에 서구로 파급되어 영국 산업혁명의 불꽃을 점화했다는 것이다.

모든 산업화는 제철製鐵혁명으로부터 시작한다. 홉슨에 의하면, 중국에서 제철혁명은 기원전 600년경부터 서기 1100년까지 이어졌다. 중국의 주철 생산량은 서기 806년 1만 3,500톤에서 1078년 12만 5,000톤으로 6배 증가했다. 그러나 유럽은 1700년경에야 이 수준에 도달했다. 주철로 갖가지 기구를 대량생산하면서 중국에서는 기업가적 제철 공장주와 거대한 재부가 형성되었다. 생산된 철은 단순히 무기에 쓰인 것이 아니라, 주로 산업화를 위한 도구, 기구, 기계와 온갖 생활용품의 제조에 쓰였다. 따라서 이것은 일대 '산업혁명'을 뜻하는 것이었다.

제철혁명과 함께 제조기술의 혁명도 일어났다. 주철 종류의 다양화, 주물기술, 용해기술, 단련기술, 고성능 풀무, 고온의 용광로 등의 개발이 이루어졌다. 기원전 1세기경, 중국인들은 이미 석탄이 아닌 코크스를 써서 강철을 생산했다. 반면 유럽은 근대에야 강철을 생산했다. 중국은 서기 31년 물레방아로 화덕의 풀무를 돌렸다. 홉슨에 의하면, 피스톤 막대기와 벨트를 사용한 중국의 이 수력 풀무는 1,800여 년 뒤 유럽의 증기엔진과 놀랍도록 유사하다. 이것은 서기 1세기 때의 인물인 왕충王充의 저작《논형》에 증기기관 설계도가 실려 있는 것과 무관치 않을 것이다. 또한 섬유산업에서도 수력 직조기가 널리 보급되면서 최초의 기술혁신이 일어났다.

제철·제조·섬유산업에서 일어난 이러한 기술혁명은 사회간접시설인 수송·에너지·항해혁명에 의해 뒷받침되었다. 중국은 984년 발명한 갑문장치로 운하를 혁신하고 물길을 조밀하게 나누어 여러 도시를 연결했다. 이 조밀한 전국적 통합수로체계를 통해 산업혁명에 필수였던 빠른 물자유통이 보장되었다. 1999년에 출간된 피터 골라스P. Golas의《중국에서의 과학과 문명》과 로버트 템플R. Temple의《중국의 천재성》에 의하면, 중국인들은 기원전 4세기경부터 석유와 천연가스를 요리와 조명에 사용했고, 10세기경에는 가정용 석면램프가 널리 보급되었다고 한다.[190]

또한 중국은 항해용 나침반으로 항해혁명을 일으켰다. 왕충의《논

형》〈시응〉편에 "자석 침을 땅에 놓으면 남쪽을 가리킨다"라는 구절
이 있다. 즉 나침반은 중국에서 1세기 이전부터 사용된 것이다. 중국인
들은 10세기경 이미 나침반의 북쪽과 진짜 북쪽 간의 편차도 알았고,
11~12세기에는 항해용 나침반이 등장했다. 그리스·로마인들도 자석
은 알고 있었으나 자석의 방향지시 능력을 알지 못했고, 이로 인해 그
들의 항해는 오랫동안 연안에 국한되었다. 그러나 15세기 중국인들은
나침반과 항해 지식을 바탕으로 당시까지 알려진 세계지도 가운데 가
장 정확한 지도를 제작할 수 있었다.

특기할 만한 항해혁명의 다른 측면은 선박의 크기와 수량의 발전이
었다. 템플은 다음과 같이 말한다.

중국인은 역사상 가장 위대한 항해가였다. 그들은 거의 2,000년간 다른
세계와 비교하는 것이 당혹스러울 정도로 앞선 선박·항해기술을 가지고
있었다. 서양이 중국을 따라잡았을 때, 그 방법은 중국인의 여러 가지 발
명을 이런저런 식으로 응용하는 것에 불과했다. 대부분의 역사 기간 동
안 유럽인은, 심지어 18세기 말에도, 중국 선박보다 엄청나게 열등한 선
박을 사용했다.[191]

중국의 최대 규모 선박은 16세기 훨씬 이전에 이미 3,000톤에 달했
다. 반면 영국의 선박은 16세기 말에야 최대 400톤급에 도달했다. 8세

기경 양자강에서만 2,000척의 선박이 항해했고, 이 강의 선박 수송량은 1,000년 뒤 영국의 상인들이 운반하던 화물량의 3분의 1에 달했다. 강 덩G. Deng의 1997년 저작《중국의 해양활동과 사회경제적 발전》에 의하면, 북송(960~1127) 때 곡물 운반선은 약 1만 2,000척에 달했고, 청나라 때는 2만 척, 18세기 말에는 13만 척으로 늘어났다.

송대의 지폐 발명과 현금조세 체계는 상업혁명의 주된 동력이었다. 지폐는 9세기에 신용보증 목적으로 발명되어 10세기 초에 교환에 쓰이는 '진짜 돈'으로 발전했다. 송나라가 "상업을 촉진하기 위해 화폐납세를 점차 늘려갔다"고 홉슨은 말한다. 중국 정부가 현물납세보다 화폐납세를 점차 많이 요구하면서 화폐납세는 8세기 중반 4퍼센트에서 11세기 중반 52퍼센트로 급증했다. 농부들은 시장에서 판매하기 위해 농산물을 생산했고, 이 때문에 시장은 더욱 확대되었다. 에릭 존스E. Jones의 1988년 저작《성장의 회귀》는 현금조세를 채택한 중국 정부의 경제자유화 정책이 토지거래도 활성화시켰다고 말한다. 그 결과 시장은 비약적으로 확대되었고, 이는 공맹과 사마천의 자유상업론의 구현이었다.

윌리엄 맥닐W. McNeill은 1982년《권력의 추구》에서 "중국의 지방적·지역적·초지역적 차원의 시장교역은 총생산성의 눈부신 증가를 가져왔다"고 말한다. 송나라 때 진정 놀라운 근대적 '시장경제'가 창출된 것이다. 이에 관해 14세기 어느 중국인의 글도 소개한다.

오늘날 열 가구가 사는 동네가 있는 곳이면 어디든 늘 시장이 있고, 제철에 자기들이 가지지 않은 것을 얻기 위해 남들과 자기 것을 교환하며, 열성과 주저에 따라 가격을 올리고 내려 마지막 작은 이윤을 챙기는 것이 세상의 상도常道가 되었다.[192]

역대 중국 정부는 가벼운 과세가 강국을 만든다는 공자주의적 신념에 따라 늘 조세율을 상징적인 수준으로 낮게 유지했다. 상인들의 세금은 농촌 생산자의 세금보다 적었다. 상인들이 정부의 간섭을 거의 받지 않고 시장활동을 전개할 수 있었던 덕택에 중국의 상업경제는 고도로 발전했고, 송나라 정부는 조세수입의 대부분을 상업부문에서 거둬들였다.

상본주의가 이처럼 경이로운 수준으로 구현된 결과, 거대도시들이 늘고 도시화가 고도로 진행되면서 도시인구가 급팽창했다. 도시화가 가장 많이 진행된 지방은 도시민이 37퍼센트나 되었다. 가령 항주의 인구는 최대로 500만 명에 달했다. 송나라 때 이미 중국의 도시화 수준은 18세기 유럽의 도시화 수준을 훨씬 능가했다.

화폐경제의 발달은 제지술과 인쇄술의 발달을 가져왔다. 중국에서 종이는 일찍이 105년에 채륜蔡倫에 의해 발명되었다. 제지산업은 대규모 서적 인쇄에 의해 가장 크게 촉진되었다. 국가와 민간업자들이 대규모 서적 출판을 주도했다. 종이는 그 외에도 지폐·갑옷·벽지·의

상·화장지·바구니·수건 등 다양한 목적에 쓰였다. 한편 서적의 인쇄는 950년 무렵부터 계속 증가해 953년 중국인들은 이미 인쇄된 유교 경전들을 갖고 있었다. 1040년에는 중국 최초로 '이동시킬 수 있는 인자印字'로 찍는 인쇄, 즉 목木활자가 발명되었고, 1040년대에는 도자기활자도 발명되었다. 이를 통해 중국은 15세기 말에 유럽 전체를 다 합친 것보다 더 많은 서적을 찍어냈다.[193]

인쇄술에 관한 한 한국을 빼놓을 수 없다. 특히 금속활자는 세계 최초다. 아쉽게도 지금은 전하지 않지만, 서기 1234년 고려 고종 때 금속활자로 《상정고금예문》을 인쇄했다. 현재 전해오는 《직지심체요절》은 1377년에 간행된 것으로 1455년 구텐베르크의 금속활자보다 훨씬 앞선 것이다.

한편 중국은 영국이 18~19세기에 이룩한 농업혁명을 6세기에 이미 달성했다.

당시 중국이 오늘날의 미국과 서구의 지위에 있었고 유럽은 오늘날의 모로코의 지위에 있었다고 말하는 것은 전혀 과장이 아니다. 18세기의 절망적이고 원시적인 유럽 농업은 기원전 4세기 이후 중국의 선진농업과 비교할 대상이 되지 못했다.[194]

유럽은 12세기 송나라 때의 농업생산성을 20세기에야 겨우 따라잡을 수 있었다. 송나라 정부는 공맹의 부민철학과 농본주의에 따라 이 앙법, 즉 모내기를 개발해 보급했고, 농민들에게 농업투자의 인센티브를 주었다. 지극히 낮은 이자로 농자금을 대부해주었기에 농부들은 이를 활용해 새로운 농사법을 개량할 수 있었다. 중국 농업은 이후 700년 동안 이런 수준을 유지했다.

한편 1550~1660년 유럽에서는 무기혁명이 일어났다. 주요 항목은 화약·총·대포였다. 그런데 이 모든 것이 중국에서는 850~1290년에 발명되었다. 중국인들은 850년경 화약을 발명했고, 1050년에는 가장 폭발력이 큰 화약 혼합비율을 발견했다. 서양인들의 착각과 달리 중국의 화약은 불꽃놀이를 위해 만들어진 것이 아니라 처음부터 주로 군사무기에 활용되었다. 10세기 초에는 이미 화염방사기를 발명했고, 10세기 중후반에는 불화살을, 13세기 초에는 폭탄·수류탄·로켓을 만들었다. 14세기에는 지뢰와 수뢰까지 만들어 실전에 투입했다. 320개의 로켓을 동시에 쏘는 발사기와 오늘날의 로켓과 다름없는 날개 달린 로켓도 발명했다. 쇠 탄환을 쏘는 총은 1259년 개발되었는데 곧 총신을 갖춘 총으로 개량되었다. 1288년경에는 대포가 발명되었고, 14세기 전후 유럽·중동·중국 등지에서 치러진 몽고의 주요전투에는 포신이 있는 대포가 투입되었다.

송나라 군사기술혁명의 또 다른 측면은 수군의 발전이다. 중국은 이미 3세기에 3만 평방미터가 훨씬 넘는 넓이의 갑판에 2,000명의 군인을 실은 '떠다니는 요새'를 전투에 투입했다. 이 초대형 전함은 6세기에는 30미터 높이의 5층으로까지 건조되었다. 송나라 수군은 전함을 2만 500대나 보유했다. 이 중국 함대는 유럽 전체의 함대를 다 합친 전력을 능가했고, 전함에 장착된 무기체계도 계속 업그레이드되었다. 1129년 중국 전함은 투석기로 폭탄을 날렸고, 1203년에는 상당수의 전함이 철갑을 둘렀다.

서양은 18세기 말까지 나사, 크랭크샤프트, 알코올 정유법 외에 눈에 띄는 과학기술 발명품이 거의 없었다. 이런 서양이 중국을 따라잡은 비법은 12세기부터 줄곧 동아시아의 기술을 수입하고 모방해 오리지널보다 나은 모조품을 만들고, 중국의 발명품을 이리저리 응용한 패치워크 역량에 있었다.

1279년 송나라가 망한 뒤에도 중국 경제는 계속 발전했다. 이 발전 동력으로 중국은 19세기 초까지 세계경제의 중심을 지켰다. 서양으로부터 유포된 이른바 아시아 정체론이란, 동아시아가 잠시 서양에 뒤졌던 19세기에서 20세기 초반까지의 시기에 형성된 부정적 동양관을 그 이전의 역사에까지 일반화하는 오리엔탈리즘적 허구에 지나지 않음을 우리는 분명히 알아야 한다. 사실 동아시아의 전통적 가치와 문화는 그동안 서구인보다 오히려 우리 아시아인에 의해 더 평가 절하돼 온 측면이 많다. 인류 문명사에서 줄곧 앞서오다가 고작 근대화 시기 백년 남짓한 기간 동안의 과학기술적 열세를 가지고 문화 전반에 걸

쳐 너무 극심한 서구 콤플렉스를 지녀온 셈이다. 그러나 앞에서 확인
한 것처럼 동양사상은 계몽주의 시대 서구에 결정적인 영향을 끼쳤고,
문화와 예술로도 선풍을 일으킨 터였다. 사실이 명백하게 밝혀진 이
마당에 더 이상의 서구에 대한 동경이나 열패감은 있을 수 없다.

동아시아 경제는
18세기까지 세계최강이었다

전통적인 중국사회는 매우 독특하다. 온갖 혁명과 전란을 겪고 발명과 혁신을 거듭하면서도 늘 정상으로 복원하는 힘을 지녔다. 그리하여 한 결같은 안정 속에서 발전을 거듭했다. 살아 있는 유기체, 그것이 바로 중국이라는 사회다.

전통적인 중국사회의 한결같은 안정성은 제국주의적 대외팽창이 불필요하도록 만든 내포적 발전 덕분이었다. 《중국의 과학과 문명》의 저자 니덤은 중국사회의 한결같은 상태에 대해서 "전혀 특별한 미스터리가 없다"고 단언한다. 선진농업, 대량생산의 수력 엔지니어링, 통치권의 중앙집권화, 비세습적 공무담당권 등을 바탕으로 지속적으로 이루어진 사회경제적 발전의 내적 측면이기 때문이다. 바꿔 말하면, 침략적·폭력적 대외팽창을 스스로 절제하고 공자의 세계관 속에서 순수한 내포적 발전이 지속되어왔다는 뜻이다.

고도의 내포적 권력의 발전 징후는 농업생산성의 계속적인 증가에 있었다. 중국은 14세기 흑사병이 창궐해 인구의 3분의 1이 사망하고 농업기반이 파괴되었지만, 16세기에 이르러 경제적으로 완전히 회복된다. 14~16세기 사이에 60퍼센트 늘어난 농업생산의 증가율은 유럽을 능가했고, 대규모의 잉여농산물이 해외로 수출되었다. 18세기는 중국 농업의 번영기였다.[195] 그 덕에 1700~1850년 중국의 인구는 비약적으로 증가한다. 훗날 19세기 서구사회가 밟은 외연적, 곧 제국주의적 팽창 없이, 중국 안에서 내포적으로 이룩한 발전이었다.

송나라가 망하면서 잠시 주춤하던 제조업과 상업도 명·청대에 다시 발전했다. 예컨대 섬유 생산을 보면, 면사는 대량생산 단계에 있었고 원면 수요도 계속 늘었다. 18세기 말 중국은 영국이 수입하는 것보다 더 많은 목화를 인도로부터 수입했다. 동시에 방대한 시장경제 인프라가 구축되었고, 특히 민간은행이 국영은행을 압도했다. 1800년경 은행업의 중심지였던 상해의 민간은행들 가운데 30개소 이상의 점포를 가진 전국 단위의 은행이 8개에 달했다. 상공업투자가 농업투자를 압도하면서 상인들의 권력은 대단히 증대되었다. 명·청대 중국 경제는 대내외 상업이 고도로 발전한 개방적 시장경제였다.[196] 중국의 국내 상업과 국제무역이 계속 확대되었기 때문이다. 이 대내외적 상업발전은 우리가 이미 아는 바와 같이 케네와 스미스의 자유시장론의 배경이 되었다.

명나라가 1434년 취한 명목상의 대외무역 금지조치 이후에도 중국의 국제무역은 국내상업과 마찬가지로 확대일로에 있었다. 이것은 조공제도의 경제적 성격과 공식적인 무역금지 조치의 명목성을 올바르게 이해하면 곧 드러난다. 조공이란 종속국이 종주국에 때를 맞추어 예물을 바치던 일이지만 그건 명목상일 뿐 실은 중국과 인접 국가들 사이의 대규모 관영 무역이었다.

조공체계는 종종 그 효과에서 대외무역의 한 형식에 불과했다. 많은 경우에 무역상인들, 특히 중앙아시아에서 온 무역상인들은 오로지 무역을 할 목적에서 상상의 나라들로부터 조공을 가져온 양 가장하기까지 했다.[197]

폴란드 역사학자 비톨드 로진스키W. Rodzinski가 1979년 발행한 《중국의 역사》에서 밝힌 내용이다. 실제로 중국과 이웃나라 간의 조공무역은 그렇게 진행되었다. 이웃나라가 조공을 바치면 중국은 그보다 더 많은 물품을 되돌려주는 이른바 회사回賜 형식을 취했다. 이를 통해 이웃한 약소국들은 중국의 선진문물을 받아들일 수 있었다. 조선과 일본은 모두 명나라에 조공했는데, 더 많은 조공을 바치기 위해 애썼다. 그런데 중국이 조선에는 빈번한 조공을 허락한 반면 일본에게는 3년에 1회, 삼년일공三年—貢으로 제한했다. 일본이 조선처럼 더 자주 조공하게 해달라고 계속 사신을 보내 주청했지만 중국 황제는 좀처럼 허락하지 않았다.

공식적으로 조선에서는 연삼공年三貢을 했다. 그렇지만 이런저런 구실을 붙여 수시로 조공했고 그때마다 중국에서 넉넉하게 회사했음은 물론이다. 우선 정월 초하루에 하정사賀正使를 보냈다. 명나라 황제의 생일축하를 위해 성절사聖節使를 파견했으며, 황태자의 생일을 축하하는 천추사千秋使, 동지 때 보내는 동지사冬至使를 추가했다. 게다가 수시로 사은사謝恩使·주청사奏請使·진하사陳賀使·진위사陳慰使·진향사陳香使 등의 사신편에 조공품을 보내고 답례품을 받아 왔다. 이때의 사신 일행은 정사正使·부사副使·서장관書狀官을 비롯해서 40명에 이르렀는데, 이들이 가지고 간 조공품 이외의 물건으로 사무역이 행해지곤 했다. 통역을 담당한 역관들은 이 사무역으로 큰 재물을 모으기도 했다.

조공관계가 확장될수록 중국과 아시아의 대외무역은 번창했다. 이런 까닭에 조공제도는 강제적이라기보다 자발적이었다. 속국들은 중국시장에 접근하는 통로를 얻기 위한 수단으로 상징적인 조공을 제공했다. 포르투갈·스페인·네덜란드 등 서방국가들도 중국의 이윤 많은 경제에 들어가기 위해 '속방屬邦'으로서 조공을 바치게 해달라고 거듭 요청하며 서로 경쟁했다. 아시아 전역의 통치자들도 주변국가로부터 자신들을 지키기 위해 중국에 조공을 바치려고 노심초사했다. 태국, 말레이시아, 인도네시아의 자바섬 같은 곳들은 조공을 고집해서 중국 당국을 실제로 화나게 만들기도 했다. 아시아 상인들은 가짜 신임장을 발부해 사신으로 가서 평범한 상업무역을 가리기 위해 조공을 바치는 전략을 고안해내기도 했다. 이것은 당대에 잘 알려진 방법이었고, 명나라 정부문서에서도 확인할 수 있다. 심지어 홉슨은《서양문명의 동양적 기원》에서 "16세기 일본은 조공관계를 재개하기 위해 조선을 침략했고 거부하면 중국도 침략하겠다고 위협했다"고 기록한다.

이 같은 대외무역의 계속적 확대는 조공무역 외에도 관행적 밸러스트Ballast무역*, 해외 중국인의 무역, 허가된 사무역, 밀무역 등 여러 무역형태의 발전에도 기인한다. 존스홉킨스 대학 교수를 지낸 역사학자 필립 커틴P. Curtin은 1984년 저서 《세계 무역의 역사》에서 다음과 같이 썼다.

> 공식적 조공품을 초과하는 모든 화물들이 조공품과 함께 하역되어, 북경에서 판매 허가장이 도착할 때까지 보관할 수 있도록 '조공선의 밸러스트'라는 도장이 찍혔다. …외국 선박이 떠나야 할 때는 안전한 통항을 위해 (이번에는 중국 상품을) 밸러스트로 실었다. 이런 식으로 양방향으로 오간 '밸러스트' 선박, 즉 무역화물선은 이를 정당화해주는 조공무역보다 더 중요했다.[198]

중국 정부가 국내무역으로 간주한 재외 중국인과 본국 간의 거래는 각국이 16세기부터 다투어 중국 상인들을 불러들이면서 아시아 전역으로 확산되었다. 특히 유구(현재의 일본 오키나와)왕국은 복건성의 중국 상인들이 자기 나라에 와서 살도록 장려해 이들과의 거래를 통해 중국과의 이윤 높은 무역에 종사했다. 명나라 때 개방된 마카오, 장주, 소

---

* 조공 온 사신이 선박의 균형을 잡기 위해 바닥짐으로 싣고 온 상품을 중국 상품으로 바꿔 싣고 돌아가는 무역이다.

주, 청나라 때 개방된 하문, 영파, 상해 등 개항장에서는 사무역도 활발했다. 또한 도처에서 밀무역도 번창했다. 밀무역은 통상 정부 관리를 끼고 이루어졌기 때문에 금지조치의 효력이 미치지 못했다. 결국 1560년대에 명나라 정부는 막대하게 커진 밀무역 규모에 두 손을 들었고, 밀무역이 행해지는 주요 항구를 열어 무역을 합법화했다. 16세기 초반, 중국 상인들은 인도차이나 반도, 말레이시아, 태국, 수마트라 섬에서 티모르, 필리핀에 이르기까지 상업적으로 전략적인 남중국해의 모든 지역으로 퍼져나갔다. 이 무역 네트워크는 19세기까지 잘 유지되었다.

다양한 무역관계를 통해 중국은 어마어마한 무역흑자를 올리며 세계 은의 대부분을 긁어모았다. 중국의 재부 수준은 상해의 작은 의류 상조차도 약 5톤의 은을 자본으로 가지고 있었고, 가장 부유한 가문은 수백 톤의 은을 보유하고 있을 정도였다.[199] 따라서 중국의 은 가격은 세계최고였다. 애덤 스미스도 《국부론》에서 "중국에서 귀금속의 가치는 유럽의 어느 지역보다 훨씬 더 높았다"고 말한 바 있다. 이는 중국 경제가 세계경제의 기축이었다는 것을 뜻한다. 중국 상품에 대한 유럽의 수요는 매우 높았지만, 유럽 상품에 대한 중국의 수요는 미미했기 때문이다. 이로 인해 유럽은 만성적 무역적자에 시달려야 했다.

이처럼 중국은 대외무역을 계속 확대했으나, 제국주의적 침략과 점령을 삼갔다. 세계시장으로부터 철수한 것이 아니라, 강권을 자제하고 덕치를 추구하는 유교국가 이념에 따라 자발적으로 '제국주의'로부터 '철수'한 것이다. 유럽 각국이 앞 다투어 제국주의적 수탈을 펼치며 아프리카와 아시아, 아메리카 대륙에 걸쳐 전 지구적으로 식민지를 만들어간 것과는 대조적이다.

제국주의를
자발적으로 포기한 문명국

15세기 초 명나라 정화 제독의 30년 대항해는 이제 상식으로 알려져
있다. 명나라는 인도양 전역과 아프리카 동해안까지 영향권을 확장했
다. 세계의 절반이 중국의 손아귀에 들어 있었고, 중국이 원했다면 방
대한 해군으로 나머지 절반도 쉽사리 손에 넣을 수 있었다. 중국은 유
럽의 개척과 팽창 시대 이전에 최대의 식민강대국이 될 수 있었으나
그렇게 하지 않았다.[200] 완력에 의한 난적질을 본질로 하는 제국주의를
자발적으로 포기한 것이다.

유럽의 제국주의자들은 19세기 내내 세계를 약탈하면서 문명개화
를 내세워 정당화했다. 아메리카 인디언들로부터 텍사스를 탈취하면
서는 '명백한 운명'이라고 말했다. 하지만 중국은 그렇게 변명해야 할
행동을 전혀 하지 않았다. 이를 두고 영국의 역사학자 펠리페 페르난
데스아르메스토F. Fernandez-Armesto는 1996년 저작 《천년》에서 탄복
했다.

> 중국의 '명백한 운명'은 결코 발생하지 않았다. 손에 쥐기만 하면 중국의
> 것으로 보였던 세계지배는 포기되었다. …중국의 자제는 세계사에서 집
> 단적 절제의 가장 특기할 만한 사례로 남을 것이다.[201]

제국주의를 할 수 없어서가 아니라 능히 할 만한 능력이 있었으나
처음부터 할 생각을 하지 않았다. 이것이 바로 괴력난신을 입에 담지

않고 평화와 사해동포주의를 설파하는 공자철학의 표현이었다. 오늘날 한국인을 포함한 동아시아인들은 이 사실을 충분히 숙지해야 한다. 중국을 미화하는 사대주의적 발상 아니냐고 반문할지 모르지만 다른 문명권에서는 찾아볼 수 없는 미덕임이 분명하다. 동아시아는 작은 나라가 큰 나라를 섬기는 사대事大와 큰 나라가 작은 나라를 섬기는 사소事小의 외교철학으로 평화를 지켜왔다. 사대·사소의 선린외교는 국제 평화질서의 근간이었다. 군국주의로 무장하고 이웃나라를 상대로 침략전쟁을 벌인 일본은 예외다. 문명개화를 하겠다며 유럽 제국주의까지 모방해 이웃나라를 침탈하고 식민지로 만든 행위는 그 어떤 논리로도 정당화될 수 없는 '야만'이다. 개화의 목적이 폭력의 확산과 야만이라면 그 개화는 분명 잘못된 것이다. 인류사에서 근대는 공이 크지만 그로 인해 열린 제국주의 시대는 분명 과오다. 제국이나 식민지 양자 모두 불행했다.

정리해보자. 한마디로, 1800년까지 중국과 동아시아는 유럽보다 사회경제적으로 월등하게 앞서 있었다. 2차대전 이후 최고의 경제사학자 중 하나인 폴 베이로크P. Bairoch에 따르면, 1750년경 세계 제조업 생산에서 중국(32.8퍼센트)과 일본(3.8퍼센트)의 비중은 도합 36.6퍼센트였고, 유럽은 겨우 23.2퍼센트였다. 훗날 산업혁명의 총아가 되는 영국은 1.9퍼센트, 미국은 0.1퍼센트에 불과했다. 1800년에도 중국(33.3퍼센트)과 일본(3.5퍼센트)의 제조업 생산량 합계(36.8퍼센트)는 유럽(28.1퍼

센트)을 앞질렀다.[202] 이 통계에서 빠진 조선과 안남(베트남)까지 고려한
다면, 동아시아의 우위는 더 압도적일 것이다.

1750년경 동양의 국민소득은 서양보다 220퍼센트 높았다는 게 베
이로크의 연구성과다. 1830년에는 124퍼센트 높았고 1860년대까지
도 35퍼센트나 높았다. 그런데 여기서 감안해야 할 것은 베이로크가
당시의 미국·러시아·일본을 '서양'으로, 아시아·아프리카를 '동양'으
로 분류하고 있다는 점과 당시 동양의 인구가 서양보다 훨씬 많았다
는 사실이다. 서양의 국민소득은 1870년에야 비로소 동양의 국민소득
과 같아졌다. 물론 이후로는 역전되었지만 말이다.

1830~1840년대 이후 유럽의 급부상과 동아시아의 급추락은 유럽
의 제국주의와 산업혁명에 기인했다. 유럽 제국주의는 중국의 급격한
'탈산업화'를 불러온다. 산업혁명과 함께 과잉생산에 시달리던 영국과
프랑스는 중국에 무력으로 압박을 가했다. 잉여상품을 무관세로 덤핑
해 중국 산업을 대거 몰락시킴으로써 탈산업화시켰던 것이다. 역사가
들이 가장 비열한 전쟁으로 일컫는 1842년 아편전쟁과 그 패배에 따
른 각종 불평등조약으로 관세주권을 상실한 중국으로서는 어쩔 도리
가 없었다.[203] 하지만 일본의 경우는 달랐다. 일본은 경제주권을 행사
해 관세장벽을 설치했다. 그리하여 자국의 제조업 기술이 근대화되기
까지 영국 제품의 국내 침투를 막을 수 있었다. 그 덕분에 탈산업화를
모면하고 산업화를 지속할 수 있었다.

애덤 스미스는 1760~1770년대 당시를 다음과 같이 평가했다. "중국은 유럽의 어느 지역보다도 훨씬 부유한 나라다. 중국과 유럽의 생계수단의 가격 차이는 아주 크다. 중국의 쌀은 유럽 어느 곳의 밀 가격보다 훨씬 싸다."[204] 최근까지 OECD 통계의 총책임자였던 앵거스 매디슨A. Maddison도 1750년경 중국 또는 동아시아의 1인당 소득이 아니라 동양 전체의 1인당 소득이 서양과 같았고, 1800년 이후에야 서양의 1인당 소득이 동양을 앞질렀다고 말하고 있다. 동양 전체에서 중국 또는 동아시아만을 고려하면, 1750년만이 아니라 1800년까지도 중국 또는 동아시아의 1인당 국민소득이 유럽을 앞질렀다. 1832년까지도 동아시아 국민의 평균수명과 칼로리 섭취는 유럽보다 나았고, 공중보건도 중국이 유럽을 앞섰다.

세계최고의 생활수준, 고도의 상업화·산업화·도시화와 인구이동 덕택에 중국은 이미 송나라 중반부터 세습적 '사대부'제도를 폐지했다. 그리고 비세습적 '신사'제도를 도입해 만민평등을 달성했다. 청나라가 명나라로부터 이어받아 더욱 순화시킨 신사제도에서는 누구나 과거에 급제하기만 하면 공무를 담당할 수 있었다. 명·청대에 전체 신사층에서 양민이 과거에 급제해 신사로 상승한 비율이 무려 36.2퍼센트에 달했다. 이 비율은 오늘날 미국에서 서민과 중산층의 자손이 엘리트층으로 진입하는 비율보다 훨씬 더 높은 것이었다. 중국의 이 만민평등은 훗날 유럽의 세습귀족제도 철폐와 신분해방에 혁명적 동력이 되었다.

　존 홉슨은 19세기 영국 산업혁명의 기원이 18세기까지 1,500년간 지속된 중국의 산업혁명이라고 말한다. 영국의 산업혁명은 새로운 발명이 아니었다. 중국의 발명품, 기술사상의 흡수와 정밀화 작업을 통해 일어났다. 영국은 중국의 온갖 농업기술을 받아들여 농업혁명을 일으키고, 중국의 제련기술, 송풍용광로, 수력 풀무, 증기기관, 면사기술 등을 도입해 산업혁명에 불을 지폈다.

　서양이 세계경제를 주도한 시기는 지난 150년간에 불과하다. 그사이 전대미문의 제국주의적 전쟁과 수탈, 그리고 자연파괴가 자행되었다. 반면 동아시아는 18세기까지 1,000여 년간 세계경제를 주도했지만, 그 기간 내내 비제국주의적이고 자연친화적이었다. 이런 역사적 관점에서 보면, 오늘날 급부상하는 동아시아가 장차 서양을 다시 앞지를 것이라는 각종 예측은 당연해 보인다. 인류에게 그나마 다행스러운 일이다. 끝까지 비제국주의적이고 친환경적이라는 전제하에서.

영·정조 시대 조선은
세계 1위 국가였다

앞에서 살펴본 것처럼 1800년까지도 중국 또는 동아시아의 1인당 국민소득은 유럽과 영국을 앞질렀다. 그렇다면 영토 크기가 영국과 엇비슷했던 조선은 어땠을까?

임금수준은 생활수준을 보여주는 중요한 지표다. 미국 경제사 전문지 〈경제사 연구〉에 실린 전성호와 제임스 루이스J. Lewis의 공동연구를 참조해보자. 1780~1809년 사이 30년간 조선 숙련노동자의 실질임금(쌀 8.2킬로그램)은 1750~1759년 이탈리아 밀라노의 숙련노동자 실질임금 수준(빵 6.3킬로그램)을 훨씬 웃돌았다. 당시 유럽에서 가장 부강한 나라였던 영국에서 생활수준이 가장 높은 런던의 숙련노동자 실질임금 수준(빵 8.13킬로그램)보다도 높았다.

물론 이런 단순비교는 경기변동 또는 은화가치의 등락이나 천재지변을 고려할 수 없기 때문에 오류 위험을 배제할 수 없다. 따라서 중장기적 생활수준을 좀 더 정확하게 보여주는 총요소생산성total factor productivity*을 비교해볼 필요가 있다.

1800년 당시 영국에서 가장 잘살던 잉글랜드 지역의 경작면적 기준 총요소생산성을 100으로 잡을 때, 같은 해 조선 전체는 134였다. 중국의 경우 가장 잘살던 양자강 하류지역인 강소성과 절강성 지역이

---

* 노동생산성뿐 아니라 근로자의 업무능력, 자본투자금액, 기술도 등을 복합적으로 반영한 생산 효율성 수치.

191이었으니 중국 전체의 평균 총요소생산성은 191보다는 훨씬 낮았을 것이다. 하지만 애덤 스미스가 1776년에 "중국은 유럽의 어느 지역보다도 훨씬 부유한 나라"라고 말한 것을 상기하면, 중국 전체의 총요소생산성도 잉글랜드 수준을 많이 웃돌았을 것으로 추정된다. 또한 총요소생산성 수치로 미루어 분명 조선은 영국보다 잘살았다고 할 수 있다. 국내외 여러 연구에서 일치된 경향을 확인할 수 있다.

너무 '유럽중심주의적'인 통계라서 신뢰성이 떨어지지만, 매디슨의 통계치를 참조하여 추정해본다. 1820년 조선과 중국의 1인당 GDP는 600달러(1990년 국제 기어리-카미스Geary-Khamis달러• 기준)로 같았다. 중국의 1인당 GDP는 1500년 이래 인구의 비약적 증가 속에서 320년 동안 600달러 선에 머물러 있었다. 참고로 이후 중국과 조선의 소득추이를 보면, 1870년 중국의 1인당 GDP는 530달러로 추락했고, 1920~1930년대에 550달러 선에서 등락을 반복했다. 반면 조선은 1870년 반세기 만에 604달러로 조금 반등하기 시작했고, 이후 40년간 고도성장을 거듭해 1911년에는 815달러에 달해 일본에 이어 아시아 2위 국가가 되었다. 조선의 GDP는 일제강점기에도 줄곧 성장해 1917년 1,021달러, 1938년 1,459달러로 계속 상승했다.

• 국가 간 서로 다른 통화의 가치를 하나의 가치로 환산한 단위로, 구매력 평가에 쓰인다.

조선의 생활수준은 성종 시대(1469~1495) 이래 높아지기 시작해 영·정조 시대(1724~1800)에 정점에 달했다가 다시 낮아졌다. 이 추이를 매디슨의 조선과 중국 관련 통계에 대입하면, 조선의 생활수준은 16~17세기에 중국보다 낮았을 수 있지만, 생활수준이 정점에 달한 18세기 영·정조 시대에는 여전히 600달러 선에 머물러 있던 중국을 추월했다. 영·정조 시대는 분명 부강한 시기였다. 그러다가 정조가 사망한 1800년 이후 다시 추락해, 20년 후인 1820년에는 1인당 국민소득이 600달러로 중국과 같아진다. 이렇게 보면, 18세기 조선은 중국보다 더 잘살았던 것으로 추정된다.

따라서 18세기 중국은 영국의 런던 또는 잉글랜드보다 더 잘살았고, 조선은 영국의 런던이나 중국보다 더 잘살았다고 종합할 수 있다. 즉 18세기 조선은 당시 유럽에서 가장 잘살던 영국은 물론 세계에서 가장 잘살던 중국도 능가하는 생활수준 세계 1위 국가였다. 이런 통계 수치로 나타난 근거에도 불구하고 상당수의 한국인은 안 믿으려할 게 분명하다. 대부분의 한국인이 기억하는 역사 속의 조선은 가난했다. 그러나 그 기억은 일제의 식민사관에 의해 주입된 것이어서 실상과 다르다. 오늘날 세계가 놀란 대한민국 압축성장의 저력은 이미 18세기 선대부터 지니고 있었던 셈이다.

18세기 조선의 높은 생활수준은 교육복지와 인쇄술만 보더라도 짐작할 수 있다. 조선의 초등교육기관인 '서당'은 전국적으로 115가

구마다 하나가 들어섰을 정도로 셀 수 없이 많았다.[205] 전국적으로 500~600개에 육박하는 지방 향교와 서울의 사학四學*이 있었으며, 대학교육기관인 성균관의 유생들에게 무상교육, 무상숙식, 학비와 학전學田 지급, 조세 및 요역 면제의 완벽한 교육복지 혜택을 제공했다.

"가르침에는 차별이 없다"는《논어》의 '유교무류有敎無類'의 원칙에 따라 교육복지는 신분차별이나 빈부차별 없이 베풀어졌다. 부자 유생도 무상교육과 무상숙식을 포함한 모든 교육복지 혜택을 다 누렸다. 오늘날 말도 많은 초중고생 무상급식제도는 이미 조선에서 15세기부터 행해진 것이다. 15세기 세종 치세(1418~1450) 이후 18세기까지 조선은 이런 재정능력이 있었다. 오늘날 우리가 생각하는 것보다 조선은 훨씬 보편적인 교육복지를 시행했던 셈이다.

한편 토머스 카터T. Carter, 허드슨, 홉슨 등 서양 역사가들은 18세기까지 조선의 인쇄술이 세계에서 가장 선진적이었고 구텐베르크는 고려의 금속활자를 모방해 알파벳 금속활자를 만들었다고 말한다. 인쇄술의 발달수준은 곧 해당국가의 문화수준임을 감안하면, 이것은 당시 조선의 문화수준이 세계 1위였다는 것을 뜻한다. 역사학자 네이선 시

---

* 조선 시대에, 나라에서 인재를 기르기 위해 서울의 네 곳에 세운 교육기관. 위치에 따라 중학中學·동학東學·남학南學·서학西學이 있었는데, 태종 11년(1411년)에 설립, 운영하다가 고종 31년(1894년)에 없앴다.

빈N. Sivin은 1990년 저작《중국사에서의 과학과 의학》에서 다음과 같이 갈파한다.

> 인쇄술의 기원은 6세기의 중국과 14세기의 한국으로 거슬러 올라간다. 목판인쇄는 6세기 중국에서 처음 모습을 드러냈지만, 현존하는 가장 오래된 원본은 751년 고려에서 유래한다.

751년은 신라 경덕왕 때로, 경주 불국사를 세우면서 석가탑에《무구정광대다라니경》을 봉안했다.

홉슨·시빈·카터·치엔추엔쉰T. Tsien 등 역사가들은 1403년 한국인들이 구텐베르크의 금속활자보다 50년 앞서 금속활자를 발명했다고 확인한다. 네이션 시빈은 금속활자 인쇄는 "15세기 초 국왕의 적극적인 지원과 연속적 실험작업을 통해 한국에서 최고수준의 완벽함에 도달했다"고 말한다. 이는 세종대왕이 주도한 금속활자 주조 시험사업을 가리킨다.

중국의 목활자와 한국의 금속활자 인쇄술은 알려지지 않은 여러 경로로 서구로 전해졌다. 중국의 목판인쇄술은 1259년 폴란드, 1283년 헝가리를 거쳐 13세기 독일에 전해져 거기서 처음 활용되었다.[206] 카터는 구텐베르크가 한국의 금속활자를 직접 보거나 한국의 금속활자 인쇄술을 누군가로부터 배웠다는 '직접전파'의 증거는 없지만, 그가

금속활자로 인쇄된 한국의 서책을 입수해서 보았을 것이라는 '간접전
파'의 정황증거는 분명하다고 말한다. 첫째, 인쇄의 전제가 되는 제지
술이 서양으로 전파된 것이 사실이고, 둘째, 일련의 인쇄물이 유럽으
로 건너가 확산되었으며, 셋째, 활자조판기술에 대한 지식이 중국에
왔다간 수많은 유럽인들에 의해 보고되었기 때문이다. 구텐베르크가
한국의 금속활자를 모방했는지 여부에 대한 논란과 관련해 허드슨은
잘라 말한다.

> 구텐베르크에 의해 유럽식 인쇄술이 출현하기 전에 고려의 금속활자 인
> 쇄술이 그토록 주목할 만한 발전을 이룩했기 때문에, 그리고 당시 극동
> 과 독일 사이의 뉴스 전달이 가능한 연결선들이 존재했기 때문에, 증명
> 의 책임은 유럽의 인쇄술 발명이 완전히 독자적인 것이라고 주장하는 사
> 람들에게 있다.[207]

또한 조선은 책을 찍는 데 쓰이는 종이 만드는 기술도 세계최고 수
준이었다. 18세기 조선 한지의 품질은 강직성과 내구성 면에서 세계
최고 수준에 도달해 있었다. 선교사 페레 레기P. Regis의 증언에 의하
면, 조선 한지는 언제나 북경에서 가장 비싼 가격에 팔렸다. 심지어 청
나라 황궁의 모든 창호지·벽지에도 다 조선 한지가 쓰였다. 이 때문에
조선 한지는 북경 시장에 아무리 많이 공급되어도 늘 품귀상태였고,

매번 최고가를 갱신할 정도였다.[208] 조선은 인쇄술만이 아니라, 제지술도 세계최고 수준이었던 것이다.

18세기 조선의 선진 교육제도가 교육복지를 세계최고 수준으로 끌어올린 한편, 출판인쇄술과 제지술은 저렴하고 질 좋은 서적 보급을 가능케 해 대중의 문화복지를 고양시켰다. 18세기 정조가 우려한 패관잡기*, 소설, 도참비기** 등의 대유행은 바로 이 높은 인쇄·출판기술에 기초했다. 세계최고 수준의 문화복지와 완벽한 교육복지는 그 자체로서 조선의 높은 생활수준을 증언해준다. 동시에 18세기 조선이 경제적 생활수준 면에서 영국도, 중국도 능가한 세계 1위였다는 추정을 구체적으로 실감하게 해준다.

그런데 당대에는 세계최고 국가였던 조선이 왜 얼마 못 가서 몰락했을까? 다음 장에서 자세히 논하겠지만 18세기 조선은 이미 스스로 부족한 것 없이 갖춰져 있었기 때문에 다른 문화를 받아들이려고 하지 않았다. 어느 문명이건 오만은 곧 정체와 퇴보를 부른다. 조선 후기의 몰락은 지나친 자부심이 원인이었다.

- '패관'이란 옛날 중국에서 왕이 민간의 풍속이나 정사를 살피기 위해서 거리에 떠돌아다니는 이야기를 모아 기록시키던 벼슬의 하나다. 이렇게 기록된 이야기를 '패관잡기'라고 불렀다. 패관은 후대에 내려오면서 이야기를 짓는 사람 일반을 일컫는 말로 변화되었고, 패관잡기 역시 민간의 이야기를 기록한 것만이 아니라 꾸며낸 허구적 이야기를 지칭하는 말로 확대된다.
- ** '도참'은 앞날의 길흉을 예언하는 술법. 도참비기는 예언서를 가리킨다.

8장

패치워크 문명론

합리주의를 아무리 비틀고 꼬아보아도, 결국 홉스의 말대로
'인간은 인간에게 늑대'이고 '자연의 정복자'일 뿐이다.
반면 공자철학에서 인간은 '인간의 벗'이고 '자연의 손님'이다.
하늘이 준 천성을 받들어 큰 사랑으로 만물을 키워내는
대지를 본받는 존재인 것이다.
공자철학은 보편적인 생명애와 공감의 정치철학이다.

18세기 유럽에서 공자 흠모는 열광 그 자체였다. 공자철학과 동아시아 정치문화는 유럽 각국에 벼락천둥 같은 각성을 가져다주었다. 1769년《어느 철학자의 여행》에서 프랑스 철학자 피에르 푸아브르가 표한 감격의 찬사는 이를 잘 반영하고 있다.

> 만일 중국제국의 법률이 모든 국가의 법률이 될 수 있다면, 중국은 온누리에 황홀한 미래상을 제공해줄 것이다. 북경으로 가라! 숙명적 필멸자들 중 가장 위대한 분을 응시하라. 그분은 참되고 완전한 하늘의 표상이시다.[209]

여기서 '가장 위대한 분'은 공자를 가리킨다.

동아시아는 18세기 유럽 개화사상의 탄생지였다. 관용철학과 종교·사상의 자유, 공감감정론과 공감도덕론, 자유시장과 복지국가, 권력분립과 제한군주정, 공무원시험제도와 관료제, 만민평등의 3단계 교육제도와 신분해방 등이 동아시아에서 기원했다.

유럽은 18세기 말까지도 수많은 여성들을 마녀로 몰아 화형하고 수많은 서적들을 마귀의 책으로 파문하고 불태웠다. 그러나 계몽주의는 '신들린' 유럽을 유교문명과 패치워크하여 세속화·인간화하고, 새로운 사상들을 기안하고 구현하는 투지를 발휘했다. 근대 유럽을 창조한 위력적인 계몽주의의 정체는 바로 공자주의였다.

동아시아 유교문명권의
현주소

그런데 왜 공자철학을 견지해온 동아시아가 18세기 후반에 와서는 서구사회에 뒤지게 되었을까? 그리고 최근까지 '공자가 죽어야 나라가 산다'는 신념으로 '공자말살운동'에 열을 올리며 공공연하게 유교망국론을 외쳐왔던 걸까?

막스 베버M. Weber는 서구의 근대적 발전을 가능하게 한 정신적 토대가 '프로테스탄트 윤리'에 있다고 했다. 애초에 기독교 윤리는 경건하고 금욕적이며 이익 추구와 부의 축적을 금기시했다. 당연히 반자유주의적이고 반자본주의적이었다. 하지만 점차 기독교의 전통적인 금기를 스스로 깨고 자본주의 정신을 개척했다. '경건하고 금욕적인 동기에서 비롯된 이익 추구와 부의 축적은 정당하다'는 새로운 개신교적 교리의 발명을 통해서였다. 베버의 논리에 따르면 그것은 동아시아 유교철학은 물론 그 어떤 종교도 하지 못한 것으로 기독교 자체에 대한 혁신적 해석이었다. 그리하여 개신교, 자본주의, 자유주의라는 근대 서구문명의 삼위일체가 완성된다. 물론 그 이면에는 제국주의가 있었다.

베버는 근대 유럽사회를 우월시하고 자본주의를 미화했다. 심지어 폭력을 정당화하는 개신교 윤리에 매몰되었다. 하지만 해외진출을 통한 노예상업과 식민지 침탈은 그 어떤 논리로도 정당화될 수 없는 야만이다. 19세기 내내 저들이 세계를 약탈하면서 부르짖었던 '명백한 운명'은 궁색한 '야만의 정당화'에 지나지 않는다.

사실 자본주의정신을 프로테스탄티즘 윤리와 연결시킨 베버의 주장만큼 엉터리 주장도 없을 것이다. 자본주의는 개신교 국가보다 성공회 국가나 가톨릭 국가에서 더 만개했기 때문이다. 우리가 잘 아는 바와 같이 가톨릭 국가였던 프랑스와 성공회 국가 영국에서 자본주의가 훨씬 더 발달했다. 그렇지만 그것도 어디까지나 유럽에서의 일일 뿐이다. 사실 자본축적의 역사는 그 어떤 유럽 국가보다 중국이 앞섰다는 걸 우리는 앞에서 조목조목 살펴본 바 있다.

기원전 1세기 사마천의 《사기》〈화식열전〉 이래 동아시아에서는 일찍부터 자본을 축적하고 지폐제도를 실시했다. 서구보다 자본주의나 근대화로 가는 조건이 더 나았다고 할 수 있다. 하지만 유감스럽게도 공맹철학에서 파생한 성리학 체제는 폐쇄적으로 변질되고 독선에 빠진 나머지 '전통의 재발명'도 하지 못했고 능동적 근대화도 수행하지 못했다. 이로 인해 우리는 성리학 체제를 폐기처분하다시피 하고 서구에서 일어난 원초적 근대화의 압도적인 힘에 이끌려 이를 모방하거나 표절함으로써 2차적 근대화를 수행할 수밖에 없었다. 만일 18세기 무렵에 서구 자본주의에 필적하는 경제방식이 동아시아의 전통에서 자연스럽게 산출되었다면, 인류는 야만적이고 불행한 제국주의의 과오를 범하지 않았을 것이다. 물론 역사에는 가정법이 없다. 하지만 분명한 건 수천 년간 줄곧 서양을 앞섰던 동아시아 문명이 19·20세기에는 서양에 뒤졌다는 사실이다.

모든 문명의 낙후성의 원인은 자만과 폐쇄성으로 인한 문명패치워크의 실패에서 찾아야 할 것이다. 16~18세기 유럽은 동양과 여타 세계에 많은 관심을 두고 세계 각지로 진출했다. 도처에서 문물을 받아들이는 개혁개방을 계속해 서구 기독교문명을 혁명적으로 새로운 패치워크 문명으로 전변시켰다. 반면 중국은 16~18세기 동안 번영과 풍요에 겨워 전 세계는 말할 것도 없고 서양에도 관심이 없었다. '서양인'을 '양이洋夷', 즉 '서양오랑캐' 취급할 정도로 자만했다. 16~18세기 동아시아 유교문명권의 이 문화적 자만과 폐쇄성이 19세기와 20세기 전반에 걸친 약 170년 동안 중국과 동아시아를 서양에 뒤떨어지게 만들었다. 동아시아는 문명패치워크 경쟁에서 서양에 패배한 것이다.

그러나 19세기 말부터 20세기 후반까지 100년 동안 사활을 걸고 서양을 배우고 받아들인 동아시아는 20세기 말부터 유럽연합의 경제력을 추월하고 전 산업분야에 걸쳐 서양을 앞지르는 기술과 제품 종목을 급속히 늘려가고 있다.

우리는 19세기 동아시아의 개화기를 흔히 동서 문명교체기, 혹은 충돌기라고 부른다. 과연 동서 문명은 서로 교체되거나 충돌했던 걸까. 결론부터 말하자면, 아니다. 역사 속에서 융성했던 모든 문명은 예외 없이 '짜깁기 문명'이었다. 외래문물을 받아들일 때 모든 문명은 원적原籍을 지우지 않고 자기정체성에 따른 독특한 해석과 첨삭을 통해 알맞게 변형시키고 다듬어 토착문화와 짜깁기한다. 이것이 이 책에서 주장하는 패치워크 문명론이다.

갈등과 융합을 넘어선
패치워크 문명

그간 문명은 융합하거나 충돌하는 것으로 이해되어왔다. 이른바 문명 융합론과 문명갈등론이다.

문명융합론은 17세기 말 보편문명을 꿈꾸던 라이프니츠에 의해 처음 제기되었다. 그는 이질적 문명들이 역사적 정체성과 원적을 잃고 화학적으로 용해되어 단일한 세계문명으로 융합될 것이라고 전망했다. 이는 동서 문명의 상호동화를 바라는 서구 이상주의자들의 오랜 바람이자 서구지향적인 후진국 지식인들의 열렬한 희망사항이었다.

문명이 물감 같은 것이라면, 화학적 융합이 가능할 것이다. 그러나 오늘날 기독교·이슬람교·힌두교·불교·유교문명권 등 세계 5대 문명권이 뚜렷한 정체성을 갖고 현존한다는 사실은 '융합'현상을 부정한다. 융합론의 부적절성은 각 문명권의 정체성을 경시한 데서 기인한다. 세계시장·국제법·국제기구 등을 보편문명의 요소로 오해했기 때문이다. 단일권력 아래 다문명을 망라했던 과거의 몽고제국이나, 유엔과 국제법하에 5대 문명권이 공존하는 현 국제사회를 보자. 보편권력·세계시장·국제법·국제기구는 문명들의 융합현상과 무관하다. 이런 요소는 문명권 간 접촉과 교류를 촉진하는 촉매에 지나지 않는다. 실제에서 문명융합론은 서구 기독교문명권에 의한 타문명권들의 일방적 동화·말살을 원활하게 만드는 이데올로기로 기능하며 문명갈등론의 권력 논리와 슬그머니 융합되곤 했다.

반면 문명갈등론은 서로 다른 문명을 투쟁과 배제, 지배와 종속의 관계로 본다. 따라서 주로 제국주의세력과 반제투쟁세력에 의해 대변되어왔다. 비서구 국가들에 대한 서구 제국의 지배를 관철시킨 과거의 '서구화론', 새뮤얼 헌팅턴S. Huntington의 '문명충돌론', 20세기 말부터 미국 월 스트리트에서 부추긴 '세계화론' 등이 여기에 속한다. 월 스트리트의 위기 속에서 자취를 감춘 '세계화론'은 옛 서구화론을 반복한 것이지만, '미국화'를 뜻하는 '월 스트리트 스탠더드'의 서구화론이라는 점에서, 또한 '글로벌 스탠더드'를 되뇌며 융합론으로 포장했다는 점에서 새롭다면 새로웠다.

문명갈등론은 자문명과 타문명을 친구와 적, 곧 우적友敵관계로 본다. 그러나 두 차례의 대전이나, 같은 문명권 안에서 벌어진 수많은 전쟁들이 문명의 경계선에 따른 우적 구분을 부정한다. 갈등론의 이런 부적절성은 '문명'을 '권력'으로 착각한 데서 기인한다.

문명의 본질이 진짜 권력이라면, 문명갈등은 필연적일 것이다. 권력은 권력투쟁을 상습으로 삼기 때문이다. 그러나 문명들 사이에는 정체성을 전제로 한 문물의 공감·선망·모방·복제·전염·전파와 사람의 이동·교류·협력 등 상호영향 추세가 융합이나 갈등보다 훨씬 우세하다. 문명은 정체성에 대한 자부심과 비교의식이 강하고 발달수준의 높낮이에 민감하다. 따라서 문물은 무조건 더 발달된 곳에서 덜 발달한 곳으로 흘러내려가고, 사람은 반대 방향으로 유출된다. 문명은 물감 같은 '화학물질'도, '권력'도 아니다. 정체성과 높낮이에 예민한 생활양식이다. 생활양식은 바로 문명과 사람들의 정체성이다. 어떤 인간임은 곧 그가 사는 방식이기도 하고, 생활방식이 곧 어떤 인간인지를 드러내기 때문이다.

문명은 융합 없이 정체성을 전제로 결합되고 갈등 없이 짜깁기된다. 문명의 이런 성격을 정확하게 포착하기 위해 '패치워크'라는 용어를 썼다. 패치워크란 원래 헝겊조각들을 실과 접착제로 붙여 완성한 쪽모이 섬유제품이나 그 작업을 뜻하는데, 의미가 확장되어 문화예술작품에도 쓰이고 있다. 요컨대 패치워크의 요지는 이질적 조각들을 독특한 기법으로 붙여 특유한 스타일의 완성품을 창조한다는 데 있다. 문명을 패치워크로 이해하면, 모든 문명의 본질이 패치워크 문명임을 파악할 수 있다. 서로 다른 문명이 패치워크되어 새로운 문명이 창조될 뿐 아니라, 각각의 문명 자체도 패치워크된 것이다.

패치워크 문명은 일정한 자기비판적 개방성을 갖춘다. 외부로부터 문명요소들을 받아들여 고유한 기법으로 다듬고 특유한 방식으로 해석하고 굴절시켜 전통적 실과 접착제로 붙이고 짜깁기해 자문화의 결함과 불완전성을 보완한다. 선망하는 외부문물을 모방해 내부의 토착문물과 짜깁기함으로써 자기정체성을 혁신하고 자기의 완전성과 창조력을 강화해 더 높은 단계로 발전한다.

공감과 선망, 모방과 복제, 전파와 전염, 교류와 협력을 통한 문명의 패치워크는 높은 데서 낮은 데로 향하는 반면, 사람의 이동은 낮은

데서 높은 데로 '두뇌유출brain drain'과 '육체노동자·스포츠맨·여성
의 유출brawn drain'이 벌어진다. 하지만 선진문명은 극에 달하면 점
차 오만해지기 쉽고, 후진문명은 선진문명을 공감적으로 선망하며 열
등감 속에서 열심히 모방하기 마련이다. 그러다 일정한 시간이 지나
면 선진문명과 후진문명이 뒤바뀌는 대역전이 벌어지기도 한다. 다
시 '두뇌유입brain return'과 '육체노동자·스포츠맨·여성의 유입brawn
return'이 일어나는 것이다.

세계사적으로 특별한 점은 극서와 극동에 위치한 서구문명과 동아
시아문명 간에는 실크로드가 열린 이래 1,000여 년에 걸쳐 이러한 패
치워킹이 교호적으로 벌어져왔다는 것이다. 다른 문명권과 서구문명
권 간에도 이런 교호적 패치워킹이 있어왔지만 서구 기독교문명과 동
아시아 유교문명 간의 교호적 패치워킹처럼 강력하지도, 신속하지도,
민감하거나 원활하지도 않았다. 오늘날 동아시아인들은 서구의 문화
와 유행의 변화에 민감하고, 서구인들은 동아시아의 예술문화와 경제
발전에 촉각을 세우고 있다. 그러나 서구문명과 이슬람문명, 서구문명
과 힌두문명, 서구문명과 불교문명 간에는 이 정도의 민감성도, 예민
성도 존재하지 않는 것 같다. 이런 관점에서 보면 반제국주의 투쟁논
리를 문화이론화한 '오리엔탈리즘' 같은 중동산 반反서방 이데올로기
는 우리 동아시아인들에게 '양이론洋夷論'만큼이나 해롭다. 동아시아
와 서구는 라이프니츠가 희망했듯이 앞으로도 계속 서로 선교사를 보

내 서로 가르치고 배워야 할 특별한 '문명파트너'이기 때문이다. 물론 지금의 선교사는 종교가 아니라 문화 선교사여야 한다.

패치워크 문명은 외래요소들과의 절충을 뛰어넘는 창조적 자기완결체, 즉 '엔텔레키entelechie'다. 그럼에도 문명은 패치워크 요소들의 원적을 보존한다. 조선의 딤채와 멕시코 원산의 고추가 패치워크된 '김치'가 좋은 예다. 패치워크된 김치는 한국 고유의 완결체지만, 딤채가 토착음식이고 고추의 원산지가 멕시코라는 것은 불변의 사실이다.

김치와 마찬가지로 문명들도 패치워크를 통해 세련되고 수준 높은 신문명으로 창조된다. 이 능력은 문명의 자기비판적 개방성에 비례하고, 문명은 이에 따라 흥하고 쇠한다. 서구 기독교문명은 동아시아의 문물을 패치워크해서 중세 문명을 개화시킨 르네상스와 근대의 계몽운동을 통해 세계사에 우뚝 섰다. 황하 문명이 유교문명으로, 인더스 문명이 힌두·불교문명으로 발전한 것도 다 패치워크 덕택이었다. 반면 자폐적 이집트 문명과 고립된 잉카·아즈텍 문명은 외부세계와 접촉하자마자 소멸했다.

지금의 5대 문명권도 패치워크 관점에서 고찰하면 발전추이가 잘 보인다. 이슬람교·힌두교·불교문명은 기독교·유교문명에 비해 발전 수준이 비교적 낮은 편이다. 서양문명이 유교문명을 패치워크하는 데 성공해 선진문명이 된 반면, 유교문명권은 사방의 '오랑캐' 문화들을 패치워크해 오랜 세월 극히 융성했으나 오만해지면서 패치워크를 거부한 끝에 결국 지난 100년간 엄청난 수모를 겪어야 했다. 그럼에도 뒤늦게나마 '진짜'보다 더 좋은 '가짜'를 만드는 치열한 패치워크를 통해 후발주자로 떠올랐다.

따라서 동아시아문명은 '순혈의 유교문명'이 아니다. 그렇다고 유교적 정체성이 없는 '잡스러운 문명'도 아니다. '다문화로 짜깁기된 쪽모이 형태의 유교문명'인 것이다. 외래의 문물조각들을 유교적으로 다듬어 기존 문화 속에 박아 넣고 유교문화적 접착제와 실로 꿰어 붙인 다문화 문명이다. 여러 문명권에서 들어온 외래문물들이 유교 물을 먹고 유교적 맛과 멋을 낸다. 이런 맛과 멋을 공약수로 삼아 기존 문화와 잘 어울릴 뿐만이 아니라 저들끼리도 원활하게 상통한다. 이 특유한 짜깁기를 통해 동아시아문명은 열띤 서구화 속에서도 더욱 완성도 높고 강력한 유교문명으로 재생산되어왔고 또 매일 재생산되고 있다. 이것이 우리 동아시아 유교문명권의 현주소다.

지금 문명의 대역전 현상이 벌어지고 있다. 세계사의 중심이 '서'에서 '동'으로 되돌아오는 대전환이 감지되고 있다. 경제적으로 일본을 앞지른 중국은 제조업 생산량에서 이미 미국을 제치고 세계 1위를 탈환했다. 유교문명권 8개국의 GDP 총계는 이미 유럽연합 27개국과 비슷해졌다. 또한, 유엔개발계획의 2010년 인간개발지수 조사순위에서 일본(11위)과 한국(12위)은 스위스(13위)·프랑스(14위)·영국(26위) 등 주요 서방국가들을 앞질렀다. 2020년경이면 중국은 미국을 앞질러 세

계 1위로 올라서고, 한국과 일본은 각각 3·4위를 다툴 것으로 예견된
다. 이 성과는 유교문명권의 패치워크 능력 덕택이라고 할 수 있다. 더
이상 아시아적 가치를 폄하하거나 자기를 부정할 필요가 없다. 바야흐
로 서구 콤플렉스를 말끔히 씻어낼 때가 된 것이다.

왜 다시
공자인가

동아시아는 20세기 후반부터 눈부신 경제발전을 실현한다. 그리하여 유교자본주의라는 말까지 유행하면서 새삼 아시아적 가치인 유교가 새롭게 조명되고 있다.

중국은 2008년 베이징 올림픽 개막식을 공자 이미지로 도배했다. 장이머우張藝謀 감독은 공자와 제자 3,000명이 대나무 책을 들고 행진하는 퍼포먼스를 연출했다. 전 세계인의 이목을 사로잡았음은 물론이다. 그것은 공자의 화려한 부활을 알리는 신호탄이었다. 마르크스·레닌V. Lenin·마오쩌둥毛澤東 등 철인혁명가들 대신 공자를 새로운 국가브랜드로 내걸고 세계 각지에 공자학원과 공자아카데미를 늘려가고 있다. 2015년 현재 세계 각지에는 3,000개 이상의 공자학원이 운영되고 있다. 이것은 사실 공산주의의 역사적 패배와 공자 부활을 의미한다.

서울 종로구 명륜동 성균관대 정문 오른편에는 조선 유일의 대학기관 성균관이 있다. 성균관은 유학의 성인 위패를 모시는 사당 대성전과 수업을 진행하는 명륜당으로 나뉘어 있다. 그 사이에 600년 가까이 된 은행나무 두 그루가 서 있다. 보물 제141호인 대성전大聖殿에는 공자·맹자를 비롯한 21명의 중국 위인과 설총·최치원 등 우리나라 위인 18명 등 총 39명의 위패를 모셨다.

대성전에서는 매년 2회 공자를 기리는 석전제釋奠祭가 열린다. 공자의 기일인 5월 11일과 탄생일인 9월 28일이다. 717년 신라 성덕왕 때 처음으로 열고 지금까지 끊이지 않고 이어져 오고 있다. 이런 전통방식 그대로 의례를 지내는 곳은 우리나라가 유일하다. 중국이 공산주의 노선을 걷기 시작하면서 봉건주의 잔재로 여겨진 공자는 타도의 대상이 됐다. 그리하여 중국에서는 1947년부터 석전제가 자취를 감췄다. 그러다 2000년 이후 중국 정부와 대학 등에서 우리나라의 석전제를 배워가기에 이르렀다. 《논어》에는 64명이 추는 팔일무八佾舞에 대한 일화가 나오는데, 중국에서도 지키지 못한 의례를 우리나라에서 고스란히 지켰다가 종주국에 다시 맥을 전해준 것이다.

한국인들의 이런 공자 사랑의 연원은 무엇일까. 유학자이자 한국학자인 류승국 교수는 "유학의 형성 과정이 역사적으로 동이족東夷族과의 관계에서 이루어졌음에 주의해야 한다"[210]고 말한 바 있다. 실제로 《논어》에는 공자가 중국에 도가 행해지지 않자, 이를 애석하게 여기고 바다 건너 구이九夷에 가 살고 싶다고 한다. 어느 제자가, "누추한 곳에서 어떻게 살겠습니까?" 하니, 공자는 "군자들이 사는 곳이니 무슨 누추함이 있겠느냐"고 한다. 구이는 동이東夷를 뜻한다. 산둥반도와 한반도 일대다. 공자가 바로 산둥반도 취푸曲阜 사람이다. 그래서 자신이 서이(한족)보다 동이에 가깝다고 여긴 듯하다. 공자의 후예들은 공자가 그토록 건너고 싶었던 바다를 건너 우리 한반도에도 뿌리내려 살고 있다. 그만큼 우리와 공자와의 문화적, 혈통적 친연성이 있는 셈이다. 물론 동이의 범위는 넓다. 우리가 동이에 속하지만 동이가 곧 우리 한민족의 조상만은 아니다.

지금, 동아시아 유교자본주의의 부상과 함께 강화되는 동아시아인들의 자부심 속에서 공자를 부활시키려는 흐름이 거세지고 있다. 우리가 진정 누구인지를 알아야 하는 필요성도 더욱 커지고 있다. 이제 서구추종주의에 눌려 있던 유교적 정체성을 밝혀 명확하게 포착해야 할 때다. 이는 공자를 제대로 배우지 않고는 불가능한 일이다. 그것은 동아시아적 가치를 재발견하고 문화적 자부심을 키우는 작업이기도 하다.

공자철학은 21세기 동아시아의 미래를 이끌 잠재력과 비전을 담고 있다. 앞에서 살펴보았듯 18세기 유럽의 계몽철학자들은 공자를 숭배하고 공자철학으로 유럽을 개화시켰다. 명저 《중국과 유럽》을 쓴 라이히바인은 "공자는 계몽주의의 수호성인이다"라고 평했다. 유럽 계몽운동은 다름이 아니라 바로 '공자의 유럽 계몽'이었던 것이다.

18세기 유럽 철학자들은 17세기에 이미 완역되어 있던 공자경전에서 새로운 철학을 발견했다. 이를 활용해 '신학의 시녀' 스콜라철학과 그리스합리주의에 갇힌 유럽을 '개화'시켰다. 뒤늦게 서구 합리주의의 마법에 걸린 지금의 동아시아를 다시 개화시키는 데도 공자는 철학적인 괴력을 발휘할 수 있을 것이다.

공자철학은 현재 파탄에 처한 서구 합리주의를 대신할 대안철학이 될 것이다. 100여 년에 걸친 계몽운동 덕에 유럽의 힘은 급신장했다. 하지만 유럽 사상계는 1789년 프랑스대혁명을 기점으로 공자철학과 경험론을 버리고 플라톤·데카르트·칸트류의 합리주의 사조로 되돌아갔다. 그리고 그 결과는 처참했다. 이성을 신격화하고 인간의 감성과 감정을 격하·억압하는 합리주의는 그에 내장된 과학적 인간지배와 자연정복의 이데올로기 때문에 파탄을 맞게 됐다. 합리적 철인통치자와 과학자들은 '인간이 모든 것을 안다'는 과학적 전지주의의 지식권력으로 인간사회를 변혁하고 자연을 파헤쳤다. 그 결과, 혁명독재와 기계화 전쟁 속에서 무수한 인명이 살상되고, 자연은 돌이킬 수 없이 훼손되었다.

인류는 살기 위한 실천적 결단을 내려야 했다. 철인통치자론·인간개조론·과학적 자연정복론·과학적 사회주의·과학적 인종주의 등의 과학만능주의를 퇴출시키고 화학·원자력·유전자·생명공학 분야의 위험한 과학지식과 연구활동을 금하거나 제한했다. 하지만 합리주의 안에는 이 실천적 결단을 뒷받침하고 강화해줄 이론적 대안이 없다. 합리주의를 아무리 비틀고 꼬아보아도, 결국 홉스의 말대로 '인간은 인간에게 늑대'이고 '자연의 정복자'일 뿐이다.

반면 공자철학에서 인간은 '인간의 벗'이고 '자연의 손님'이다. 하늘이 준 천성을 받들어 큰 사랑으로 만물을 키워내는 대지를 본받는 존재인 것이다. 공자철학은 보편적인 생명애와 공감의 정치철학이다. 공자는 낚시질을 하긴 했으나 주낙질은 하지 않았고, 주살질을 하긴 했으나 자는 새는 쏘지 않았다. 본능적 생명애에 기초한 공감과 감정전

염은 모든 동물과 식물에게까지 확대되어 환경윤리화된다. 그리하여 마침내 뭇 생명을 보듬어 길러낸 '정든 산천'이 되어 결코 버리고 떠날 수 없는 터전으로 자리 잡는다.

인간사랑과 자연사랑의 큰 덕은 둘 다 이성에서가 아니라 오직 생명을 측은히 여기는 공감적 성정에서만 기원하는 것이다. 공자철학은 이성보다 감성을, 추리보다 경험을 앞세우고 천성적 욕망과 감정을 선하게 여기며, 도덕적 공감감정을 도덕의 단초로 간주하고 인의仁義의 덕성을 지식보다 중시한다.

흄과 스미스 이래의 경험론적 서구문화와 경험주의적이고 감성중심적 동양문화는 우리 시대에 상호보완적으로 연대해야 한다. 그리하여 지속 가능한 신문명의 길을 열어야 한다. 서구 경험론과 굳게 연대한 공자철학이야말로 동서양의 합리론을 청산하고 인류의 새 삶을 디자인할 확실한 대안철학이다.

공맹사상의 뿌리와 공자의 삶

14년간이나 천하를 주유한 공자는 합리보다 경험을 중시했다.
공자는 스스로에 대해 말하기를 "나는 나면서부터 아는 자가
아니라 옛것을 좋아하여 이를 힘써 탐구하는 자다"라고 했다.
공자가 말하는 '옛것'은 '오래된 것'이 아니라,
멀고 가까운 과거의 경험 또는 경험자료를 가리킨다.

유럽인들을 단숨에 매료하고 계몽주의의 씨앗을 발아시킨 공맹사상의 뿌리는 어디일까? 공자는 평지에서 돌출한 천재나 재사才士 유형의 인물이 아니다. 그는 옛것을 익히고 그것을 미루어서 새것을 알고자 애쓴 온고지신의 성인이다. 공자사상은 당연히 고대古代와 하夏·은殷·주周 삼대의 아름다운 전통을 계승한 것이었다.

때문에 중국 오제伍帝시대와 하·은·주 삼대에 대한 기본지식은 공자와 고대 중국의 정치철학을 이해하는 데 필수적이다. '책 속의 책'에서는 오제신화와 하·은·주의 역사, 그리고 춘추시대 공자의 삶을 서구철학과 대비시켜 그의 인식론적 특성을 살펴보도록 하겠다.

동아시아의 유토피아
대동사회

17·18세기 서양 선교사들에 의해 유럽에 소개된 중국 고대사는 요·순임금 이전의 복희·신농·황제까지를 포함하는 오제시대다. 그러나 공자는 《역경》에서 복희·신농·황제 시대를 역사시대로 인정하지 않았다. 그들의 신화는 글로 쓰인 기록 없이 선사시대로부터 구전된 것이기 때문이다. 유럽의 그리스·로마 신화처럼 이를 동아시아의 고대 신화로 구분한 것이다.

공자는 중국 고대사를 크게 대동大同시대와 소강小康시대로 나누었다. 대동시대는 대도大道가 행해지고 천하가 한 가문의 것이 아니라 공공의 것이었던 요·순임금 시대다.

공자는 대동시대를 《예기》〈예운〉에서 다음과 같이 말했다.

"대도가 행해졌을 적에 천하는 공기公器였다. 세습 없이 현인과 능력자를 뽑아 썼고, 믿음을 가르치고 친목을 닦았으며, 사람들이 오직 제 어버이만을 친애하는 것이 아니었고 오직 제 자식만을 사랑하는 것이 아니었다. 노인에게는 생을 마치게 할 곳을 갖게 했고, 장정에게는 일거리를 갖도록 했고, 어린이에게는 키워줄 곳이 있도록 했다. 홀아비·과부·고아·무자식자와 환자에게는 보살펴줄 곳이 있게 했다. 남자는 직분이 있고 여자는 혼인할 짝이 있었다. 재화는 땅에 버려지는 것을 싫어했으나 반드시 자기에게만 숨겨져 있지 않았고, 힘은 몸에서 나오지 않는 것을 싫어했으나 반드시 자기만을 위하지 않았다. 그러므로 계략과 모략이 닫혀 일어나지 못했고 도둑과 난적이 활동하지 못했다. 따라서 바깥문을 닫지 않았다."

공자가 말한 대동의 세상은 지금 우리가 추구하는 보편적 복지사회에 가깝다. 공동체의 합일과 예의 실현이 사회 구성원들의 본성에 기초해서 자발적이고 자연스럽게 이루어지는 상생의 사회다.

중국 각 민족으로부터 공동 선조로 간주되는 황제는 하늘로부터 제위를 상징하는 보배로운 솥인 보정寶鼎을 받았다고 한다. 그의 손자로 왕위에 오른 제곡帝嚳은 나면서부터 자기 이름을 말했고 은혜를 베풀고 사사로운 이익을 도모하지 않았다. 귀가 밝아 먼 곳까지 듣고 눈이 밝아 자잘한 것들도 잘 살폈다. 제곡은 둘째 아들에게 제위를 승계해주었으나 그가 정사를 제대로 돌보지 못해 장자가 대신 천자에 올랐으니, 그가 바로 역사에 기록된 최초의 왕, 요堯임금이다.

요임금은 하늘처럼 인자하고 신처럼 지혜로웠다. 요는 제帝, 천자라고 불렸지만 실은 부계 씨족사회의 부족연맹체 수령에 불과했다. 나이일흔 살이 되어 제위 대행자를 결정할 때, 그는 장자에게 자리를 물려주는 대신 천거를 받는다. 효자로 명성이 자자한 우나라의 순舜을 천거받자, 딸을 시집보내 시험한 뒤 사위 순에게 섭정하게 하고, 스스로는 은거한다. 요임금으로부터 제위를 선양받은 순은 요임금의 장자에게 제위를 양보한다. 그러나 제후들의 여론과 민심이 오로지 순을 향했기 때문에 순은 민심을 뿌리치지 못하고 결국 천자의 자리에 올랐다.

순임금은 신하에게 걸맞은 직책을 주어 나라를 부강하게 만들었다. 특히 신하 우禹의 공적이 커서 천하를 다스리게 되니 태평성대에 봉황이 날아 노닐었다. 천하에 덕을 밝힌다는 것은 순임금 때부터 비롯되었다. 순임금은 죽기 전에 신하 우를 천자로 천거했다.

천명을 받들고
귀신을 경원한 하나라

우임금이 세운 하나라(기원전 2070~1600년)는 대동시대를 마감하고 소강시대를 개막한다. 공자는 하·은·주의 소강시대가 대동시대와 달리 대도가 사라지고 사리사욕이 횡행했으나 예와 의를 중시했다고 말한다.

"대도가 숨어버렸고 천하는 한 가문의 자산이 되었다. 각기 제 어버이를 친애하고 제 자식을 사랑하고 재화와 힘은 자기를 위해 썼다. 나아가 대인은 세습을 예禮로 삼고 성곽과 해자를 방위시설로 삼았다. 예와 의를 기강으로 삼아 군신을 바르게 하고, 부자를 독실하게 하고, 형제를 화목하게 하고, 부부를 화합하게 하고, 제도를 설치하고, 동네를 만들고, 용감하고 지식을 갖춘 자를 중히 여기고, 자기를 위해 공을 세운다. 그러므로 모략이 이를 틈타 생겨나고 전쟁도 이로 말미암아 일어났다. 이 때문에 군자는 예에 시중하지 않은 적이 없었다. 예로써 의리를 드러내고 믿음으로써 약속을 이루었다. 과오를 드러내고 인을 법제화하고 겸양을 익히고 백성에게 공시하는 것이 상례다. 이 상례에 따르지 않는 자가 있다면, 권세가 있는 자가 무리를 버리게 되어 재앙이 된다."

470년간 존재했다고 전하는 하나라는 《사기》에 기록된 전설적 고대 국가이나 현대에 많은 유적이 발견되면서 역사적 사실로 평가되고 있다. 재위 10년, 우임금은 아들 계啓가 아닌 신하 익益에게 천하를 선양하고 붕어했다. 그러나 익은 삼년상을 끝낸 후, 우임금의 아들 계에게 양보하고 기산으로 물러났다. 이번에는 제후들이 계를 택했다. 이러한 선양 제도는 하나라 시대에 단절되고 군주세습제가 도입된다.

공자는 하나라의 정치문화적 특징을 "도道는 천명을 받들고, 귀신을 섬기되 신을 공경하여 이를 멀리하고, 사람을 가까이하고 이에 충실하다"라고 규정했다. 무엇이 하늘과 귀신을 공경하는 길인가. 사람의 능력으로 할 수 있는 일에서는 사람의 노력을 다하고 하늘과 귀신에 의존하지 않는 것, 그것이 바로 하늘과 귀신을 공경하는 길이다. 인간의 노력을 다하지 않고 태만하게 하늘과 귀신에 묻고 의존하는 것은 하늘과 귀신을 모독하는 불경이다. 반면, 하늘과 귀신만이 알고 할 수 있는 일은 반드시 하늘과 귀신에게 물어 행해야 한다. 인간의 능력으로 알 수도, 감당할 수도 없는 일을 인간의 능력으로 다 아는 양 오만하게 굴며 하늘과 귀신에 대한 경배와 제사를 소홀히 하는 것은 하늘과 귀신을 모독하는 불경이다.

하나라의 마지막 왕인 걸桀은 미색에 빠져 매우 호화롭고 방탕한 생활을 했다. 걸왕의 주지육림酒池肉林*에 실망한 제후들이 하나둘 하나라로부터 이반하자, 덕행에 힘쓰기보다는 무력으로 백성들을 제압했다. 충신은 멀리하고 학정을 더욱 강화했다. 한편, 은족의 수령인 탕湯이 70리 땅으로 인仁을 행해 민심을 얻었다. 탕은 학정에 신음하는 백

•　술이 연못을 이루고 고기가 숲을 이룰 정도로 호화스런 술잔치.

성의 민심과 천명을 받들어 군사를 일으켜 걸을 공격한다. 혁명전쟁에서 승리한 탕이 바른 정치를 선포하자 제후들이 모두 탕에게 복종했다. 탕은 천자의 제위에 올라 전국을 평정하고 은나라를 건국했다. '탕도湯道혁명'으로 불리는 이 혁명은 맹자가 강조하는 중국 역사상 초유의 역성혁명이었다.

귀신을 앞세우고
예를 뒤로한 은나라

은나라는 제帝 또는 상제上帝라고 부르는 최고 수호신을 섬기고 그 아래의 조상신과 자연신을 섬겼다. 은나라의 통치자들은 조상신을 경배하면서 조상신의 보호를 기대했고, 동시에 이를 통해 자신들의 신정적 권위를 강화했다.

은족은 임금이 조상신과 소통하고 조상신은 이 내용을 상제에게 전달한다고 믿었다. 상제와 조상신은 천하의 지존인 은나라 임금을 통해서만 그들의 뜻을 땅 위에 실현한다고 여겼다. 따라서 은나라 임금의 지배권은 신권화되었다. 조상신에 대한 제사의식은 매일 진행되어 이 제사가 다 완료되는 데 1년이나 걸렸다. 그래서 은나라 사람들은 1년을 1사祠로 불렀다.

이런 신권적 면모와 성격은 은나라 말기로 가면서 점차 약화되고 왕권과 세속적 국가의 측면이 점차 강화되어갔다. 은나라 마지막 왕 주紂가 조상신에 대한 제사를 소홀히 한 것은 주나라 무왕武王이 일으키는 역성혁명의 한 명분이 되기도 했다. 왕위 세습도 왕실의 웃어른 상속에서 형제상속으로, 형제상속에서 적장자상속으로 변했다.

은나라를 세운 탕임금이 붕어한 후 태자가 즉위하나, 태자마다 4년을 넘기지 못하고 줄줄이 죽어나갔다. 탕임금의 장손자 태갑太甲은 즉위한 지 3년이 되자 포악해져 3년간 동궁에 유폐된다. 그러나 그가 회개하고 수양하자 제후들이 은에 다시 복종했고 백성들도 편안해졌다.

공자는 은나라의 정치문화의 특징을 "은나라 사람은 신을 받들고,

백성을 거느리고 신을 섬기고, 귀신을 앞세우고 예를 뒤로한다. 나아가 벌을 앞세우고 상을 뒤로하고, 받들지만 친하지 않다. 백성들은 흐리고 맑지 않으며, 지나치고 부끄러움이 없다"라고 말했다.

은나라 마지막 황제 주紂는 자질상 판단이 지혜롭고 머리회전이 빨랐으나, 자신의 재능을 백성들과 신하들에게 자랑하고 천하에 명성을 높이며 모두를 다 자기 아래 있게 했다. 술과 음악을 지나치게 좋아했으며 여자에 빠졌다. 특히 미녀 달기妲己를 총애하여 그녀의 말이면 무엇이든 들어주었다. 그는 세금을 중과해 녹대鹿臺를 돈으로 채우고 창고를 곡식으로 채우게 했다. 게다가 기이한 애완동물을 거두어들여 궁실을 가득 채웠다. 이궁 별장의 동물원 원대苑臺를 크게 확장해 각종 야수와 새들을 잡아다 풀어놓았다. 주는 오만하여 귀신을 업신여겼다. 이런 주의 행동에 백성들의 원망이 높아가고 등을 돌리는 제후들도 나타났지만, 주는 오히려 형벌을 강화하고 포락형炮烙刑*까지 만들었다.

반면, 은나라의 서쪽 변두리 오랑캐 땅에 위치한 소국 주周나라에 창昌이라는 제후가 있었다. 그는 선조들의 법도를 본받아 오로지 어진 정치를 행하고 노인을 공경하며 아이들을 사랑했다. 어진 이들을 예의와 겸손으로 대하고 낮에는 재사를 접대하느라 밥 먹을 겨를도 없었

---

* 기름칠한 기둥들을 세우고 기둥 아래에는 장작불을 피워놓고, 기둥 위를 뛰어 건너게 하여 떨어지면 타죽게 하는 형벌.

다. 은나라의 제후국인 고죽국의 왕자 백이와 숙제도 "창이 노인을 잘 봉양한다는 말을 들었으니 어찌 그에게로 가서 귀의하지 않겠는가?" 하면서 그를 찾았다. 창의 덕치는 제후들의 지지를 얻고 주변 백성들의 신임을 얻어 강토를 넓혔다.

그러나 창은 숭나라 제후 호虎의 모함을 받는다. 주왕은 창을 유리 옥羑里獄에 7년이나 가둔다.* 《주역》은 이 역사적 사건을 "물속에 갇힌 용이 쓸모없이 버려졌도다潛龍勿用"라고 전하고 있다. 창의 신하들이 주왕에게 유신씨의 미녀, 적색 갈기에 흰색 몸뚱이와 황금빛 눈을 가진 여융의 준마, 유융의 구사(네 마리 말이 끄는 마차) 등 진기한 보물들을 상납하자 주왕이 크게 기뻐하며 창을 풀어주었다. 옥에서 풀려난 창은 주왕에게 포락형을 없앨 것을 청원했고 이는 곧 폐지되었다. 그러나 이후에도 주는 사리사욕만 채우는 아첨꾼과 음해를 일삼는 비방꾼을 등용했고 이 때문에 제후들은 주를 더 멀리하게 되었다.

주나라로 돌아온 창은 위기의식을 갖고 밥 먹을 겨를도 없이 종일 애쓰고 매일 저녁 낮에 한 일을 돌아보고 점검했다. 《주역》은 이때를 "군자가 종일 힘쓰고 힘쓰다가 저녁에는 두려워하고 위태롭게 여기니 무탈하도다君子終日乾乾 夕惕若 厲无咎"라고 묘사한다. 이후에 창은 강

• 창(서백)은 유리옥에 있을 때 《주역》의 팔괘八卦를 여덟 번 변화시켜 64괘로 만들었다고 한다.

태공姜太公의 보필로 정벌전쟁에서 승리한다. 천하의 3분의 2가 주나라에 귀순했다.

창의 세력은 점점 강해지고 주왕의 위세는 점차 줄어들었다. 제후들은 국경분쟁이 나자 공정한 판결을 청하려고 창을 찾았는데, 창이 다스리는 주나라 경내에 들어서니 농부들은 서로 밭의 경계를 양보했고, 또한 연장자에게 양보하는 것이었다. 이러한 주나라 백성의 풍속을 보고 사람들은 부끄러워하며 되돌아가서 서로 양보하고 분쟁을 해결했다. 이를 전해들은 제후들은 "창이 아마 천명을 받은 군주인가보다"라고 말했다.

창은 황제의 두 딸을 부인으로 맞이했으면서도 이 부인들에게 보통사람과 같이 평범한 옷을 입혔고, 보통사람과 같이 나란히 들판에 나가 일했다. 창은 백성들의 근면한 삶을 이해하고 있었다. 그는 유리옥에서 나온 뒤 이처럼 적극적으로 보통사람들 사이에 나타나 이들과 더불어 일하고 이들 속에서 인재를 얻었다. 동시에 과거 투옥된 경험을 교훈 삼아 당대의 대인으로 아직 건재한 주왕을 종종 찾아 만나고 협력하며 신변안전을 도모했다. 자기 백성의 생산성과 정신을 새롭게 일신하기 위해 창은 노예제의 잔재를 폐지하고 백성들에게 땅을 나눠주었다. 봉건제의 시초가 이미 여기서 확립된 것이다. 은나라와 주변국의 노예들은 피난처를 찾아 주나라로 탈출해 왔다.

창이 붕어하자 사람들은 그를 문왕文王으로 추존했다. 이어 세자 발

發이 즉위하니 그가 바로 무武왕이다. 문왕이 죽은 해에 무왕이 동쪽
땅을 정벌하며 나아가자, 무왕을 찾아온 백이와 숙제는 무왕의 말고삐
를 붙들고 반대하며 간언했다. "부왕이 돌아가시고 아직 탈상도 하기
전에 전쟁을 하려 하니 이 어찌 효라 할 수 있겠습니까? 신하(주나라)
가 임금(은나라)을 주살하는 것은 인의仁義에 위배되는 것입니다." 이
에 무왕의 좌우 신하들이 이들을 죽이려 하자 강태공이 막아 나섰다.
강태공은 "이들은 의인들이다"라고 말하고 둘을 부축해 데려가게 했
다. 그리고 무왕에게는 탈상 이후로 출병을 미루자고 권했다.

이런 사태에도 불구하고 천명이 자신에게 있다고 믿은 주왕은 더욱
음란하고 포악해졌다. 숙부 비간干比이 죽음을 무릅쓰고 계속 충간하
자 진노하여 "성인聖人의 심장에는 구멍이 일곱 개나 있다고 들었노
라" 하면서 배를 갈라 그의 심장을 꺼내 살펴보았다. 충신들이 두려움
에 주나라로 달아나버리고, 주왕은 날개 없이 추락하는 일만 남은 상
황으로 내몰렸다. 《주역》은 이를 두고 "지나치게 올라간 용에게는 후
회가 있도다亢龍有悔"라고 묘사한다.

기원전 1123년, 부친의 삼년상을 마친 무왕은 제후들과 병사들을
모아 고했다.

"지금 은나라 왕 주는 오직 자기 여자의 말만 듣고 스스로 천명을
끊었으며, 삼도三道를 훼절하여 무너뜨리고, 그의 조부모 이하 친척들
을 멀리했소. 선조의 음악을 버리고 음란한 노래를 만들어 바른 음을

어지럽히고, 자기 부인만 기쁘게 했소. 이에 이 사람은 삼가 천벌을 집행하려 하오."

무왕에 맞서는 주왕의 군대는 수적인 면에서는 많았지만 싸울 마음이 없었다. 오히려 무왕이 빨리 승리하기를 바랐으므로 무기를 거꾸로 잡고 싸우면서 무왕에게 길을 열어주었다. 결국 주왕은 도망치다가 몸을 돌려 성으로 들어가 녹대 위에 올라가서 불에 뛰어들어 죽었다. 스스로 포락형을 받은 꼴이었다. 이것이 중국 역사상 두 번째 역성혁명이다.

천명과 예를 받들고
귀신을 경원한 주나라

무왕이 마침내 천자에 등극해 황제지국 주周나라(기원전 1122~256년)를 선포한다. 무왕은 하나라와 은나라 이래의 노예제를 폐지하고 봉건제를 새로운 체제원리로 격상한다. 형제, 친인척, 공신들, 가신들을 제후로 봉하고 새로운 제국 체제를 갖추었다. 주나라 건국의 일등공신인 강태공을 제나라의 제후로 봉했다. 자신이 몰아낸 주왕의 아들들에게는 은나라 유민을 주고 은나라 왕실의 땅에 제후로 봉해 은나라의 제사를 잇도록 했다. 역성혁명의 성공과 무왕의 등극, 그리고 공신들에 대한 봉작 과정을 《주역》은 "나는 용이 하늘에 있도다, 대인들을 보니 이롭도다飛龍在天利見大人"라고 묘사한다.

그러나 고죽국의 백이와 숙제는 주나라의 곡식 먹기를 거부하고 수양산에 들어간다. 그곳에 몸을 숨겨 고사리를 캐먹으며 지내다가 결국 굶어죽었다. 후대에 공자는 이들을 청절지사清節之士로 크게 높였다. 비록 무왕이 폭정을 일삼는 주군을 멸한 것은 하늘의 뜻이나, 백이와 숙제는 주왕의 신하 된 입장에서 자신들의 도리를 다했으므로 의인이라 칭한 것이다. 공자는 이처럼 역사를 승자의 입장에서만 논하지 않고 패자의 입장도 충실히 평가한다.

무왕은 아직 불안정한 나라와 하늘에 대한 무거운 사명감 때문에 밤늦도록 잠을 이루지 못했다. 은을 멸한 지 3년째 되어 정벌전쟁의 과로에 시달리던 무왕은 병석에 드러눕고 만다. 대신들이 경건히 점을 치며 두려워했으나 무왕은 끝내 붕어한다. 아직 강보에 싸인 유아인태자가 즉위하니 바로 성成왕이다.

은나라가 제 혹은 상제를 수호신으로 받든 반면, 주나라는 비인격적인 천天을 최고신으로 섬겼다. 은나라에 대한 주나라의 승리는 제에 대한 천의 승리로 여겨졌다. 혁명은 하늘이 지상의 통치자를 바꾸었음을 뜻했다.

은나라 말기에 임금들이 민심을 외면하고 제사에만 열중하며 전제를 강화했던 반면, 주나라 왕실은 덕이 있는 자는 하늘의 도움을 받을 수 있지만 부덕한 자는 하늘로부터 버림을 받는다고 여겼다. 자국 백성들뿐 아니라 다른 나라 백성들까지 포용하는 이 경천敬天·보민保民·명덕明德의 사상은 주나라 통치의 근간을 이루었다. 선민의식을 수반한 은나라의 숭제崇帝사상에 비하면 한층 진보한 것이다.

경천·보민의 통치사상은 만민에 대한 근본적 대책을 산출했는데, 그것은 예禮와 형刑의 통치술로 체계화되었다. 본래 예는 사람이 신에게 다가가는 데 필요한 의식절차와 금기로서, 신을 가까이할 수 있는 사람에게만 필요한 것이었다. 이런 예가 주나라에서는 신과 사람의 관계를 넘어 사람과 사람의 관계로 확대되어 종교·정치·법률·도덕이 복합된 지배층의 문화가 되었다. 이는 사람이 하늘과 땅을 본받는다는 관념에 기인한 것으로 이후 공자철학에 그대로 반영된다.

주나라의 천은 은나라 시대의 상제와 조상신의 성격을 겸비한 것으로서 천지만물의 주재자이고, 주나라 왕은 지상에서 하늘을 대리하는

천자로서 인민을 다스리는 땅 질서의 주재자다. 그리고 예는 천의 의
지의 구체적 표현으로 여겨졌다.

그런데 천자의 권위가 쇠퇴하고 사회질서가 무너지면서 경천사상
에 동요가 일어난다. 점차 귀신은 경시되고, 백성을 중시하는 중민重
民사상이 태동한다. 춘추시대에 이르면 이런 경향이 뚜렷해진다. 이로
인해 예도 하늘의 의지로 인식되기보다는 새로이 인간적으로 해석되
었다. "백성은 신의 제주祭主다. 이런 까닭에 성군은 먼저 백성을 돌본
뒤에 신에게 힘썼다"라는 선민후신론先民後神論을 피력했다. 또한 "점
을 치는 것은 의문에 대한 결정을 하기 위한 것인데 마음에 의심이 없
으면 무엇 하려고 점을 치는가?"라고 말하며 점의 권위를 부정했다.
"화복禍福은 정해진 문이 없고 오직 사람이 부르면 오는 것이다"라는
세속적 인간중심의 길흉관을 피력하는가 하면, "천도는 멀고 인도는
가깝다"라고도 했다. 이런 분위기 속에서 공자는 춘추시대의 질서 와
해를 극복하기 위한 개혁철학으로 주나라의 예법으로 돌아가려는 종
주론從周論을 전개했던 것이다.

문명의 등불,
공자 등장

공자가 살던 춘추시대는 기원전 720년에서 기원전 403년에 걸친 310여 년간을 지칭한다. 공자는 기원전 551년 음력 8월 27일에 노魯나라 도읍이었던 창평향 추읍 궐리에서 태어나 자랐다. 춘추시대에 천하는 요동치고 있었다. 수백 개를 넘던 제후국들이 정복전쟁을 벌이다 이리저리 병합되어 그 수가 크게 줄어서 주나라를 비롯해 15개국으로 정리되었다. 물론 그 외에도 작은 나라들이 상당수 존재했지만, 이들은 열강에게 의탁하거나 조공을 바치며 속국으로 연명해가는 처지였다. 노나라는 열강의 말석에 끼어 있었는데 강국들에 둘러싸여 늘 전쟁과 핍박에 시달렸다. 특히 제나라의 거듭된 침공과 간섭 탓에 피해가 심했다. 훗날 공자도 제나라의 음모와 미인계 공작 때문에 큰 정치적 타격을 입게 된다.

공자의 선조는 고조할아버지 때 송나라에서 노나라로 망명한 왕족 출신이었다. 탕왕이 건국한 은나라의 마지막 왕족 미자微子의 자손이므로 공자는 탕왕의 먼 핏줄인 셈이다. 그래서 공자는 평소 자신을 은나라 사람이라고 말했다. 공자의 아버지 공흘孔紇은 노나라 장군으로 명성을 떨쳤다. 그는 시씨와 혼인해 딸만 아홉을 낳았고 아들을 얻기 위해 첩실을 얻어 마침내 아들을 낳았는데, 이 아들이 하필 다리를 저는 맹피孟皮였다. 이에 공흘은 다시 노나라 명문가의 딸 안징재顏徵在를 얻어 공자를 낳았다. 사마천은 이를 야합이라고 표현했다. 아마도 70세에 가까운 노인이 16세의 젊은 처를 얻어 예식도 치르지 않고 그냥 살았기 때문으로 보인다. 안징재는 남편이 연로하므로 자식을 낳지 못할까 걱정하여 니구산에서 기도한 후 공자를 얻었다. 그래서 공자의 이름을 구丘라고 했다.

공자가 세 살 때 부친이 타계했다. 자연히 가세가 몰락했다. 열 살 때는 모친도 세상을 떠났다. 공자는 갖은 고생 속에서 고아로 가난하게 자라며 스승 없이 독학으로 공부했다. 19세에 송나라 기관씨와 결혼하여 20세 때 아들 백어伯魚를 낳았다. 훗날 백어는 자사子思를 낳았고, 자사는 공자의 학문을 계승하고 제자들을 길렀다. 자사의 문도들은 맹자에게 공자의 사상을 전수한다.

공자가 "15세에 학문에 뜻을 두었다"고 술회한 것으로 보아 청소년기에 학문에 뜻을 세우고 공부에 열중했던 것으로 보인다. 그는 발분망식發憤忘食하며 혼자 힘으로 책을 찾아 읽고 배우고, 주유천하周遊天下를 통해 세상을 경험했다. 백성의 말을 많이 듣고 많이 보고 탐구하면서 스스로 높은 학문의 경지에 도달한다.

공자는 소년시절 가난했고 사람들로부터 천대받았다. 어머니가 사망했을 때는 아버지의 묘를 알지 못해 어머니 시신을 초빈草殯*해두었다가 아버지의 묘를 찾은 후에 합장했다. 그가 아버지 묘소를 알지 못

• 사정상 장사를 속히 치르지 못하고 송장을 방 안에 둘 수도 없을 때, 한데나 의지간에 관을 놓고 이엉 따위로 그 위를 이어 눈비를 가릴 수 있도록 덮어두는 일.

한 까닭은 무엇일까? 아마도 본가에서 '야합한' 둘째첩실과 그 아들 공자를 집안 식구로 여기지 않아 아버지의 장례에 참가하지 못한 탓으로 보인다. 한번은 계손씨**가 선비들을 초청해 잔치를 벌인 일이 있었다. 공자도 계손씨 궁택에 갔으나 계손씨의 가신 양호陽虎로부터 "계씨께서는 선비에게 잔치를 베푸는 것이지 감히 그대 같은 사람이 올 자리가 아니네"라는 말과 함께 문전박대를 당했다. 이를 통해 그가 소년시절 집 안팎에서 다 천대받았음을 알 수 있다.

그럼에도 공자의 학문적 실력을 알아보는 사람이 있었다. 공자 17세 때의 일이다. 노나라 대부 맹희자孟僖子는 왕을 모시고 초나라에 갔다가 돌아왔는데, 대례大禮를 몰라서 국빈방문의 대례를 행할 적에 왕을 잘 보좌하지 못한 것에 가슴아파했다. 그는 이후에 예를 배우고 익혔고, 진실로 예를 잘 행할 수 있는 사람이라면 누구든지 따랐다. 그는 임종시에 대부들을 불러놓고 말했다.

"예는 사람의 근간이라서 예가 없으면 제대로 설 수가 없다. 내가 듣기로 장차 통달한 사람이 나타날 것인데 그가 곧 공구라 한다. …내가 죽으면 반드시 나의 두 아들을 공자에게 맡겨 그를 섬기며 예를 배우도록 하라. 그리하여 자신들의 지위를 제대로 잡도록 하라."

** 당시 노나라에서 제후보다 더 막강한 권력을 휘두르던 귀족가문인 삼환三桓(맹씨, 숙씨, 계씨) 중 하나인 계씨를 높여 부른 것이다. 모두 노 환공桓公의 아들이었으므로 삼환이라 칭했다.

이 유언에 따라 아들 맹의자孟懿子와 남궁경숙南宮敬叔은 공자를 스승으로 섬기고 가르침을 받았다. 훗날 공자는 맹의자를 평하기를 "과오를 고칠 수 있는 사람은 군자로다. 맹의자야말로 본받을 만하다"고 했다.

공자는 청년시절 생계를 위해 노나라 실세 대부인 계손씨 가문의 관리를 지냈다. 19세에 창고의 회계를 관리하는 위리委吏에 임용되었는데 저울질이 매우 공평했다. 가축을 관리하는 승전 벼슬을 지낼 때는 가축이 번성했다.

공자는 20대 때 노자를 방문할 기회를 갖는다. 사마천에 의하면, 남궁경숙이 제22대 군주 소공昭公(공소의 작위를 가진 제후)에게 "공자와 함께 주나라에 가기를 청합니다"라고 고했다. 이에 노나라 군주는 이들에게 네 마리 말이 끄는 수레 한 대와 말 두 필에 시동 한 명을 같이 내주고 주나라에 가서 예를 묻게 했다. 아마도 이때 공자가 노자를 만난 것으로 추정된다. 공자는 노자와 만난 소회를 제자들에게 이렇게 전했다.

"새는 내가 알기에 잘 날고 물고기는 내가 알기에 잘 헤엄치고 짐승은 내가 알기에 잘 달린다. 잘 달리는 것은 그물질로 잡을 수 있고 헤엄치는 것은 낚시질로 잡을 수 있고 나는 것은 활을 쏘아 잡을 수 있다. 그러나 용에 이르면 나는 어찌할지 모르겠다. 용은 풍운을 타고 하늘을 오르는 존재니까. 나는 오늘 노자를 보았는데 그가 바로 이런 용과 같았다!"

　공자의 이 노자 평가는 노자의 초연함에 대한 칭송과 함께 그 초현
실성에 대한 비판의 뉘앙스가 섞인 것이었다.

　공자는 30세가 되었을 때 이미 예를 제대로 알고 행하여 예학禮學으
로 이웃나라에까지 알려질 만큼 이름이 났다. 공자는 훗날 이를 가리
켜 "서른에 제 발로 섰다三十而立"고 말했다. 그는 육예六藝를 가르치
는 학당을 열었다.

　공자의 삶에 큰 변화가 생긴 건 그의 나이 35세 때(기원전 517년)다.
그가 모시던 소공이 권력투쟁의 소용돌이에 휘말려 삼손씨 가문들과
의 경쟁에서 패하고 제나라로 망명하자 공자도 제나라로 갔다. 제나라
사람들은 키가 9척 6촌이나 되는 공자를 키다리라고 부르며 특이하게
여겼다.

　공자는 제나라에서 대부 고소자古昭子의 가신이 되어 군주인 경공景
公과 통하고자 했다. 공자는 마침내 경공을 만났고 정치에 대한 그의
물음에 "군주는 군주답고 신하는 신하답고 아비는 아비답고 자식은
자식다워야 합니다"라고 답했다. 다른 날 경공이 다시 정치에 대해 묻
자 "정치는 재물의 절약에 있습니다"라고 답했다. 공자는 예를 중시했
으나 인보다 중시하지 않았다. "예란 사치스러운 것보다 차라리 검약
한 것이 낫고, 상례喪禮는 잘 치르는 것보다 차라리 슬퍼하는 것이 낫
다"고 가르쳤다.

공자는 제나라 경공에게서는 환대를 받았으나 그 신하들에게서는 견제와 배척을 당했다. 대부들은 공자가 경공과 가까이 있는 것 자체에 위협을 느꼈고 그를 해치려 했다. 공자는 이를 알고 제나라를 떠났다. 송, 위, 진, 채나라를 거쳐 다시 노나라로 귀국한 공자는 학문과 교육에만 정진했다. 함께 떠났던 소공은 7년 동안 제나라와 진나라를 오가는 망명생활을 하다 진나라에서 객사한다. 공자 나이 42세 때의 일이다. 이때 노나라에서는 소공의 동생 정공定公이 즉위했고, 공자는 43세에 오늘날 법무부장관에 해당하는 사구司寇로 등용되었다.

불혹의 공자,
출사의 유혹에 흔들리다

노나라의 정세는 반란과 모반 사건으로 갈수록 시끄러워졌다. 계손씨의 실세 가신으로 비읍을 다스리던 양호陽虎가 주인 계환자季桓子를 가두고 다른 가신들을 죽이는 정변을 일으켰다. 계씨 집안이 분수를 모르고 노나라 공실을 무시하며 지나친 행동을 일삼다가 결국 일개 가신이 국권을 장악하는 꼴을 겪게 된 것이다.

양호가 노나라의 실세인 계씨 가문을 손에 쥐고 나라를 흔들 때 공자를 제 편으로 삼기 위해 만나보고 싶어 했다. 그러나 공자는 그를 만나주지 않았다. 공자는 무도한 세상을 등지고 학문과 교육에만 전념했다. 그리하여《시경》,《서경》,《예기》,《악기》를 편찬했다. 제자들은 늘어났고 멀리서 찾아오는 사람도 점점 많아졌다. 공자는 이에 놀라며 매우 즐거워했다. 그는 이 즐거움을《논어》의 첫 구절에서 말한다.

"내 도를 알아주는 이들이 멀리서 찾아오니 이 또한 즐겁지 아니한가有朋 自遠方來 不亦樂乎!"

양호와 만나기를 거절한 데서 알 수 있듯이 공자는 비교적 올곧은 자세를 견지하고 학문에 정진했다. 그러나 이런 공자도 유혹에 흔들린 적이 있다. 공자는 43세 때 잠시 노나라 조정의 사구를 맡은 것을 제외하면 벼슬 없이 오직 학문을 닦고 가르치며 지냈다. 세월이 갈수록 벼슬을 하지 못해 초조한 상황이었다. 그러다가 계손씨 가신인 공산불뉴公山不狃가 양호의 음모에 호응해 비읍에서 반란을 일으키고 공자를 비읍으로 부르자, 공자는 이 부름에 응하려 했다. 이에 제자 자로子路

가 언짢아하며 말했다.

"갈 데가 없으면 그만두시지 하필 그런 자에게 가시려고 합니까?"

그러자 공자가 답했다.

"나를 부르는 사람이라면 어찌 공연히 그러겠느냐? 만약 나를 써주는 사람이 있다면 나는 그 나라를 동방의 주나라로 만들리라!"

다소 궁색한 변명이었다. 벼슬 없이 도만 닦으며 지낸 세월이 길어지자, 출사의 뜻을 품고 이처럼 엉뚱한 포부를 드러내기도 한 것이다. 공자는 강직한 자로의 반대로 결국 공산불뉴에게 가지 못했다. 공자 나이 49세 때의 일이다.

공자는 스스로 말했듯이 본성으로 타고나서 저절로 깨달은 인물, 곧 신적 선지자나 신들린 선지자가 아니었다. 어떠한 과실도 범하지 않는 완전한 인간도 아니었다. 다만 옳은 것이라면 엄정히 행하고, 과오가 있으면 즉시 바로잡는 자세를 평생 견지했다. 이런 점은 타의 추종을 불허하는 인간다운 사회지도자, 곧 군자의 특징이다. 비록 그가 군자를 자칭한 적은 없지만 말이다.

공자가 사구를 지낸 지 8년 뒤인 51세 때, 마침내 중도라는 고을의 책임자인 재宰로 임명되었다. 공자는 이 마을을 잘 다스렸고, 1년이 지나자 사방이 다 중도를 본받았다. 그 덕택에 52세에 사공司空(건설부장관)으로 승진했고, 사공을 거쳐 다시 대사구大司寇(법무장관 겸 대법원장)로 승진하고 임시로 재상의 일도 보았다.

기원전 500년 봄, 노나라 정공은 제나라 경공과 화평을 맺었다. 그 해 여름에 제나라 대부 여서黎鉏가 경공에게 고했다.

"노나라가 공자를 중용했으니 그 여세가 반드시 제나라를 위태롭게 할 것입니다. 공자는 예법은 알지만 무예와 용맹은 없습니다. 오랑캐 포로를 시켜 무력으로 노나라 제후를 위협하면 반드시 그를 마음대로 할 수 있을 것입니다."

경공은 이를 따랐다. 노나라와 친목을 도모한다는 구실로 그해 여름 협곡에서 정공을 만나기로 했다. 정공은 아무런 방비도 없이 수레를 타고 그곳에 갈 참이었다. 이때 재상의 일도 함께 보던 대사구 공자가 고했다.

"신이 알기로 문사文事가 있는 경우에는 반드시 무비武備가 있어야 하고, 무사武事가 있는 경우에는 반드시 문비文備가 있어야 한다고 합 니다. 옛날에 제후가 강토 밖으로 나서면 반드시 관리를 갖추어 따르게 했습니다. 부디 좌우사마左右司馬를 데리고 가십시오."

이에 정공은 좌우사마를 동행하게 했고 공자도 수행단을 이끌고 따라가 군주를 도와 위기를 모면했다.

56세 때 공자는 정식으로 대사구와 재상을 겸직했다. 이렇게 되자 그의 얼굴에 화색이 돌았다. 이에 한 제자가 말했다.

"군자는 화가 닥쳐도 두려워하지 않고, 복이 와도 기뻐하지 않는다 고 들었습니다."

그러자 공자가 말했다.

"그런 말이 있지. 그러나 귀한 신분으로서 뭇사람들에게 몸을 낮추는 것도 기쁨이라고 하지 않더냐?"

공자가 국정을 맡은 지 석 달이 지나자, 양과 돼지를 파는 사람이 값을 속이지 않았다. 남녀가 길을 달리 갔으며, 사람들이 길에 떨어진 물건을 줍지 않았다. 국정이 바르자 세상이 확 달라진 것이다.

제나라 사람들은 이 때문에 두려워하며 수군거렸다.

"공자가 정치를 하면 반드시 패권을 쥘 것이다. 패자가 되면 우선 노나라에서 가까운 우리부터 병합할 것이다. 땅을 어찌 노나라에 바치지 않으리오?"

대부 여서가 말했다.

"아무쪼록 먼저 맛보기로 이를 저지해야 합니다. 저지해봐서 불가하면 그때 가서 땅을 바쳐도 어찌 늦겠습니까?"

이에 제나라는 예쁜 여자 80명을 뽑아 마차 30기를 끄는 말 120마리와 함께 노나라 군주에게 보냈다. 그리고 계환자에게 은밀히 고하여 공자의 국외 추방을 종용했다. 노나라 도성의 높은 남문 밖에 무늬가 화사한 옷을 입고 춤을 추는 이 여자들과 마차와 말을 늘어놓자, 계환자는 신분을 속인 채 몰래 와서 재차 삼차 관람하고, 군주가 지방을 유람한다는 핑계를 대고 또 와서 종일 여자들의 군무를 구경했다. 계환자는 결국 참지 못하고 정공에 고해 제나라 여악단을 궁 안으로 들이고 마차와 말도 접수했다. 그러고 나서 군신이 함께 이 여악단을 감상하느라 사흘 동안 조례를 폐했다. 정공도 계환자와 함께 제나라 미녀들에 빠져 공자의 면담도 받지 않았다. 공자는 사직할 수밖에 없었고 계손씨의 재로 있던 제자 자로도 물러났다.

　기원전 496년, 결국 공자는 다시 노나라를 떠났다. 그를 뒤쫓아 출국길에 합류한 안회顔回, 자로, 자공, 자고子羔, 염구 등 수십 명의 제자들이 함께했다. 삼환의 무도한 가신들과 폐단을 바로잡아 노나라를 중흥시키려던 공자의 원대한 계획은 결국 제나라의 계략에 빠져 수포로 돌아가고 말았다. 공자 나이 56세 후반의 일이다.

14년간의
주유천하

공자가 노나라를 떠난 이듬해 정공이 죽고 아들이 즉위했다. 이 군주
가 애공이다. 애공 3년 계환자가 죽고 그의 서자 계강자季康子가 집권
했다. 중병으로 병석에 누웠을 때 계환자는 수년 전의 일을 후회하며
말했다.

"일찍이 이 나라가 흥성할 수 있었는데, 내가 공자를 등용해 그의 말
을 듣지 않았던 까닭에 흥성하지 못했구나. 내가 죽으면 너는 반드시
공자를 데려오도록 해라."

그러나 계강자는 쫓아낸 공자를 이제 와 다시 불러들이면 제후들의
웃음거리가 될 거라고 여겼다. 그리하여 공자의 제자 염구를 먼저 불
렀다. 계환자가 공자에게 염구를 귀국시켜줄 것을 요청하자, 공자는
이 요청을 받아들여 염구를 노나라로 돌려보냈다. 이때 자공은 염구에
게 노나라에 등용되면 공자를 모셔 가라고 부탁했다.

염구는 귀국하여 승승장구했다. 그러나 공자를 불러들이려는 그의
노력은 노나라 내부 반대세력들의 견제에 걸려 자꾸 지연되기만 했다.

결국 공자는 56세 때부터 69세 때까지 무려 14년 동안 위·진·조·
송·정·채·초 등 주변국을 떠도는 망명생활을 했다. 주유천하로 불리
는 이 14년의 망명기간 동안, 여러 왕들과 세도가들로부터 대접을 받
기도 했으나, 때로는 이들과 이해가 갈려 냉대와 시기를 당하기도 했
다. 게다가 죽을 고비를 네 번이나 넘기고, 난적들에 의해 앞길이 막혀
열흘 이상 굶주리기도 할 정도로 험난한 시기를 보냈다. 이 과정은 공

자에게 출사를 위한 정치적 유세활동이기도 했지만, 도를 전하는 교육활동이기도 했고 철학적 정치계몽활동이기도 했다. 또한 춘추시대의 무도한 정치를 몸소 겪으며 이를 더욱 깊이 이해하고 천하와 자기의 천명을 두루 알며 덕을 쌓는 수신기간이기도 했다. 이 주유천하는 훗날 소크라테스가 난세에 처한 아테네에서 죽음의 위험을 무릅쓰고 유력자와 젊은 유망주들을 상대로 벌인 20여 년의 재야정치·계몽활동과 비견되는 것이다. 따라서 공자가 주유천하를 끝내고 노나라로 귀국했을 때, 그의 정치철학은 정리만을 앞둔 완성 단계로 무르익고 있었다.

공자가 처음 위나라로 갔을 때의 일이다. 그는 자로의 처형 집에 머물렀다. 위나라 군주 영공靈公은 공자에게 노나라에서와 같은 조 6만 두의 녹봉을 주었다. 그런데 얼마 지나지 않아 누군가 영공에게 공자를 모함했고, 이후 영공은 무장한 사람들을 시켜 공자를 감시하도록 했다. 공자는 괜한 누명을 쓸 것을 염려하여 열 달 만에 위나라를 떠나 진나라로 향했다.

공자가 진나라로 나가려고 광 땅을 지날 때였다. 그는 옛적에 이곳을 침입해 짓밟았던 양호로 오인되어 닷새간이나 포위를 당한다. 위나라 대부에게 선을 대어 겨우 풀려난 공자는 한동안 그 대부의 집에서 체류했다. 그러다가 거기서 영공과 그의 부인의 소행을 보고 위나라의 정치에 실망해 방향을 틀어 조나라를 거쳐 송나라로 갔다. 공자가 제자들과 큰 나무 아래서 예를 강습하는데 송나라 무뢰배 사마환퇴司馬

桓魋가 나무를 뽑아버리고 공자를 죽이려 했다. 이에 제자들이 황급히 떠나려고 서두르자 공자가 타이르며 말했다.

"이미 하늘이 나에게 덕을 이을 사명을 주셨는데, 환퇴인들 나를 어찌하겠느냐!"

하지만 공자는 결국 송나라에서마저 떠날 수밖에 없었다.

정나라에 갔을 때 공자가 제자들과 길이 어긋나 홀로 성곽 동문에 서 있게 되었다. 이 모습을 보고 누군가 공자의 제자인 자공에게 말했다.

"동문에 어떤 이가 있는데 이마는 요임금을 닮고, 목덜미는 순임금 때 사구를 지낸 고요皐陶를 닮았고 어깨는 자산子産(정나라 재상)을 닮았습니다. 그런데 허리 아래는 우임금보다 2촌이 짧고 풀죽은 모습은 상갓집의 개와 같았습니다."

이를 전해들은 공자가 흔쾌히 웃으며 말했다.

"사람의 모습이 어떠한지는 그리 중요하지 않다만, 상갓집의 개와 같았다고 했는데, 그것은 정말 그랬지! 그랬고말고!"

상갓집의 개喪家之狗란, 먹여주고 돌봐줄 주인을 잃은 개와 같은 처지라는 뜻으로, 여기서도 천대를 받고 저기서도 천대를 받으면서도 비굴하게 얻어먹으려고 기어드는 가련한 꼴을 비유한 말이다. 공자가 살던 당시는 도척 같은 완강한 중생을 제도하려면 상갓집 개 같다는 소리를 들으면서도 직접 달려가 권면해야 하는 시대였던 것이다.

사마천의《사기》에는 이런 내용이 있다. 40대 후반부터《주역》을 공

부한 공자가 여생을 점치는 괘를 뽑아보았더니 화산려火山旅 괘가 나
왔다. 여기저기 떠도는 고달픈 나그네 신세를 뜻하는 괘였다. 세상사
의 이치에 통달한 성인도 인생 후반부는 나그네처럼, 상갓집의 개처럼
살았던 것이다.

공자 일행이 광 인근의 포 지역을 지나는데 반란을 일으킨 공숙씨
일족의 군사들이 앞길을 막았다. 마침 제자 중에 공양유公良孺라는 자
가 수레 다섯 대를 가지고 공자를 따라 주유하고 있었다. 그는 키가 크
고 사람됨이 어질며 용기와 힘이 있었다. 그가 말했다.

"내가 이전에도 선생님을 모시고 광 땅에서 난을 당했는데, 오늘 또
여기서 위험에 빠지니 이것이 운명인가보다. 그러면 어찌 죽음을 두려
워하리오? 차라리 여기서 싸우다 죽겠다."

이처럼 제자들이 목숨을 걸고 대적하니 포 사람들이 두려워하여 말
했다.

"위나라로 들어가지 않는다면 공자를 놓아주겠다."

공자는 굳게 약속하고 그곳을 빠져나왔다. 그리고는 위나라로 갔다.
그러자 자공이 물었다.

"맹약을 저버려도 됩니까?"

공자가 대답했다.

"강요된 맹약은 신도 받아들이지 않느니라."

위나라 영공은 공자가 온다는 소식을 듣고 교외까지 나와 영접했다.

그러나 영공은 늙어서 태만했고, 간신들의 말을 따라 공자를 등용하지
도 않았다. 어느 날은 쓸데없이 전쟁터의 진법을 묻더니 공자의 대답
에 귀는 기울이지 않고 날아가는 기러기만 바라보는 등 무시하는 태
도를 보였다. 공자가 위나라를 떠나며 크게 탄식했다.

"만약 나를 등용하는 자가 있다면 1년 만에 제자리를 잡고 3년이면
성공을 볼 텐데!"

공자는 진나라에서 1년을 보낸 뒤 채나라로 갔다가 이듬해 다시 섭
나라로 갔다. 섭공葉公이 공자에게 정치를 묻자 공자가 답했다.

"정치란 먼 데 있는 사람을 찾아오게 하고, 가까이 있는 사람의 마음
을 얻는 데 있습니다."

훗날 섭공이 자로에게 공자는 어떤 사람인지 물었는데, 자로는 아무
런 대답도 하지 않았다. 이를 듣고 공자는 자로를 탓했다.

"경험에서 배우는 데 게으르지 않고, 사람을 깨우치는 데 싫증내지
않고, 일에 열중하여 먹는 것조차 잊어버리고, 즐거움으로 근심을 잊
고, 늙는 것도 모르고 살아가는 사람이라 이르지 그랬느냐."

공자가 섭나라에서 채나라로 가는 도중에 밭을 가는 은자 장저長沮
와 걸익桀溺을 보았다. 걸익이 자로에게 말했다.

"천하가 온통 아득한데 누가 이를 다스리겠나? 그대는 사람을 피하는
선비를 따르는 것보다는 세상을 피하는 선비를 따르는 것이 낫겠네."

이를 듣고 공자가 실망하여 말했다.

"들짐승과 더불어 한 무리로 살 수 없을진대 내가 이 인간 무리와 함께하지 않으면 누구와 함께하겠느냐? 천하에 도가 있다면 나는 천하를 바꾸는 데 참여하지 않겠다."

이는 천하에 도가 없으니 이 무도한 세상을 바꾸기 위해 현실정치에 참여한다는 말이다.

공자는 본래 소극적인 진퇴론을 지니고 있었다. "(군자는) 천하에 도가 있으면 나타나고 도가 없으면 숨으며, 나라에 도가 있는데 빈천하면 수치이고 나라에 도가 없는데 부귀한 것도 수치다" 또는 "나라에 도가 있으면 출사하고 나라에 도가 없으면 (지식을) 말아서 품속에 간직해야 한다"는 것이 그의 진퇴론이었다. 그런데 여기서는 사뭇 적극적인 진퇴론을 드러내고 있다. 천하에 도가 없으니 그것을 바꾸는 데 참여하겠다는 혁명적 정치참여론이라고 할 수 있겠다.

봉아 봉아!
어찌 이리 덕이 쇠했느냐

채나라로 온 지 3년 되던 해에 공자는 진나라와 채나라의 중간 지역에 거처하고 있었다. 초나라에서 이 말을 듣고 사람을 보내 공자를 초빙했다. 공자가 가서 예를 갖추려고 하자 이를 두려워한 진과 채의 대부들이 모사를 꾸몄다.

"공자는 현인이다. 그가 비난하는 바가 모두 제후들의 잘못과 들어맞는다. 공자가 초나라에 등용되면 진과 채의 대부들 모두가 위험해질 것이다."

이에 대부들은 공자를 들판에서 포위했다. 공자는 초나라로 가지 못하고 식량마저 떨어졌다. 제자들은 굶주리고 병들어 잘 일어서지도 못했다. 그러나 공자는 태연하게 학술강의를 하고 책도 낭송하고 거문고도 타면서 지냈다. 자로가 화를 내며 말했다.

"군자도 이처럼 곤궁할 때가 있습니까?"

이에 공자가 대답했다.

"군자는 곤궁해도 절조를 지키지만, 소인은 곤궁하면 금도를 넘는다."

자공의 안색이 좋지 않자 공자가 말했다.

"너는 내가 박식하다고 생각하느냐? 그렇지 않다. 나는 하나의 이치로 모든 것을 꿰뚫을 뿐이다一以貫之."

그리고 자로·자공·안회에게 물었다.

"《시경》에 '외뿔들소도 아니고 호랑이도 아닌 것이 저 광야를 누비고 있네'라고 했는데, 나의 도가 잘못이더냐? 우리가 왜 이 지경에 처해야 한단 말이냐?"

자로가 답했다.

"아마도 우리가 어질지 못하기 때문이 아니겠습니까? 그래서 사람들이 우리를 믿지 못하는 게지요. 아니면 우리가 지혜롭지 못하기 때문이 아니겠습니까? 그래서 사람들이 우리를 내버려두지 않는 게지요."

공자가 말했다.

"만약에 어진 사람이 반드시 남의 신임을 얻는다면 어째서 백이와 숙제가 수양산에서 굶어죽었겠느냐? 또 만약에 지혜로운 사람이 반드시 장애 없이 살 수 있다면 어찌 왕자 비간이 심장을 도려내졌겠느냐?"

이번에는 자공이 대답했다.

"선생님의 도가 너무 커서 받아들여지지 않으니 수준을 조금 낮추는 것이 어떻겠습니까?"

"자공아! 군자가 그 도를 잘 닦아서 기강을 세우고 이치에 통달할 수는 있겠지만 반드시 세상에 수용되는 것은 아니다. 지금 너의 도는 닦지 않고서, 스스로의 도를 낮추어서까지 남에게 수용되기를 바라고 있구나."

마지막으로 안회가 답했다.

"선생님께서는 도를 미루어 행하고 계시니 어찌 받아들여지지 않음을 걱정하겠습니까? 무릇 도를 잘 닦은 인재를 등용하지 않는다면 그것은 나라를 가진 자의 수치입니다. 오히려 받아들여지지 않은 뒤에 군자가 드러나는 것입니다."

공자는 안회의 답변에 매우 만족하며 말했다.

"안회여! 네가 만약 큰 부자가 된다면 나는 너의 재무 관리자가 되겠다."

그러나 공자가 이토록 아낀 제자 안회는 32세에 단명하고, 공자는 하늘을 원망할 정도로 크게 슬퍼한다.

진과 채의 대부들에게 포위당해 사면초가에 빠진 공자는 외교술에 능한 자공을 초나라 소왕昭王에게 보내는 데 성공한다. 소왕은 군사를 보내 공자를 구하고 호위해 초나라로 맞아들였다. 초나라 소왕은 공자를 서사 700리 땅에 봉할 생각이었다. 700리는 2만여 호의 인구가 사는 제법 큰 영지였다. 그러나 이번에는 초나라 재상 자서子西가 반대하고 나섰다.

"왕의 사신 가운데 공자의 제자인 자공만한 자가 있습니까? 보필자 가운데서 안회만한 자가 있습니까? 장수 가운데 자로만한 자가 있습니까? 장관 가운데 재여宰予만한 자가 있습니까?"

"없소이다."

소왕이 고개를 저으며 대답했다.

"지난날 초나라 조상이 주나라로부터 자남 작위와 함께 50리 땅을 봉해 받았습니다. 주나라 문왕과 무왕도 고작 사방 100리를 가지고 마침내 천하의 왕이 되었습니다. 그런데 지금 공자는 삼황오제의 법도를 계승하고 주공周公·소공의 대업을 밝히려 합니다. 만약 왕께서 공자에게 700리 땅을 하사하신다면 초나라가 어찌 세세당당世世堂堂 사방 수천 리 땅을 유지할 수 있겠습니까? 지금 공자가 근거지 땅을 얻고 현명한 제자들의 보좌를 받는다면 초나라에 오히려 화가 될 것입니다. 어찌 대대로 당당하게 다스려온 사방 수천 리 땅을 보존할 수 있겠습니까?"

결국 위협을 느낀 소왕은 뜻을 접었고, 공자는 다시 위나라로 돌아가야 했다.

공자 일행이 국경을 넘어설 때였다. 초나라 미치광이 접여接輿가 노래하며 공자 옆을 지나갔다.

"봉鳳아 봉아, 어찌 이리 덕이 쇠했느냐? 지나간 일이야 어쩔 수 없지만 올 일은 피할 수 있으리! 아서라, 아서라! 오늘의 위정자는 다 위태롭도다!"

공자는 말에서 내려 그와 말을 나누려 했지만 어느새 접여는 사라지고 없었다.

위나라로 돌아온 해는 애공 6년, 공자의 나이는 63세였다. 계강자의 부름으로 노나라에 돌아간 염구는 계씨의 장수로 승진했고, 몇 년 후 낭郎 땅에서 제나라와 싸워 또 큰 공을 세운 터였다. 염구는 이로써 신임을 얻어 계강자를 움직였다. 계강자가 염구에게 물었다.

"그대는 군사에 대해 배웠는가? 아니면 본래 타고난 것인가?"

염구가 대답했다.

"공자에게서 배웠습니다."

다시 계강자가 물었다.

"공자는 어떤 사람인가?"

염구가 대답했다.

"공자를 쓰면 나라의 명성이 높아지고, 백성에게 베푸는 것이나 귀신에게 고하고 묻는 것에 유감스러운 일이 없을 것입니다. 공자에게 저와 같은 길을 걷게 한다면, 수천 사祀(2만 5,000호의 가구)를 준다고 해도 공자는 거기서 이익을 취하지 않을 것입니다."

그러자 계강자가 다시 물었다.

"내가 그를 부르고 싶은데 가능한가?"

이에 염구가 대답했다.

"소인小人들이 고집을 부리지 못하게 하시면 가능합니다."

계강자는 마침내 공자 나이 68세 때인 기원전 483년에 염구를 보내 예물을 갖춰 공자의 귀국을 요청했다. 그가 노나라를 떠난 지 14년 만의 일이다. 상갓집의 개 소리까지 들으면서 그야말로 풍찬노숙風餐露宿한 공자의 주유천하는 이렇게 끝난다. 이제 4년 남은 생의 종장을 공자는 어떻게 보내게 될까.

뜻하는 바가
법도를 넘지 않는다

공자는 귀국 후에 학문과 강습에 전념했다. 그러던 어느 날 군주가 정치에 대해 물었다.

"정치의 근본은 신하를 잘 뽑는 데 있습니다. 정직한 사람을 뽑아서 부정직한 사람 위에 놓으면, 부정직한 사람도 정직해집니다."

옆에서 계강자가 도적이 횡행함을 근심하자 공자가 말했다.

"진실로 당신이 탐욕을 부리지 않는다면, 상을 준다 해도 백성들 또한 남의 물건을 훔치지 않을 것입니다."

계강자는 새 조세정책을 두고 공자와 갈등했다. 그는 염구를 통해 공자에게 전부법田賦法에 대해 자문을 구했다. 땅의 크기에 따라 세금을 거두는 법으로 백성의 세 부담이 커지는 제도였다. 공자는 자문을 거부했다. 그리고 염구에게 개인적으로 말했다.

"군자는 베푸는 데는 후하고, 일에는 중도를 행하고, 세금을 거두는 데는 가벼운 것을 따라야 한다. 이같이 한다면 세대 수에 따라 거두는 종래의 법으로도 족하다. 탐욕이 한없다면 그 어떤 법으로도 부족할 것이다. 만약 구차하게 미봉책으로 시행하고자 한다면 왜 이 사람에게까지 묻느냐!"

하지만 계씨는 이듬해 봄에 전부법을 시행한다. 계씨는 노나라 초대 군주인 주공보다 부유했는데도 염구가 세금을 더 많이 걷어 그에게 보태준 셈이었다. 공자는 크게 노했다.

"염구는 이제 내 제자가 아니다. 너희들은 북을 울리며 그를 공격해도 좋다!"

공자의 이런 면은 《논어》〈옹야〉편에 잘 정리돼 있다. '군자는 다급한 사람을 도와주지 부자에게 더 보태주지는 않는다君子周急 不繼富'는 구절이다.

결국 공자는 무도한 정치세계에 실망감만 안고 정치에서 손을 뗀다. 대신 학문·집필·교육에 남은 삶을 헌신했다.

그사이 공자 학당은 더욱 커지고 제자들도 늘었다. 재宰를 둬야 할 정도로 학당이 커지자 손자인 자사를 학당의 재로 임명했다. 오늘날로 치면 공자는 대학의 이사장, 자사는 학장 또는 총장이었던 셈이다. 이 학교는 1,000명에 가까운 학생이 드나드는 큰 학교였음을 알 수 있다.

공자가 출사의 뜻을 접고 학문과 교육에만 전념한 것은 동양에서 역사적 의미를 가지는 큰 사건이었다. 이것은 국가 및 정치세계와 분리·독립된 학문과 교육이라는 독자적 사회영역의 출현을 뜻하기 때문이다. 학문과 교육을 국가와 독립된 영역으로 간주하고 전문적으로 추구하는 이 전통은 맹자에 이르러 더욱 공고히 확립되었고 후세에 조선과 중국 공문孔門의 공통된 전통으로 굳어졌다. 오늘날 동아시아 사람들의 유별난 향학열과 교육열은 바로 여기서부터 유래한다.

공자는 말년에 자식과 제자들이 잇달아 죽는 개인적 불행을 겪는다. 노나라로 귀국한 해에는 외아들 백어가 죽고, 다음해에는 수제자 안회가 죽은 데 이어, 그다음 해에는 자로가 죽었다. 안회는 이른 나이에 병사했고 강직한 자로는 위나라에서 주군에 대한 의리를 지켜 싸우다 전사했다.

마침내 공자에게도 죽음이 임박했다. 그는 죽기 이레 전에 자신의 죽음을 예견하고 아침 일찍 일어나 뒷짐을 지고 지팡이를 끌며 낮은 소리로 흥얼거렸다.

"태산이 무너지겠구나! 들보가 부러지겠구나! 철인이 시들겠구나!"

이렇게 노래하고 나서 이레 동안 앓아누웠다가 서거했다.

공자는 애공 16년인 기원전 479년 음력 4월 11일, 자공·증삼 등 제자들이 지켜보는 가운데 73세로 임종을 맞는다. 이에 애공이 조사를 지어 내렸다.

"하늘은 불쌍히 여기지 않으시도다! 잠시 더 이 원로를 남겨 여일인을 재위에 있도록 돕게 하지 않으셨도다. 외로운 나는 병중에 있는 듯하구나. 오호라! 슬프도다, 공자여! 스스로 어찌할 바가 없도다."

이에 자공은 분노했다.

"임금은 노나라에서 세상을 떠나지 못할 것이다. 공자님 말씀에 '예가 사라지면 혼란해지고 명분을 잃으면 과오가 발생한다. 뜻을 잃는 것은 혼란이고 적소適所(알맞은 자리)를 잃는 것은 과오다'라고 말씀하셨다. 살았을 때 쓰지 않고 죽어서 조사를 내리는 것은 예의에 합당하지 않고, 천자만이 자신에게 쓸 수 있는 '여일인'이라는 말로 자신을 칭한 것은 명분에 맞지 않는다. 임금은 둘 다를 잃었다."

10여 년 뒤, 실제로 애공은 삼환씨와 갈등하다가 자공의 말대로 노나라에서 생을 마감하지 못했다.

공자는 노나라 도성 북쪽의 사수 부근에 묻혔다. 제자들이 모두 3년간 상복을 입었는데, 오직 자공만은 무덤 옆에 여막을 짓고 3년을 더 지키다가 6년 후에야 떠나갔다. 공자의 제자들과 노나라 사람들이 무덤가에 와서 집을 짓고 살았으니 이를 '공자마을孔府'이라고 했다.

노나라에서는 대대로 새해를 맞을 때마다 공자의 무덤에 제사를 지냈다. 많은 유생들이 이곳에 모여서 예에 맞춰 술 마시고 활을 쏘는 등 잔치를 벌였다. 훗날 문도들은 공자가 살던 집에 공자의 묘를 세웠다. 공자의 자손들은 대대로 자기 아비들을 이 공자묘 일대에 묻었고, 이것이 차츰 넓어져 하나의 큰 숲을 이루었다. 사람들은 어느 때부터인가 이를 공자의 묘와 합쳐 '공림孔林'이라고 불렀다. 성현의 묘를 왕의 능陵과 대비되게 림林으로 존칭하는 어법이 여기서 유래했다. 맹자의 묘를 '맹림'으로 높여 부르는 것도 같은 이치다.

공자의
뛰어난 인식론

인간의 이성이 모든 것을 알고 지배할 수 있다고 믿는 서구의 합리론
은 '무제한적 지성주의'에 빠지면서 과학적 독재와 자연정복의 이데올
로기 같은 폐단을 불러왔다. 인식론이 중요한 이유는 바로 이처럼 인
류사의 많은 문제가 그릇된 인식론에서 비롯되었기 때문이다.

"배우기만 하고 생각하지 않으면 공허하고, 생각하기만 하고 배우
지 않으면 위태롭다學而不思則罔 思而不學則殆."

《논어》〈위정〉편에 나오는 구절이다. 이것이 서구철학과 확연히 대
비되는 공자 인식론의 기본 명제다.

14년간이나 천하를 주유한 공자는 합리보다 경험을 중시했다. 공자
의 '주학이종사主學而從思'와 '온고지신溫故知新'의 경험론은 서구 합
리론자들의 선험적(본유적)·전지론적 지성주의와 정면으로 대립하면
서 세계관이 극명하게 갈린다.

경험론은 다문다견多聞多見의 경험으로부터 널리 배우고 때맞춰 이
를 거듭 익혀 새로운 지식을 얻는 데서 큰 기쁨을 구한다. 그래서 공자
는 《논어》 첫 구절을 다음과 같이 천명한다.

"(경험에서) 배우고 또 때맞춰 거듭 익히니 역시 기쁘지 아니한가學而
時習之 不亦說乎?"

공자가 말하는 '학學'은 스승이나 책으로부터 배우는 것만이 아니
라, 넓은 의미에서 자연과 세계를 몸소 배우는 것, 바로 '경험'을 가리
킨다.《논어》〈자장〉편의 다음 내용은 배움을 특정 장소나 스승에 국한

하지 않았음을 뜻한다.

위나라 공손조公孫朝가 공자의 제자 자공에게 물었다.

"중니仲尼(공자의 자) 선생은 어디서 배웠습니까?"

그러자 자공이 반문한다.

"선생님이 어디선들 배우지 않으셨겠습니까? 또한 어찌 정해진 스승이 있었겠습니까?"

보통사람과 만물만사, 자연세계와 사회세계를 모두 아우르는 직간접적 경험을 배움으로 풀이하고 있는 것이다. 공자는 "세 사람이 길을 가면 여기에 반드시 나의 스승이 있다三人行 必有我師"고 이르며, 불특정 다수를 스승으로 삼아 배우라고 가르쳤다. 따라서 공자에게 '배움'이란 곧 세상경험에 다름 아니다.

서구철학에서도 'learning', 즉 '배움'이라는 단어는 공자의 '학'처럼 흔히 '경험'을 뜻한다. 아이작 뉴턴, 데이비드 흄 같은 영국 경험론자들도 '배운다'는 말을 '경험'과 결부시켜 자주 사용했다. 가령 뉴턴은 "우리는 경험으로 배운다"고 표현했고, 흄은 "오로지 경험에 의해서만 배운다", "우리는 역사에서 배운다"고 말하기도 했다. 자연과 사회로부터 배운다는 것은 자연과 사회가 불특정한 스승으로서 우리를 가르친다, 또는 교육한다는 것을 뜻한다. 따라서 경험론을 일부 수용한 절충주의적 합리론자 루소는 《에밀》에서 "자연본성이나 인간들이나 사물들이 우리를 교육한다"고 말한다. 뉴턴과 흄의 '배움' 또는 루소의 '교육'은 공자의 '배움' 또는 불특정한 '스승'의 가르침과 마찬가지로 모두 '경험'을 뜻하는 것이다.

주유천하의 세상경험을 중시하는 공자의 인식론은 경험을 경시하고 순수사유로만 지식을 얻으려는 '사이불학思而不學'의 합리주의적 방법을 당연히 위태로운 것으로 보아 거부했다.

공자는 스스로에 대해 말하길 "나는 나면서부터 아는 자가 아니라 옛것을 좋아하여 이를 힘써 탐구하는 자다我非生而知之者 好古敏以求之者"라고 했다. 자기가 전지적인 신이나 신화적 성인 또는 초인적 선지자가 아니라 사람임을 천명한 것이다. 붓다나 예수와 확연히 다른 점이다.

또한 공자가 말한 '옛것'은 '오래된 것'이 아니라, 멀고 가까운 과거의 경험 또는 경험자료를 가리킨다. '옛것을 좋아한다'는 말은 '경험을 중시한다', 즉 '경험에 충실하다'는 의미다.

나아가 공자가 언급하는 '생이지지生而知之'는 '타고난 지식'을 뜻한다. 이는 플라톤이 말하는 '이데아', 데카르트가 말하는 '본유관념', 칸트가 말하는 '선험적 범주'와 동일한 것이다. 그러나 공자에게 나면서부터 아는 자는 신이나 성인·선지자를 뜻한다. 오만하게 선험적 '본유관념'을 타고났다고 망상하는 합리론자들을 풍자한 것이기도 하다. 따라서 공자 자신을 가리켜 '나는 나면서부터 아는 자가 아니라 옛것을 좋아하여 이를 힘써 탐구하는 자學而知之'라고 한 명제는 '나는 합리론자가 아니라 경험론자다'라는 말로 요약할 수 있다.

"배우기만 하고 생각하지 않으면 공허하고, 생각하기만 하고 배우지 않으면 위태롭다"는 명제의 요지는 '먼저 배우고 그다음에 생각으로 가공해야 한다'는 것이다. 한마디로 '학이사學而思'다. 이 '학이사'가 바로 공자 인식론의 요체다.

정리해보자. '학이불사즉망學而不思則罔 사이불학즉태思而不學則殆'의 완전한 의미는 다음과 같다.

"경험하고 생각하지 않으면 학식을 얻지 못하여 이론적으로 공허하다. 생각만 하고 경험하지 않으면 순전히 사유만으로 근거 없이 공상하여 지어낼 수밖에 없으므로 독단적 오류로 흘러 위태롭다."

압축하면 '주학이종사主學而從思'다. 경험을 주로 하고 거기에 사유가 따르면 된다. 아래로 비근한 인간사를 배워 위로 심오한 천리에 통달한다는 '하학이상달下學而上達'의 학문 방법론과도 일치한다. 이 '학이사' 방법만이 경험지식을 절대화하는 소박경험론이나 독단을 필연적 진리로 우기는 합리론으로 치우치지 않는, 겸손하고 충실한 중용적 인식방법인 것이다.

한편 공자는 《논어》〈위령공〉편에서 갈파한다.

"인간이 도를 넓힐 수 있는 것이지, 도가 인간을 넓히는 것이 아니다 人能弘道 非道弘人."

무엇이 도인가. 넓게는 우주의 본체나 진리를 뜻하기도 하지만, 여

기서는 인간이 마땅히 지켜야 할 도리, 혹은 생활규범쯤으로 이해하면
될 것 같다.

인간에게 유익한 지식은 드넓은 천하에서 살아 숨 쉬는 뭇 백성의
희로애락과 땀 냄새 속에서 탄생한다. 경험을 통해 도에 근접하는 '경
험적 근도近道'다. 플라톤, 데카르트, 칸트, 헤겔, 니체가 주장하듯이
천재의 작은 두뇌 속에서 탄생하는 것도 아니고, 미셸 푸코M. Foucault
가 《감시와 처벌》에서 의심하듯이 고문대의 신음과 전장의 포화 속에
서 탄생하는 것도 아니다.

'경험적 근도'의 상대 개념은 '합리적 득도得道'다. 즉, 있지도 않은
타고난 본유관념을 근거로 작은 두뇌 속에서 논리를 조작해 득도하려
는 합리론자는 자신의 지식을 권력의 정통성으로 내세운다. 머리를 많
이 굴려 진리를 산출하는 합리적 득도자는 백성의 협력과 다문다견을
거의 필요로 하지 않는다. 득도자의 이성적 지식은 경험적 지식을 '동
물적 지식'으로 경멸한다. 이 합리적 득도자는 필연적으로 이성적 지
식이 없는 '무식한' 백성들 위에 군림한다. 플라톤이 철인통치자를 주
창한 이래, 데카르트와 루소의 철인입법자, 라이프니츠와 칸트의 철인
왕, 니체의 초인과 히틀러의 철인총통, 마르크스와 레닌의 철인혁명
가, 스탈린의 철인서기장, 마오쩌둥의 철인주석, 김일성의 철인수령
등 무수한 변종들이 줄을 이었다.

결론적으로 경험론적 근도의 개연적 지식은 사람을 받드는 반면, 이

성을 통해 진리를 파악할 수 있다는 합리론적 득도의 절대지식은 보통사람들을 아래에 두고 지배하려 든다. 건강한 시민사회의 지향점이 어느 쪽인가는 불 보듯 확연하다.

1 Christian Wolff, *Oratio de Sinarum philosophia practica*(Hamburg: Felix Meiner Verlag, 1985), 13쪽.

2 Christian Wolff, *Oratio de Sinarum philosophia practica*, Anmerkung 20.

3 Michael Albrecht, "Einleitung", Christian Wolff, *Oratio de Sinarum philosophia practica,* LI.

4 Voltaire, "China", *Philosophical Dictionary* (London: W. Dugdale, 1843).

5 John J. Clarke, *Oriental Enlightenment: The Encounter between Asia and Western Thought*(London·New york: Routledge, 1997), 48쪽.

6 Adolph Reichwein, *China and Europe*(Berlin: 1923), 160~167쪽.

7 *The Encyclopaedia Britannica*(11th edition), "Christian Wolff" 항목.

8 Christian Wolff, *Psychologia empirica*. Christian Wolff, *Gesammelte Werke* II. Bd. 5, §909, S.685f. Michael Albrecht, "Einleitung", LXXXII에서 재인용.

9 Christian Wolff, *Psychologia practica universalis*(1739). Christian Wolff, *Gesammelte Werke* II, Bd. 11, §584, S.542f. Michael Albrecht, "Einleitung", LXXXIII에서 재인용.

10 Christian Wolff, *Psychologia moralis sive Ethica*(1750~1753). Christian Wolff, *Gesammelte Werke* II, Bd. 12.1, §54, S.75f. Michael Albrecht, "Einleitung", LXXXI에서 재인용.

11 Johanna M. Menzel, "The Sinophilism of J. H. G. Justi", *Journal of the History of Ideas*, vol. 17, no. 3(June 1956), 303쪽.

12 Donald F. Lach, "The Sinophilism of Christian Wolff(1679~1754)", *Journal of the History of Ideas*, vol. 14, no. 4(October 1953), 570~571쪽.

13 Donald F. Lach, "The Sinophilism of Christian Wolff", 572~573쪽.

14 Donald F. Lach, "The Sinophilism of Christian Wolff", 573쪽.

15 Jakob Friedrich Müller · Wahres Mittel, *alle Puncten, worüber zwischen Herren …Wolffen und seinen Gegnern bißher gestritten worden, leicht einzusehen…*(Frankfurt am Main: 1726), 288쪽. Michael Albrecht, "Einleitung", LXX에서 재인용.

16 Louis Moland(ed.), *Oeuvres complètes de Voltaire*, vol. 10(Paris: 1877, Nachdruck: Nendeln/Liechtenstein, 1967), 312쪽. Michael Albrecht, "Einleitung", LIII에서 재인용.

17 Marco Polo, *The Travels of Marco Polo*, J. Masefield(trans.)(Harmondsworth: Penguin, 1958), 213쪽, 218쪽. Colin Mackerras, *Western Images of China*(Hongkong·Oxford·New York : Oxford University Press, 1989), 19쪽에서 재인용.

18 François Quesnay, "Despotism in China"(1767), Lewis A. Maverick(trans.), *China: A Model for Europe*, vol. II(San Antonio in Texas: Paul Anderson Company, 1946), 142~143쪽.

19 Francis Bacon, *The New Organon*(1620), book I, CXXIX(129).

20 John M. Hobson, *The Easter Origins of Western Civilization*(Cambridge·New York: Cambridge University Press, 2004·2008), 54쪽.

21 Voltaire, *Ancient and Modern History(Essai sur les moeurs et l'esprit des nations)* (Akron[Ohio]: The Werner Company, 1906), 27~28쪽.

22 Joseph Needham, *"Science and China's Influence on the World"*, in: Raymond Dawson(ed.) The Legacy of China(Oxford·London·New York: Oxford University Press. 1914), (1964), 242~244쪽.

23 Michael Albrecht, "Einleitung", IX.

24 John Arthur Passmore, *The Perfectibility of man*(Indianapolis: Liberty Fund, 2000), 244쪽 각주.

25 Lewis A. Maverick, *China: A Model for Europe*, 10쪽.

26 Domingo Fernandez Navarrete, *An Account of the Empire of China*(Madrid: 1675; 영역본 1681). Lewis A. Maverick, *China: A Model for Europe*, 14~5쪽에서 재인용.

27 John M. Hobson, *The Easter Origins of Western Civilization*, 194쪽에서 재인용.

28 Luise LeComte, *Nouveaux mémoires sur l'état present de la Chine*(Paris: 1696) ; *Memoirs and Observations made in a Late Journey through the Empire of China*(London: 1697). Lewis A. Maverick, *China: A Model for Europe*, 17~18쪽에서 재인용.

29 Jean-Baptise Du Halde, *The General History of China*: Containing A Geographical, Historical, Chronological, Political and Physical Description of the Empire of China, Chinese: Tatary, Corea and Thibet(Paris: 1835), vol. 4 in four vols., Brookes(trans.)(London: Printed by and for John Watts at the Printing-Office in Wild Court near Lincoln's Inn Fields, 1736)

30 Montesquieu, *The Spirit of the Laws*(1748), Anne M. Cohler·Basia-Carolyn Miller·Harold Samuel Stone(trans.·eds.)(Cambridge·New York etc.: Cambridge University Press, 1989·2008), 278~280쪽.

31 Lewis A. Maverick, *China: A Model for Europe*, 25~26쪽.

32 Lionel M. Jensen, *Manufacturing Confucianism*(Durham.London: Duke University Press, 1997·2003), 119쪽.

33 Michael Albrecht, "Einleitung", XII~XIII.

34 *Spectator*(25 June, 1712). Adolph Reichwein, *China and Europe*, 114쪽에서 재인용.

35 Adolph Reichwein, *China and Europe*, 118쪽.

36 Ludwig Unzer, *Über die Chinesische Gärten*(1773), 38쪽.

37 G. F. Hudson, "China and the World", Raymond Dawson(ed.), *The Legacy of China*(Oxford·London·New York: Oxford University Press, 1964·1971), 352쪽.

38 Lewis A. Maverick, *China: A Model for Europe*. "Preface", xi.

39 François Quesnay, *Despotism in China*, 189쪽.

40 Adolph Reichwein, *China and Europe*, 105쪽에서 재인용.

41 Voltaire, *Ancient and Modern History*, 25쪽.

42 Diogenes Laertius, "Book X-Epicurus", *Lives of the Eminent Philosophers* vol. II, R. D. Hicks(Trans.)(Harvard University Press, 1925), §120b.

43 Epicurus, "Sovran Maxims"(Principal Doctrines), §28~40.

44 Bernard de Mandeville, *The Fable of the Bees, or Private Vices, Publick Benefits*(1714·1723), vol. II, 316(379)쪽.

45 Bernard de Mandeville, *The Fable of the Bees, or Private Vices, Publick Benefits*.

46 Richard Cumberland, *A Philosophical Inquiry into the Laws of Nature*, Chapter I, §IV.

47 Shaftesbury, *Characteristicks of Men, Manners, Opinions, Times*(1737), vol. 1, 69~70쪽.

48 Francis Hutcheson, *An Inquiry into the original of Our Ideas of Beauty and Virtue*(1725), treatises II, introduction; treatise II, section I, §I, III.

49 Francis Hutcheson, *An Inquiry into the original of Our Ideas of Beauty and Virtue*, treatise II, section III, §VIII.

50 Irene Bloom, "Fundamental Intuition and Consensus Statements: Mencian Confucianism and Human Rights", Wm. Theodore de Bary·Tu Weiming, *Confucianism and Human Rights*(New York: Columbia University Press, 1998), 102~104쪽. John Arthur *Passmore, The Perfectibility of Man*, 244쪽 및 별도 주석.

51 John Arthur Passmore, *The Perfectibility of Man*, 244쪽 각주.

52 Gottfried Wilhelm Leibniz, "Preface", *Novissima Sinica*(1697), §1.

53 Gottfried Wilhelm Leibniz, "Leibniz an Claudio Grimaldi"(21 März 1692), 94쪽.

54 Gottfried Wilhelm Leibniz, "Leibniz an Claudio Grimaldi"(19 Juli 1689), 84쪽.

55 Gottfried Wilhelm Leibniz, "Preface", *Novissima Sinica*, §3.

56 Gottfried Wilhelm Leibniz, "Preface", *Novissima Sinica*, §2.

57 Gottfried Wilhelm Leibniz, "Preface", *Novissima Sinica*, §3.

58 Gottfried Wilhelm Leibniz, "Preface", *Novissima Sinica*, §4.

59 Voltaire, "Treatise on Tolerance", *Treatise on Tolerance and other Writing*, Simon Harvey(Cambridge: Cambridge University Press, 2000) 80~82쪽 요약 인용.

60 Gottfried Wilhelm Leibniz, "Remarks on Chinese Rites and Religion"(1708), *Writings on China*, Daniel J. Cook·Henry Rosemont, Jr.(trans)(Chicago·LaSalle: Open Court Publishing Company 1994), §10.

61 Gottfried Wilhelm Leibniz, "Discourse on the Natural Theology of the Chinese"(1716), *Writings on China*, §50.

62 《論語》〈爲政〉(2-17).

63 Montesquieu, *The Spirit of the Laws*, 126~127쪽.

64 Michel Foucault, *Surviller et punir. La naissance de la prison*(Paris: Gallimard, 1975). 독역본: *Überwachen und Strafen. Die Geburt des Gefängnisses*(Frankfurt am Main: Suhrkamp, 1976).

65 Montesquieu, *The Spirit of the Laws*, 321쪽.

66 Montesquieu, *The Spirit of the Laws*, 131~132쪽.

67 Montesquieu, *The Spirit of the Laws*, 116쪽.

68 Montesquieu, *The Spirit of the Laws*, 209~237쪽.

69 Montesquieu, *The Spirit of the Laws*, 393쪽.

70 Voltaire, *Essai sur les moeurs et l'esprit des nations et sur les principaux faits de l'histoire, depuis Charlemagne jusqu'à Louis XIII*(1756)(Paris: Garnier, 1963), vol. VIII, 212쪽.

71 Voltaire, *Ancient and Modern History*, 26쪽.

72 Voltaire, *Essai sur les moeurs et l'esprit des nations…*, vol. I, tome XI, chap.

73 Voltaire, *Ancient and Modern History*, 28~29쪽.

74 Voltaire, *Ancient and Modern History*, 29쪽.

75 Voltaire, "China", *Philosophical Dictionary*, 265쪽.

76 Voltaire, "De la Chine au XVIIe siècle et au commencement de XIIIe", *Essai sur les moeurs et l'esprit des nations…*, vol. III, tome XI, chap. I.

77 Evariste Règis Huc, *L'Empire Chinois*(Paris: 1980), 79~87쪽, 298~303쪽, 317~319쪽. Paul Bailey, "Voltaire and Confucius", 820~821쪽에서 재인용.

78 Voltaire, *Essai sur les moeurs et l'esprit des nations…*, vol. I, tome XI, chap. II.

79 《論語》〈顏淵〉(12-22). "樊遲問仁 子曰 愛人".

80 Voltaire, "China", *Philosophical Dictionary*, 265쪽.

81 Voltaire, *Ancient and Modern History*, 32쪽. 프랑스어 원문에 비추어 일부 수정.

82 Voltaire, *Ancient and Modern History*, 33~34쪽.

83 Voltaire, *Ancient and Modern History*, 33~34쪽.

84 Voltaire, "China", *Philosophical Dictionary*, 265~266쪽.

85 Voltaire, *Treatise on Tolerance*, 21~22쪽.

86 Voltaire, "To the Most Noble Duke Of Richelieu…", "The Orphan of China"(1755), *The Works of Voltaire* (Akron[Ohio]: The Werner Company, 1906) vol. XV, 178쪽.

87 Voltaire, "To the Most Noble Duke Of Richelieu…", 180쪽.

88 Voltaire, "To the Most Noble Duke Of Richelieu…", 176쪽.

89 Colin Mackerras, *Western Image of China*(Hongkong·Oxford·New York: Oxford University Press, 1989), 95쪽 참조.

90 Adolph Reichwein, *China and Europe*, 94쪽.

91 Friedrich von Grimm, *Gorrespondance littéraire*(15 September, 1766). Reichwein, *China and Europe*, 96쪽에서 재인용.

92 Jacques Barzun, *From Dawn to Decadence: 500 Years of Wester Cultural life: 1500 to the Present*(New York: HarperCollins Publishers, 2001), 384쪽 참조.

93 Jean-Jacques Rousseau, "A Discourse on Political Economy"(1755), *The Social Contract and Discourses*, G. D. H. Cole(trans.)(London Vermont: J. M. Dent Orion Publishing Group, 1993), 12쪽.

94 Jean-Jacques Rousseau, *Émile ou de l'Education*(1762), 518쪽. 자필 원고에 붙인 루소의 각주(1801년 처음 인쇄됨).

95 Lewis A. Maverick, *China: A Model for Europe*, 35쪽. Walter W. Davis, "China, the Confucian Ideal, and the European Age of Enlightenment", *Journal of the History of Ideas*, vol. 44, no. 4(1983), 538쪽 참조.

96 Jean-Jacques Rousseau, "Economie ou Oeconomie", Jean Le Rond d'Alembert·Denis Diderot u. a., *Enzyklopädie*, Günther Berge(Chrsg.)(Frankfurt am main: Fischer verlag,1989), 105~108쪽.

97 Jean-Jacques Rousseau, "Economie ou Oeconomie", 116~117쪽.

98 Jean-Jacques Rousseau, "Economie ou Oeconomie", 119~120쪽.

99 Adolph Reichwein, *China and Europe*, 107~108쪽에서 재인용.

100 Jean-Jacques Rousseau, "A Discourse on the Moral Effects of Arts and Sciences"(1750), *The Social Contract and Discourses*, 9쪽.

101 François Quesnay, "Analyse du Tableau Economique", François Quesnay·Dupont de Nemours·Mercier de la Rivière·Baudeau·Le Trosne, *Physioctrates*(Paris: 1846), 104~105쪽.

102 Jérome-Adolphe Blanqui, *Histoire de l'économie politique en Europe*(Bruxelles: 1839), 139쪽의 용례 참조.

103 Karl Marx, *Theorien über den Mebrwert*(1863), Marx Engels Werke(MEW), Erster Teil(Berlin: Dietz, 1979), 19쪽.

104 François Quesnay, "Extract from the Royal Economic Maxims of M. de Sully", 1~2쪽 각주. François Quesnay, *Tableau économique* (3rd edition), Marguerite Kuczynski·Ronald L. Meek(eds.)(London: MacMillan·New York: Augustus M. Kelly Publisher, 1972) 참조.

105 François Quesnay, "Extract from the Royal Economic Maxims of M. de Sully", '격률9'.

106 François Quesnay, "Extract from the Royal Economic Maxims of M. de Sully", '격률24'의 각주.

107 《禮記》〈雜記下〉, 제21.

108 《論語》〈衛靈公〉(15-5) "子曰 無爲而治者 其舜也與 夫何爲哉 恭己正南面而已矣."

109 《論語》〈泰伯〉(8-18) "子曰 巍巍乎 舜禹之有天下也而不與焉."

110 《禮記》〈哀公問〉, 제27.

111 司馬遷, 《史記列傳》〈貨殖列傳〉 "周書曰 農不出則乏其食 工不出則乏其事 商不出則三寶絶 虞不出則財匱少."

112 司馬遷, 《史記列傳》〈龜策列傳〉 "何可而適乎? 物安可全乎? 天尙不全 故世爲屋 不成三瓦而陳之 以應之天. 天下有階 物不全乃生也."

113 《左傳》哀公 11年.

114 《論語》〈季氏〉(16-1) "不患寡而患不均 不患貧而患不安. 蓋均無貧 和無寡 安無傾."

115 《周禮》〈地官司徒〉, 〈大司徒〉, 〈均人〉 참조.

116 《禮記》〈大學第四十二〉(傳10章) "財聚則民散 財散則民聚."

117 《孟子》〈梁惠王上〉(1-7).

118 《孟子》〈公孫丑上〉(3-5). "孟子曰 …市 廛而不征 法而不廛 則天下之商皆悅 而願藏於其市矣 關 譏而
不征 則天下之旅皆悅 而願出於其路矣 耕者 助而不稅 則天下之農皆悅 而願耕於其野矣 廛 無夫里之
布 則天下之民皆悅 而願爲之氓矣."

119 《孟子》〈盡心上〉(13-17) "孟子曰 無爲其所不爲 無欲其所不欲 如此而已矣."

120 《孟子》〈盡心下〉(14-27) "孟子曰 有布縷之征 粟米之征 力役之征. 君子用其一 緩其二. 用其二而民
有殍 用其三而父子離."

121 《孟子》〈梁惠王上〉(1-3) "五畝之宅 樹之以桑 五十者可以衣帛矣. 雞豚狗彘之畜 無失其時 七十者可
以食肉矣. 百畝之田 勿奪其時 數口之家可以無飢矣. 謹庠序之敎 申之以孝悌之義 頒白者不負戴於道
路矣."

122 《孟子》〈梁惠王下〉(2-5) "老而無妻曰鰥 老而無夫曰寡 老而無子曰獨 幼而無父曰孤. 此四者 天下之
窮民而無告者. 文王發政施仁 必先斯四者."

123 《孟子》〈盡心上〉(13-22).

124 《孟子》〈梁惠王上〉(1-2).

125 《孟子》〈梁惠王下〉(2-2).

126 《孟子》〈梁惠王下〉(2-5).

127 《孟子》〈梁惠王下〉(2-5).

128 《孟子》〈梁惠王上〉(1-7).

129 《禮記》〈禮運〉 "夫禮必本於天 殽於地."

130 《禮記》〈祭義〉 "夫子曰 斷一樹 殺一獸 不以其時 非孝也."

131 《孟子》〈盡心上〉(13-45) "親親而仁民 仁民而愛物."

132 《孟子》〈盡心上〉(13-23) "孟子曰 易其田疇 薄其稅斂 民可使富也. 食之以時 用之以禮 財不可勝也.
民非水火不生活 昏暮叩人之門戶求水火 無弗與者 至足矣. 聖人治天下 使有菽粟如水火. 菽粟如水火
而民焉有不仁者乎?"

133 Adolph Reichwein, *China and Europe*, 104쪽.

134 François Quesnay, *Despotism in China*, 141쪽.

135 François Quesnay, *Despotism in China*, 141~142쪽.

136 François Quesnay, *Despotism in China*, 157쪽.

137 François Quesnay, *Despotism in China*, 157쪽.

138 François Quesnay, *Despotism in China*, 172쪽.

139 François Quesnay, *Despotism in China*, 205~206쪽.

140 François Quesnay, *Despotism in China*, 239~240쪽.

141 François Quesnay, *Despotism in China*, 245쪽.

142 Montesquieu, *The Spirit of the Laws*, 128쪽.

143 François Quesnay, *Despotism in China*, 246쪽.

144 François Quesnay, *Despotism in China*, 247쪽.

145 François Quesnay, *Despotism in China*, 264~165쪽.

146 François Quesnay, *Despotism in China*, 302~303쪽.

147 François Quesnay, *Despotism in China*, 264쪽.

148 Adolph Reichwein, *China and Europe*, 106쪽에서 재인용.

149 Lewis A. Maverick, *China: A Model for Europe*, 125~126쪽 참조.

150 Walter W. Davis, "China, the Confucian Ideal, and the European Age of Enlightenment", 546쪽.

151 Adolph Reichwein, *China and Europe*, 104쪽에서 재인용.

152 老子,《道德經》, 第17章.

153 司馬遷,《史記列傳下》〈貨殖列傳〉, 1172쪽.

154 August Oncken, *Der ältere Mirabeua und die Okonomische Gesellschaft in Bern*(Bern: 1886), 21쪽. Hans C. Gerlach, "Wu-wei(無爲) in Europe", 33쪽에서 재인용.

155 Urich im Hof, "Albrecht von Haller, Staat und Gesellschaft", *Albrecht Haller, 10 Vorträge gehalten am Bermer Haller-Symposium 6~8*(Bern: 1977), 43~66쪽. Hans C. Gerlach, "Wu-wei in Europe", 34쪽에서 재인용.

156 Manfred Hettling, "Geschichtlichkeit-Zwerge auf den Schultern von Riesen", Jakob Tanner et al. *Eine kleine Geschichte der Schweiz*(Frankfurt am Main: 1998), 91~92쪽 참조.

157 John Morley, *The Life of Richard Cobden*, vol. 1(London: 1881), 28쪽. Hans C. Gerlach, "Wu-wei in Europe", 39쪽에서 재인용.

158 Hans C. Gerlach, "Wu-wei in Europe", 40쪽.

159 Hans C. Gerlach, "Wu-wei in Europe", 43쪽.

160 John Webb, *The Antiquity of China*(1678), 47쪽, 87쪽, 92쪽. Marshal·Williams, *The Great Map of Mankind*, 22쪽에서 재인용.

161 Sir William Temple, *The Works of William Temple*(London: Printed by S. Hamilton, Weybridge, 1814), iii, 340쪽. Marshal·Williams, *The Great Map of Mankind*, 23쪽에서 재인용.

162 W. Appleton, *A Cycle of Cathay: The Chinese Vogue in England in the Seventeenth and Eighteenth*(New York: Colombia University Press, 1951), 50쪽. John J. Clarke, *Oriental Enlightenment*, 51쪽 재인용의 재인용.

163 Samuel Johnson(Eubulus), "Letter to the Editor", *Gentleman's Magazine* 8(1738), 365쪽. Edmund Leites, "Confucianism in eighteenth-century England": Natural morality and social reform", *Philosophy East and West* no. 2(28, April 1978), 148~149쪽에서 재인용.

164 Eustace Budgell, *A Letter to Cleomenes*(London: A. Moore, 1731). Edmund Leites, "Confucianism in eighteenth-century England, 149쪽에서 재인용.

165 Edmund Leites, "Confucianism in eighteenth-century England, 151쪽.

166 David Hume, "Of the Rise and Progress of the Arts and Science"(1742), Hume, *Political*

Essays, Knud Haakonssen(ed.)Cambridge·New York·Melbourne: Cambridge University Press, first Published 1994. Fifth printing 2006).

167 David Hume, "Idea of a Perfect Commonwealth"(1752), *Political Essays*, 230쪽.

168 James Madison, "The Same Subject Continue"(Federalist Paper no. 19), Alexander Hamilton·James Madison·John Jay, *The Federalist Papers*(New York·London: New American Library, 1961·2003) 참조. 또한 Stanley Elkins·Eric McKitrick, *The Age of Federalism*(New York·Oxford: Oxford University Press, 1993), 87쪽 참조.

169 David Hume, "Of the Rise and Progress of the Arts and Science ", *Political Essays*, 66쪽.

170 David Hume, "Of National Characters"(1748), *Political Essays*, 83쪽.

171 David Hume, "Of Superstition and Enthusiasm"(1741), *Political Essays*, 49쪽 및 각주.

172 David Edmonds·John Eidinow, "Enlightened enemies", *The Guardian*(29 April, 2006).

173 Nolan Pliny Jacobson, "The Possibility of Oriental Influences in the Philosophy of David Hume", *Philosophy East and West*(1 January 1969), 32쪽.

174 David Hume, *An inquiry concerning the Principles of Morals*(1751), Tom L. Beauchamp(ed.) (Indianapolis: The Liberal Arts, 1978), 57~58쪽.

175 David Hume, "Of Civil Liberty"(1741), *Political Essays*, 52쪽.

176 David Hume, "Of Commerce"(1752), *Political Essays*, 98쪽.

177 Adam Smith, *Wealth of Nations*, ※서지 III. iv. 3~4, 412쪽.

178 Karl Marx, *Das Kapital* I, 375쪽 각주 57.

179 Leslie Young, "The Tao of Markets: Sima Quian and the Invisible Hand", *Pacific Economic Review* (1, 1996),142쪽 참조.

180 André Morellet, *Mémoires sur le XVIIIe siècle et la Révolution*(Paris: 1821), 244쪽. Adam Smith, *Wealth of Nations*, 672쪽, W. B. Todd의 주에서 재인용.

181 Adam Smith, *Wealth of Nations*, 672쪽, W. B. Todd의 주.

182 Adam Smith, *Wealth of Nations*, III. iv. 1~4쪽, 411~412쪽.

183 Adam Smith, *Wealth of Nations*, IV. ii. 9쪽, 456쪽.

184 Mandeville, *The Fable of the Bees*, vol. I, 299-300(342쪽).

185 司馬遷,《史記表.書》〈平準書〉.

186 司馬遷,《史記列傳》〈貨殖列傳〉.

187 司馬遷,《史記列傳》〈貨殖列傳〉.

188 Leslie Young, "The Tao of Markets: Sima Quian and the Invisible Hand", 144쪽 참조.

189 John M. Hobson, *The Easter Origins of Western Civilization*, 51쪽.

190 Peter J. Golas, *Science and Civilization in China*, vol. 13(Cambridge: Cambridge University Press, 1999), 190~197쪽; Robert Temple, *The Genius of China*(London: Prion Books, 1999), 119~120쪽.

191 Robert Temple, *The Genius of China*, 186쪽.

192 William Hardy McNeil, *The Pursuit of Power*(Oxford: Blackwell, 1982), 29~30쪽.

193 Donald F. Lach·Edwin J. Van Kley, *Asia in the Making of Europe* III(Chicago: Chicago University Press, 1993), 1598쪽 각주 209.

194 Robert Temple, *The Genius of China*, 20쪽.

195 Susan Naquin·Evelyn Rawski, *Chinese Society in the Enlightenment Century*(London: Yale University Press, 1987).

196 Robert Marks, *Tigers, Rice, Silk and Silt*(New York: Cambridge University Press, 1997).

197 Witold Rodzinski, *A History of China*(Oxford: Pergamon Press, 1979), 197쪽.

198 Philip D. Curtin, *Cross-Cultural Trade in World History*(Cambridge: Cambridge University Press, 1984), 169쪽.

199 Clive Ponting, *World History*(London: Chatto and Widus, 2000), 520쪽.

200 Luise E. Levathes, *When China Ruled the Seas*(London: Simon and Schuster, 1994), 20쪽.

201 Felipe Fernandez-Armesto, *Milleinium*(London: Black Swan, 1996), 129쪽, 134쪽.

202 Paul A. Bairoch, "The Main Trends in National Economic Disparities since the Industrial Revolution", Paul A. Bairoch·M. Levy-Leboyer(eds.), *Disparities in Economic Development since the Industrial Revolution*(London: Macmillan, 1981), 7쪽.

203 Paul Kennedy, *The Rise and Fall of the Great Powers: Economic Change and Military Conflict from 1500 to 2000*(New York: Random House, 1987), 148쪽 참조.

204 Adam Smith, *Wealth of Nations*, I. xi. 34(208).

205 정순우, 《서당의 사회사》(태학사, 2013), 6쪽.

206 Tsien Tsuen-Hsuin, *Science and Civilization in China*, vol. 1(Cambridge: Cambridge University Press, 1985), 132~172쪽; 303~313쪽.

207 G. F. Hudson, *Europe and China*(Boston: Beacon Press, 1961), 168쪽.

208 P. Du Halde, *The General History of China*(London: John Watts, 1736), 387쪽(페레 레기|Pere Regis의 비망록 발췌본).

209 Pierre Poivre, *Voyages d'un philosophe*(1769).

210 류승국, 《동양철학연구》(동방학술연구원, 1988), 13~14쪽.

찾아보기